通往身心靈整合的科學冥想練習

覺察

Daniel J. Siegel

丹尼爾・席格

——著——

王詩琪　譯

AWARE

The Science and Practice of Presence

The Groundbreaking Meditation Practice

時報出版

國際佳評

丹尼爾．席格可說是我所認識的人當中，最具有覺察力的人之一——在本書中，他分享給我們一個既絕妙又實用的工具，這將幫助每個人的覺察力更上一層樓。

——丹尼爾．高曼（Daniel Goleman），著有《平靜的心，專注的大腦》

科學已經證實，培養出一個強韌的心智，可以使人們提高情商、享受更多社會連結，並活得更健康。席格的覺察之輪，這項嶄新的途徑，恰恰是一個能夠幫助我們達成這些目標的有力工具——它支持我們在生命中持續得到更多健康、韌性與關愛。

——歌蒂．韓（Goldie Hawn），著有《污泥中的蓮花》（*A Lotus Grows in the Mud*）、《陪孩子靜心十分鐘》（*Ten Mindful Minutes*）

覺察使得一個人有能力去探索內在、滋養健康與幸福，並加深對心智的認識。覺察之輪這個嶄新的、令人雀躍的冥想方法，賦予我們一個具有科學基礎並且易於理解的方法，去發展出集中的注意力、開放的覺察與善良的意圖這幾項經過科學證實、能夠讓生命變得更健康有韌性的特質。

——陳一鳴（Chade-Meng Tan），《紐約時報》暢銷書作家，著有《喜悅，從一個呼吸開始》、《搜尋你內心的關鍵字》

在本書中，席格結合了來自數個傳統的洞見，將它們融入一項具有原創性的正念方法之中，這種練習方法完整地整合了心智與具體層面的經驗，引導我們所有人走向健康與快樂。覺察之輪具有堅實的科學基礎，席格博士藉此向我們展示了，多重感官與全人式的覺察練習，如何在多樣態的社群環境關係中，促成強健的臨在、和諧與和平的生活方式。閱讀本書，將為你打開一個全新的方式，去意識到存在的無限可能，使你在個人或社群生活中，都更能夠擁抱差異，喜悅地從「我」活出一個「我我們」。

——朗妲．瑪姬（Rhonda V. Magee），舊金山大學法學教授

席格博士擁有過人的天賦，他總能夠清楚描述出現象的模式，並且以簡單有力的方式，將與幸福和覺醒至關重要的洞見與實踐，呈現在我們眼前。在這本書中，他為我們引介了臨在的力量。運用科學與心理學的途徑，他將覺察之輪展現在我們面

前，而這套幫助我們感知心智、鍛鍊心智的方法不僅實用，也解放了我們的心靈。

——喬安·哈利法斯（Joan Halifax）博士，烏帕亞（Upaya Zen Center）禪修中心院長

席格以鮮活又富有創意的想像力，為我們提供了一張心智的地圖，使得正念練習變得更平易近人，更容易運用在日常生活當中。本書為我們提供了一套自我覺察、自我監督和自我調節的方法——這些都將增強我們感受喜悅、繁榮與平靜的能力。

——隆納·艾波斯坦（Ronald Epstein），醫學博士，羅徹斯特大學醫學和牙醫學院（University of Rochester School of Medicine and Dentistry）家庭醫學、精神病學、腫瘤學、藥劑學教授。

當代的我們擁有一大堆與數萬億光年外的宇宙有關的知識，對於我們腦袋瓜裡發生的事，卻所知甚少。我們擁有許多關於宇宙暗物質的知識，對於大腦灰質的認識卻少得可憐，而在我看來，灰質可重要得多了。丹尼爾·席格的作品幫助我們一窺堂奧，了解我們是誰、心智如何運作，而且最重要的是，如何重新鍛鍊並改變心智。在我個人閱讀的過程中，書中的字字句句，都為我帶來頓悟與洞見的瞬間。總算有某個人可以清楚地讓我們知道，什麼叫做擁有一個健康的心智，或者，如何得到一

個健康的心智。

——茹比．韋克斯（Ruby Wax），著有《人生好難，到底哪裡出問題》

丹尼爾．席格絕對是不可多得的佼佼者。他將正經嚴肅的神經科學與平易近人的實用技巧兩相結合的能力，早已達到出神入化的境界。任何一個希望提升專注力、讓自己更加活在當下的人，都會想要讀一讀這本書的。

——安迪．帕帝康（Andy Puddicombe），Headspace 共同創辦人

丹尼爾．席格，一位傑出又具有慈悲心的臨床醫師，同時也是一位偉大的轉譯者，總是能將複雜的科學研究主題，用通俗易懂的方式轉達給世人。在本書中，他為我們提供了覺察之輪這樣一個充滿智慧又實用的指引。他擷取來自科學與數十年臨床治療和教學經驗的靈感，揉合進他個人獨特的洞見，《覺察》打開了讀者們的心智，帶來一個深具轉化力的練習方法，而這將成為一項珍貴的資源，支持我們在面對生活的波濤起伏時，依舊能夠全然地活出我們的生命。

——蘇珊．鮑爾—吳（Susan Bauer-Wu），心智與生命研究所（Mind & Life Institute）主席

這是我第一次看見，三種冥想的核心練習要素（專注、仁慈、開放的覺察），一起被整合進一個得到科學實證支持的理論框架……它同時也將我們對於社群的需求與自我探尋聯繫在一起。從西藏的古老典籍到量子力學，丹尼爾把我們對人類心智的理解，提升到了一個全新的層次。

——傑佛瑞．沃克（Jeffrey C. Walker），摩根大通退休副主席

席格博士以溫暖又慈愛的方式，將關於心智的新科學，以精彩絕倫的方式介紹給我們。這本書迷人有趣、有時候令人驚嘆，卻也十分具有實用性，它將最前沿的神經科學、嚴肅深刻的洞察，以及務實落地的親身練習方式，以傑出的方式整合在一起，可說是這個領域的大師之作。

——瑞克．韓森（Rick Hanson）博士，著有《力挺自己的12個練習》

第二部 覺察之輪與心智的機制 …… 169

第四部 臨在的力量

一個曾經延伸進新觀念裡的心智，
絕對不會退回到它原本所屬的維度。
——奧立佛．溫德爾．霍姆斯（Oliver Wendell Holmes）

獻給凱洛琳・威爾區（Caroline Welch）
一位充滿覺知的偉大女性
在我們的私人與專業生涯中
時時刻刻向我展示
臨在的力量與潛能

以及

紀念約翰・歐唐納修（John O'Donohue）：

十年光陰
不曾消滅
愛
笑語和光輝
你的生命帶給我們的
還有
真相與轉化的意義
你的心靈
與我們同在
在這個當下
以及永恆

[第一部]

覺察之輪

概念與實踐

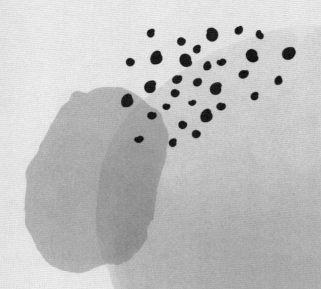

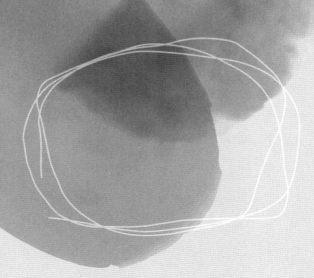

一份邀請

有一則常見的譬喻是這麼說的：意識就像是一個裝水的容器。假如你將一湯匙鹽巴倒進一杯只有濃縮咖啡杯大小的水裡，我們幾乎可以肯定，這杯水會鹹得難以下嚥。但是如果你的容器比濃縮咖啡杯大得多——就說是一個容量好幾加侖的水桶好了——那麼同樣一湯匙鹽巴，倒進那麼大一桶水裡，這桶水卻會嚐不出鹹味。同樣是鹽和水，只不過比例改變了，嚐起來的味道卻是天差地別。

意識也是同樣的一回事。倘若我們透過學習，耕耘覺察的能力，生命的品質與心智的強度都將得到強化。

在本書中，你將學會的技巧其實很簡單：你將學會增強心智的覺察能力，如此一來，你便具備了調整對覺察本身的體驗（水），與覺察對象（鹽）之間的比例的能力。這個過程也許你會稱之為增長意識，也有可能稱之為強化心智。研究顯示，就算你要稱之為整合大腦，也不為過——整合大腦意味著大腦不同區域之間的連結增加，促進了大腦各項調節能力，諸如情緒、注意力、思考和行為表現，從而讓生活變得更有彈性、更加自由。

學會將覺察本身與覺察對象兩者區分開來，將幫助你擴展意識的容器，品嚐到遠比一杯鹽水更豐富寬廣的事物。不管生命向你撒來多少把鹽巴、無論遭遇什麼樣的經歷，你都將擁有讓自己盡情徜徉其中的能力。

為了使這樣的能力成為你生活的一部分，這本書將教給你一套由我親自發展出來的練習工具，我將它命名為「覺察之輪」（the Wheel of Awareness）。一旦熟習了這項工具，也許你會發現，穿越生命的風風雨雨變得更加容易，無論迎面而來的體驗是正面或負面，你都能夠以更開放的心胸，全然地去活出你的生命。這項透過擴展覺察來增進意識的技巧，就好像是把小小的濃縮咖啡杯轉換成一個巨大的容器，這不僅能幫助你更加享受生命，還能夠為你的日常生活創造出更深刻的意義和連結感，甚至令你變得更健康。

藉由培養注意力、覺察和意圖促進幸福安康

在本書中，我們將深入探討三種人人都能學會的技巧。嚴謹的科學研究證實，這三種技巧均能支持人們增進幸福與健康。研究結果顯示，發展出「集中的注意力」（focused attention）、「開放的覺察」（open awareness）、「善良的意圖」（kind intention）這三項技巧，將帶來以下的益處：

1 **改善免疫功能**，幫助人體對抗感染。

2 **最佳化端粒酶**的表現。端粒酶能維持並修復染色體末梢，讓你的細胞（也就是你）保持年輕、良好的運作與健康。

3 **增強基因的表觀遺傳性調節**，有助於防止人體內威脅生命健康的發炎現象。

4 **調節可能造成心血管疾病的因素**，改善膽固醇指數、血壓與心臟功能。

5 **增加大腦中神經連結的整合程度**，使腦神經在功能與結構的層面上，都變得更平衡與協調，這有助於提升神經系統的各種功能表現，包含自我調節、問題解決、產生具適應力的行為等等，這些都是獲得幸福安康所需的核心能力。

簡而言之，如今的科學發現到：你的心智有能力改變身體的健康狀況，甚至延緩衰老。

除了這些具體的事實發現之外，還有其他偏向主觀，但同樣強而有力的發現，讓我們認識到，培養心智的這幾個面向——集中注意力的焦點、開放覺察，以及將意念導向仁慈與關愛——也會增強人們的幸福感、社交連結（以更強的共情力和慈悲心的形式展現）、情緒平衡與面對挑戰時的韌性。研究顯示，隨著意義感與目的感上升，這些特定的鍛鍊將能夠滋養一個人的整體安適感（有些人稱之為內在祥和）。

基礎之輪

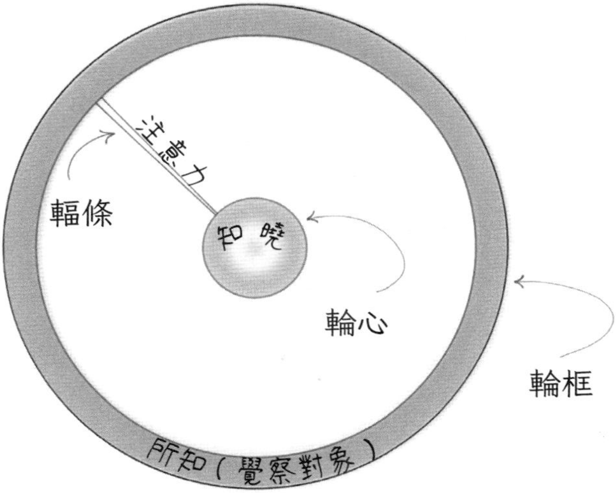

上述種種，都能透過擴展你意識的容器、強化心智來達成。

「*eudaimonia*」（至福）一詞源自於希臘文，它美妙地描繪出當人們經驗到生命是有意義，並且與周圍的人群和世界相連為一體時，油然而生的那種深刻的安適、祥和與快樂的感受。你也想將這樣的一份至福，列入你人生的必備清單嗎？假如你已經在日常生活中體驗過這種存在品質，那麼這些幫助你鍛鍊專注力、覺察力與善良意圖的練習，也許能更進一步地提升並強化你原有的境界。那非常好。然而，也有可能這些關於至福的描述，對你而言有些遙遠或陌生，而你希望使你的人生更加親近與熟習這些品質，那麼，你可以說是來對地方了，這本書裡恰恰有你所需要的指南。

一個實用的工具

覺察之輪是我從多年的工作經驗中發展出來的一項有效的工具，目的是幫助人們拓寬意識的容器。

我已經將覺察之輪介紹至世界各地，而成千上萬學員們的經驗證實，覺察之輪是一項能夠幫助人們在個人的內在世界與人際關係中，都變得更健康幸福的練習。只需要一些簡單易學的步驟，你就能將覺察之輪應用在每一天的生活經驗裡。

要了解心智的運作方式，覺察之輪是一個非常好用的圖像譬喻。某一天，我站在辦公室裡的一張圓桌旁，低頭看著圓桌時，突然湧現了這個點子。這張圓桌的桌面，圓心的部分是一面透明的玻璃，外圍則包覆著一輪木製的邊框。我突然想到，我們的覺察，就好像是座落在一個輪子的中心——你可以把它稱為輪心——在任何一個片刻，我們都可以選擇，要將注意力聚焦至哪一個陳列在邊框上、環繞著我們的各式各樣選項：思想、畫面、情感、身體感官等等。換句話來描述，就是我們可以將我們所能覺察的事物排列在輪框上，至於覺察本身，則座落在中央的輪心。

假若我能夠幫助人們學會如何更自由、更全面地取用位於輪心的覺察力，藉

覺察之輪

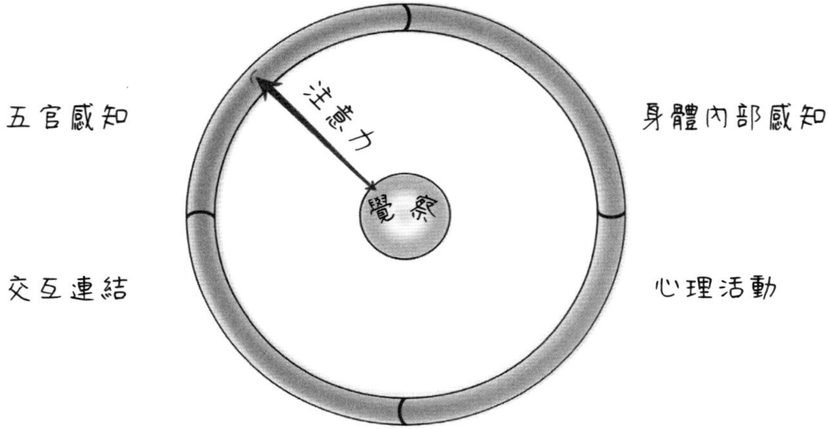

此擴展他們意識的容器，那麼他們便有機會用不同的方式去經驗容器裡的那一匙鹽巴，說不定還能進一步學會，即使在生活朝他們頭上撒下了一大把鹽巴的情況下，依然有能力以更平衡、更圓滿的心態，去品嘗到生命中的甜美。當我低頭俯視著圓桌桌面時，我發現到，我們可以用圓心清澈的玻璃來代表我們對生命中到來的每一匙鹽巴的覺察，至於我們所覺察到的那些萬千事物、諸般經驗，從思想到感官覺受，則可以用圖像化的想像方式，觀想它們陳列在外圍的圓圈上——也就是圓桌邊緣的木製邊框。

在這張圓桌的中央、如今我們稱之為「覺察之輪」的輪心，代表的是「覺察」這個經驗本身，也就是**知曉**

（*knowing*）到一個人正在對所知的事物（the knowns）進行審視。輪框代表的則是所知的對象。舉例來說，在這個當下，你覺察到你正在這面書頁上所閱讀到的字句，然後現在你可能還已經覺察到了這些字句所產生的種種聯想——浮現在你腦海中的畫面或記憶等等。

意識（*Consciousness*）可以簡單地定義為對於知曉的主觀感知——例如，此刻你覺察到我在這裡寫下了「你好」一詞。而在本書中，我們將會採取如下的觀點：**意識同時包含了知曉與所知這兩個面向**。你知曉到我寫下了「你好」這兩個字。你的「知曉」便是覺察（awareness），至於「你好」一詞則是所知。知曉位於輪心，所知則排列在輪框上。當我們談論擴展意識的容器時，我們便是在增強知曉的體驗——打開並強化我們覺察的能力。

現在，想像我們將注意力的起點放在輪心，然後將注意力引導至陳列在輪框上、各式各樣的所知，專注在其中一件或兩件——也許是一個想法、一份領悟或是一個感覺，總之是陳列在這個輪子的邊框上，生命中種種所知的其中任何一個。現在我們繼續延伸關於輪子的這個比喻，將這個片刻聚焦起來的注意力，想像成輪子上的輻條。

這一根由注意力所構成的輻條，串起了輪心的知曉，與輪框上的所知。

在我執業的過程中，我指導我的案主和學員們專心回歸到自己身上，去想像他們的心智就像是這個輪子。接著我們用觀想的方式，將輪框切分成四個區塊，每個區塊各自容納著某種特定類型的所知。第一個區塊容納的是我們的前五種感知，亦即聽覺、視覺、嗅覺、味覺、觸覺這**五種感官感覺**。第二個區塊容納的是另外一種類型的所知，它包含了所有從身體**內部所傳來的訊號**，例如我們從肌肉或肺部的訊號所產生的感知。第三個區塊容納的是**心理活動**，諸如感受、想法、記憶等等，而第四個區塊所容納的，則是我們的**關係知覺**（*relational sense*），諸如我們與他人之間，或我們與大自然之間的那份**連結感**。

緩緩地，我們讓那一根注意力的輻條循著輪框移動，一個接著一個，直到第一個區塊裡的每一項元素，逐一曝光在注意力的焦點之內，之後才將注意力移動到下一個區塊，並依序用同樣的方式檢視輪框上的每一個焦點。一個元素完成之後再接著下一個元素，如此系統性地，我們將注意力的輻條繞完一整圈陳列著各種所知的輪框。除了在晤談個案中所進行的練習，再加上案主或學員們回家之後繼續規律地自行練習，隨著練習過程持續開展，我們經常收到相似的回饋：他們發現自己變得更清明，內在平靜、安穩的感受加深了，甚至覺得更加活力充沛，不只在練習的時候，甚至在日常生活的其他時刻，也持續感受到這些狀態。

覺察之輪這項練習，是一個幫助我們開啟覺察力，將意識的容器打造得更寬大、更廣闊的方法。所有曾經參與這項練習的人，心智幾乎都得到了強化。

覺察之輪設計的用意，是希望人們可以利用它來整合意識中的經驗，藉此平衡我們的生活。如何達成這個目的？藉由學會區辨輪框上各式各樣不同類別的所知，同時也學會將所知與位於輪心的知曉區隔開來，我們便能得到明辨意識的不同組成要素的能力。透過系統性地移動注意力的輻條，利用它串連起輪框上的所知與輪心的知曉，如此一來，我們便有可能將意識的各個部位連結起來。覺察之輪便是這樣利用區辨與串連，幫助人們整合他們的意識。

在我們的實相這個複雜系統中，其中一項基礎的突現性質（emergent property），稱作自我組織（self-organization）。自我組織一詞聽起來也許像是由心理學或是商業管理領域所創造的詞彙，不過事實上，自我組織一詞是一個數學術語。自我組織這項突現性質，會決定一個複雜系統開展過程的形式或面貌。開展的過程有可能朝向最佳化的方向發展，也有可能受到拘束。當它無法朝最佳化的方向發展時，系統便走向混亂或僵化；反之，系統則會走向和諧，展現出彈性、適應力、連貫性、活力和穩定等種種品質。

有鑑於我曾經從數不清的案主身上觀察過他們的混亂或僵化現象（再加上當我自己和親友諸事不順時的親身經歷），我禁不住開始好奇：所謂的心智，會不會其實是一種自我組織的歷程？一個強大的心智也許會最佳化自我組織的能力，創造出和諧的生命經驗，然而一個萎靡的心智，則有可能遠離和諧，轉向混亂或僵化。倘若這個推論為真，那麼去探問如何促使自我組織的最佳化發生，便有可能找到幫助我們培養出一個強壯的心智的方法。而這個問題，我們其實有答案。

一個複雜系統內，不同部位彼此之間的連結現象，能呈現出該系統自我組織的突現性質如何隨著時間推演對系統進行調節——亦即它如何進行自我組織——以便朝向最佳化的系統運作。換句話說，由於整合狀態（我們這裡對整合的定義是，區隔〔differentiation〕與串連〔linkage〕之間的動態平衡）具備了彈性和適應的運作能力，因此能夠創造出最佳化的自我組織。

覺察之輪背後的核心概念，是為了拓展意識的容器，並且在效果上，平衡意識的經驗本身。**平衡**是一個常見的詞彙，用科學的方式去理解的話，可以將它視為一個過程，它來自於我們在本書中所闡釋的整合——一方面允許事物保持個別的差異或區隔，另一方面又將它們串連在一起。當我們能同時進行區隔與串連，那我們便是整合的。當我們創造出整合，我們的生活將變得平衡與協調。在科學界，儘管不同的學門也許會採取不同的術語，但概念是相通的。能夠在混亂或僵化之間順利流動的調節能力，是幫助我們走向繁榮與興盛的核心，而優化這項調節能力的基礎正是整合（區隔與串連的平衡）。整合帶來健康。它就是如此簡單，但至關重要。

一個整合的系統，會呈現出一種和諧的流動。就如同一組合唱團中的每位成員，彼此的聲線清晰地互相區隔，又能夠串連在一起，和諧於是從整合中誕生。需要留

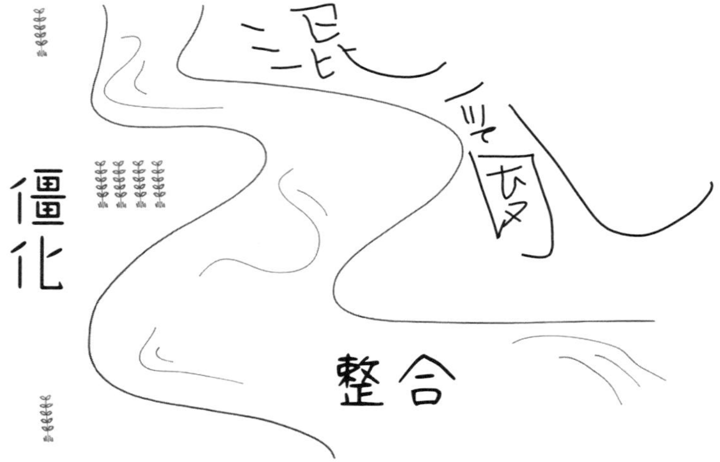

意的重點是，整合中的串連（linkage）不是混合（blending），它並不會消除個體間的差異，相反地，它在將彼此串連成一體時，依然保留了每個個體獨特的貢獻。比起綜合口味的果泥，整合更像是一盤水果沙拉。整合便是以這樣的方式，讓結合在一起的整體，創造出比個別部位的總和更強大的綜效（synergy）。同樣的道理，這個由整合所產生的綜效意味著，我們生命中許多不同的面向，就像是輪框上許多不同的點，每一個點的差異都值得敬重，但也同時能夠和諧地結合在一起。

身為一個臨床醫師，在一個稱為人際神經生物學（interpersonal neurobiology）的跨領域架構下工作，這趟職涯旅程中的種種省思讓我體認到，我們的心智是一種自我組織的方法，用以調節能量和資訊的流動，而這啟發了我，讓我想要嘗試去找到一些策略，為案主們的生命創造出更多整合，從而使他們的身體和人際關係，都能得到更多幸福健康。因此，在我曾經寫下的多本著作，以及許多與其他作者合著的作品中，都以整合作為核心的概念。

運用覺察之輪來整合意識，我們的生命將得到提升。

許多人都感受到，覺察之輪這項練習，幫助他們建立起技能，為他們帶來了力量，深遠地影響了他們的生命。對於他們的內在、精神世界——情緒、思想、記憶——覺察之輪轉化了他們經驗生命這些面向的方式，同時為他們開啟了不同的途徑，以新的方式與他人交流，甚至增進了他們生命中的意義感和連結感。

通往心智的旅遊指南

我的心願是，透過這本書的對話，覺察之輪能夠成為你生活的一部分。它既是一個概念，同時也是一項實踐，由此促進你生理、心理和關係等各層面的福祉與健康。儘管這是一項奠基於科學，並且得到數千名使用者背書的練習，但你我仍然不能忘記，你是一位獨立的個體，擁有自身獨特的過往歷史、喜好和處世之道。我們每個人都是獨一無二的。因此在本書中，我們雖然會談論某些通則，然而你對這份資料的體驗將會如何開展，絕對會是專屬於你的獨特經驗。

如同其他在健康照護領域的同業們，我盡最大的力讓自己的工作立基於科學數據與普遍性的發現，並謹慎和開放地將它們運用在某個特定的案主身上。我致力保持開放——持續地探尋、接收，並回應來自那些接受了這個概念並嘗試練習的人們的回饋。作為臨床醫師，我們無法為任何一位病患或案主保證治療結果，我們只能借助科學與過往的經驗，以此為基石，盡可能為人們提供**最有機會**產生助益的方法。在這樣的前提下，我們的工作態度，就是在竭盡所能的同時，也對任何人可能產生的各種反應抱持開放的態度。

這是一本書，不是一節心理治療個案，也不是一場教育訓練工作坊。我們透過書頁中的文字所建立起的連結，並非即時、可以一來一往的互動關係，因此，你我之間自然無法享有立即且直接的回饋與交流。然而在這裡，我邀請你以讀者的身分，與自己展開一段時時刻刻不斷延續的自我對話。作為讀者，你可以嘗試採納書中的概念、練習書中提供的方法，看看它們在你身上如何產生作用。至於身為作者的我，只能以文字的方式，為你分享我自身的經驗和觀點，儘管無法直接得到你的回饋，但至少希望這些字句能夠對你產生某些助益。在這樣的條件下，我們也許可以將這本書看成是一本旅遊指南，為你指出一段只有你能踏上的旅程，其中種種可能產生的細節。旅遊指南的作者有責任作出建議；讀者的角色則是汲取這些建議，用心地斟酌它們，接著以負責任的態度創造出自己的旅程。我能擔任起類似雪巴人的角色，在你的旅途上支援你，而身為旅人的你，則必須在邁出步伐的同時，不忘時時根據自己的需要調整沿途的步伐。

無論是在打造覺察之輪的概念本身，或是在思考它可能的應用場景時，我總是將你的主觀體驗的重要性放在心上。儘管世上沒有任何建議可以保證絕對的益處，但仍請你將本書當作一本實用又親切的旅遊指南（但願它是），運用書中所提供的概念與練習，也許它們將為你的生命帶來強大的益處。

這本書**不會**是一本將所有令人目眩的相關研究領域湊在一起，細數種種科學研究摘要細節的著作，但它會是一本受到科學啟發的實用旅遊指南，在你航向心智與心理健康的獨特旅程上，為你搭起一個結構性的框架，供應你旅途所需的方向與實踐方法。

坊間已經能夠找到許多著作，談論這類用以增進健康的練習方法是如何得到科學的佐證，例如由丹尼爾．高曼（Daniel Coleman）和理查．戴維森（Richie Davidson）合著的《平靜的心、專注的大腦》（*Altered Traits*），書中便以平易近人的方式，向讀者解釋了冥想背後的科學。另外一本同樣由態度嚴謹的研究者，將他們的科學發現如何作出實際應用，細心地描述出來的作品，是由諾貝爾獎得主伊莉莎白．布雷克本（Elizabeth Blackburn）與她的友人伊麗莎．艾波（Elissa Epel）合著的《端粒效應》（*The Telomere Effect*）。由於我也已經在這個科學主題上出版過多本相關著作，像是《人際關係與大腦的奧秘》（*The Developing Mind*）或《心腦奇航》（*Mind*），因此，在這本書中，我們將會直接切入這個受到科學佐證的概念與實踐方法，提供一條也許能幫助你在生命中培養出更多韌性與安康的道路。你可以在本書的最末頁，或是在我的個人網站上找到相關的參考文獻與推薦書單（網址：DrDanSiegel.com）。

在接下來的篇章中，我們將一起跋山涉水，探索各種通往強化心智的山谷與幽徑。在前方的旅程上，你的每一步，我都將與你同在。

駕馭臨在的力量

——覺察之輪的實際應用案例

這裡我想提供幾個具體的案例，說明覺察之輪——作為一種概念，同時也是一項練習工具——如何實際在生活上幫助到許多不同的族群。我將會介紹幾位案主的親身故事，描述他們如何運用覺察之輪增強心智、改善生活。我們會在本書的第一部，展開你個人對覺察之輪的探索，接著在第二部裡，我們便能從你個人的練習經驗出發，繼續深入探索心智的運作機制。直到第三部時，我們會重新回來造訪這幾位案主的故事，並且檢視我們在前兩部中得到的洞見，是否有助於增進我們對這些案主的理解、更深入地明白心智本身是如何運作，以及覺察之輪是如何幫助了他們。在第四部，我們將運用這些關於心智與覺察之輪的新概念，持續探索如何將這些點子和練習法有效地融入你個人的生活中。也許你會發現（就像我和其他許多人已經發現到的），利用這些新的洞見去理解心智的本質、領會為什麼我們需要學會擴展覺察，以及實際體驗到覺察之輪如何整合我們的意識，可以幫助你增強你的心智、耕耘出一個更健康幸福的生命。

重返輪心的比利

五歲小男孩比利（Billy），因為在遊樂場上毆打另外一名幼稚園同學而遭到上一所學校退學，他轉學到了新的學校，進入史密斯女士（Ms. Smith）的班級。史密斯女士曾經在我的書上讀到過覺察之輪。她在自己的班上要求同學們，在紙上畫出一個輪子的圖案，外圍比較大的圓圈是輪框、中心另一個比較小的圓圈是輪心，再畫上一條直線，表示串起輪心和輪框的輻條。接著她為同學們說明，輪心代表了我們的覺察，輪框則代表了許許多多我們覺察到的事物，而輻條則指出了我們決定把注意力投向哪個地方。幾天後，透過畫圖的方式學會了覺察之輪的比利，他找上史密斯女士，說了以下這段話（這些話是史密斯女士用電子郵件轉述給我的）：「史密斯老師！我需要暫停一下——因為喬伊（Joey）把我的積木拿到教室外面，我差一點就要揍他了。我卡在輪框上了，我需要回到我的輪心！」比利好好地花了足夠的時間讓自己冷靜下來，擺脫打人的衝動——這毫無疑問是他更早以前學到的，面對混亂時的僵化反應模式——借助輪子的意象，他有能力清楚地表達出自己的需要，然後建構出一個替代的、更整合的回應方式。他能夠尊重另一個孩子的行為、看見自己的衝動，並選擇不要作出衝動的反應。幾週後，史密斯女士再度來信，她告訴我，比利已經成為班上一個受歡迎的新成員了。

從情緒的雲霄飛車得到喘息的強納森

比利運用覺察之輪的方式，是圖像化的概念，而這裡有另一個例子，顯示除了圖像化的概念，覺察之輪還能是一種日常生活中的實踐，轉化我們對注意力、覺察和意圖的體驗。如果你讀過我的另一本著作《第七感》（*Mindsight*），也許你會記得那個十六歲的年輕男孩強納森（Jonathan），他運用覺察之輪的練習，改善了令他極為痛苦的嚴重情緒擺盪問題。帶著刻意創造出某種狀態的意圖，他持之以恆地練習，最終，強納森培養出了情緒平衡這項新的特質。他自己是這麼形容的：「我只是不再把所有那些感覺和想法都看得那麼嚴重了——它們也已經不再能夠把我捲入那麼瘋狂的狀態了。」覺察之輪的概念和練習給強納桑帶來的轉變是，讓他有能力將所學刻意地應用在生活中，規律地創造出某種狀態，刺激大腦的神經元發射出特定的訊息組合。這種具有**功能性**、重複模式的神經元刺激，很有機會轉變成**結構化**的神經元連結。強納森的故事是一項鐵證，證明我們確實能夠透過刻意創造出某種狀態，進而建構出健康的特質、轉化生命。

孟娜與輪心的聖殿

四十歲的孟娜（Mona）有三個孩子，全都不滿十歲，孟娜常常覺得自己焦頭爛額，處在崩潰邊緣。她獨立照顧三個孩子，身邊的伴侶和親友幾乎沒有提供任何協助，漸漸地，她變得很容易對孩子動怒，然後又會氣惱自己為什麼要這樣發脾氣。

自從孟娜參加了我某一場工作坊之後，開始持續規律地練習覺察之輪。一段時間之後她發現，她有能力走進輪心的覺察之中，而這項能力讓她體認到，原來她對自己的行為是有所選擇的。這使得她在面對養育三個孩子的日常挑戰時，變得更堅韌了。意識的整合轉變了孟娜的教養方式，她從經常爆發**反射性反應**，變得具有穩固的**接受性**。每當她落入反射性反應時，她的內在狀態或外在生活便會陷入混亂或變得僵化，反之，接受性則讓她能夠彈性地創造出一個更整合的方式，去跟孩子們還有自己相處。如今，孩子身邊的孟娜變得更處在當下、更關愛，她對自己也變得更仁慈、更懂得照顧自己了。

泰瑞莎，創傷與整合覺察之輪帶來的療癒

我們用**發展性創傷**（*Developmental trauma*）一詞來描述早期生命所經歷過的重大壓力事件，例如幼童所遭受到的虐待或忽視。有些人採用另一個術語來描述範圍更廣泛的早期生命挑戰：**童年逆境經驗**（*adverse childhood experiences*），簡稱ACE。總體說來，這一類的發展性創傷，甚至就連強度更低的童年時期壓力，都會削弱大腦的整合發育——幸運的是，這些負面影響通常都是可治癒的。我們需要大腦的整合，也就是我們所說的神經整合來為我們創造平衡，我們才得以展現各種執行功能（executive functions），調節我們的情緒、思考、注意力，甚至是關係和行為。泰瑞莎（Teresa）在生活的這些方面都感到十分掙扎，於是前來向我求助。二十五歲的泰瑞莎，受苦於充滿創傷的童年所留下的後遺症，而她的情況則是最佳的例證，顯示出混亂或僵化的關係如何妨害了神經的整合。在她慢慢地與我建立起連結和信任之後，她敞開心房，與我分享身為一個柔弱的孩童，在承受父母虐待時的心路歷程，隨後，我向她引介了覺察之輪的概念與練習方法。

在一開始的時候，對於大多數曾經經歷過令人難以承受的恐怖經驗的人，尤其是當施暴者理應是保護和照顧他們的人的受害者來說，練習將覺察本身（在輪心）與所覺察到的內容（在輪框上）區分開來，可能會是一個嶄新而且不大舒服的經驗。

為什麼？其中一個理由也許是，當我們進入覺察到覺察本身的狀態，也就是覺察之輪的輪心時，我們通常會體驗到一種開放、更多可能性被打開的狀態，而這樣的經驗與當我們只覺察到輪框上的已知事物時，所得到的那種確定感十分不同。矛盾的是，「在熟悉的地方迷路」，亦即迷失在輪框上那些熟悉的已知事物——即便那些感受或思想源自於創傷或不稱職的照顧——有可能比進入輪心時所經驗到的那種不確定和自由的狀態，來得更令人安心。這種不斷受到輪框上重複的元素、受虐的心智狀態所吸引的模式，會使某些人呈現消極的受害者姿態，另一些人則可能呈現憤怒的積極反擊狀態。而這些狀態則說明了，威脅是如何能夠刺激一個人產生**反射性反應**。對泰瑞莎來說，反射性反應有時意味著，進入擔心受怕、時時想逃離挑戰的心智狀態；另外一些時候，則意味著和那些真心想要與她連結、幫助她的人吵架。泰瑞莎需要的是，從反射性反應切換到具有**接受性**的狀態。表現得敞開、允許他人跟自己連結，並非是一種消極被動的姿態，然而對受到創傷的人來說，這有可能製造出一種放棄，而且暴露在更多受傷或失望的風險中的感受。若是以覺察之輪的用語來表現，泰瑞莎的反射性反應可以看成是一串熟悉的所知：戰鬥、逃跑、凍結甚至昏厥，而這些重複的反應模式，都是她的童年遺留的產物，但如今已化為她成年後的個人特質，或自動化傾向。

這裡有一個重要的基本原則。任何持續重複的行為，都會增強神經元叢集的訊號釋放或模式，而隨著一再地重複，大腦的結構會發生實質的改變。不斷重複的狀態，於是演變成了持久的特徵。

也許你已經從上述這些例子中，看出了一個單純的科學事實。讓我用下面這句話，簡單總結這個整合心智的重要原則：

注意力所及之處，神經元便會發射訊息流，神經元間的連結隨之成長。

跟許多人一樣，對泰瑞莎而言，覺察之輪給了她一個機會，擺脫反射性反應造成的自動導航狀態，喚醒她的心智，得到新的可能性，去體驗不同的存在與行動方式。擁有一個覺醒的心智，表示一個人能夠在生活中運用注意力、覺察、意圖等內在過程，去激發出一種新的心智狀態，並且，隨著重複的練習，這種新的心智狀態，可以鞏固成一個刻意塑造的新特質。而如果那個新特質是一個整合的心智，便意味著，我們將能夠擺脫原本看似沒有選擇的反射性反應模式，得到能夠自由選擇的回應方式。泰瑞莎即是藉由這種意識的整合，轉變了她的人生：透過重複不斷地練習，她重塑了她的注意力、覺察力與意圖，創造出一個更整合的生活方式——而這正是獲得希臘式至福的根基。

覺察之輪的輪心，代表了對覺察本身的知曉，它是具有接受性的意識的根源，使人能夠敞開胸懷，無論輪框上什麼樣的事物升起，都讓自己擁有與之互相連結的空間，而不是迷失或卡在輪框上、沉溺在生活的種種所知之中。在這樣的原則下，覺察之輪這個譬喻，除了是一個抽象的概念，對泰瑞莎而言，更是一項可以落實在生活中的實踐方式，幫助她覺察到自己的心智基於過去生命經驗所塑造出的牢籠。假如過往的生命經驗教給泰瑞莎的生活方式像是一座囚禁她的監獄，那麼，一個刻意製造並且持續重複的整合性經驗——例如覺察之輪這類的練習——也許能教會她如何解放自己，從那樣的牢籠中得到自由。

概念是很美好沒錯，然而有時候（事實上是常常），我們若是想要體驗一種新的存在和行動方式，練習絕對是不可或缺的，如此才能使這些令人重獲自由的概念深入到我們之內，並讓每一天的生活都體現出它們的意義。

泰瑞莎第一次展開她對覺察之輪輪心的探索時，到了某個練習步驟時（詳細的練習方式稍後會提到），她感受到一陣恐慌襲來。我們一起花時間停下來，細細反思這股恐懼感的來龍去脈。就跟其他許多曾經遭遇過某種創傷的人一樣，當他們開始將注意力聚焦在身體、整體的情緒狀態或是輪心上時，這個經驗本身就可能會引發沮喪感。倘若我們用耐心與支持的態度來接納這個不舒服的經驗，那麼它可能就只是「磨坊裡的穀物」，意思是說，沒錯，它尚且是一種不悅的感受，但也是一份邀請，引領我們繼續去打磨和探索。每一個令人感到挑戰的感受或內在影像，都可以是一次學習和成長的機會。而這也是覺察之輪最終要為我們帶來的課題，幫助我們強化心智，並且從過去的桎梏中解脫。

經過持續重複地練習之後，泰瑞莎從這些經驗中得到了許多收穫。其中之一是，她發現，起初令人不安的練習，是可以變得輕鬆舒適的，例如一開始將注意力聚焦在曾經遭到父母毆打的身體部位時會引發她的焦慮，但是現在，她可以自在地保持同樣的注意力焦點。記得，注意力所及之處，神經元便會發射訊息流，神經元間的連結隨之成長：不像之前的她，總是卡在輪框上那幾個會引發痛苦反應或是逃避策略的焦點，現在的泰瑞莎可以靈活地將注意力在輪框上的不同焦點間切換。她發展出了一種立基於輪心的接受性所產生的整合狀態。隨著輪心成為她反思、覺察、選擇，最終引發改變的泉源，她那些過往的記憶、先前的反射性反應模式，如今看上去，只不過是輪框上諸多焦點的其中幾個選項罷了。

泰瑞莎所學到的另外一件重要的事情是，她意識到，以往她的輪心一直受到一種無法掌控事情走向的不安感所占據，導致她最初看待輪心時的恐懼心態。隨著持續地練習，恐懼先是轉變成了一種較為溫和的警戒姿態，接著再逐漸發展到令她可以用好奇的眼光看待輪心的程度——在對自己的接受性覺察豎起森嚴戒備那麼多年之後，這樣的轉變對她而言，真可謂一大解放。單純地允許自己**臨在當下**、對浮現的任何事物保持敞開，在泰瑞莎的生命中，從來不曾享受過安頓於這種狀態所帶來的遼闊感。相反地，孩提時期的她總需要時時警戒，以防下一秒鐘的痛毆，或是她的雙親種種難以預測的可怕行為。直到她開始享受這種新的臨在狀態，能夠敞開心房面對眼前廣袤無邊的各種事物時，她覺得自己變得越來越平靜、越來越喜悅。

泰瑞莎的轉變告訴我們，生命裡的進步、成長和轉化，永遠不嫌晚。透過覺察之輪，以及其他的冥想和正念練習，發展出具有接受性的臨在狀態是有可能的。這樣的狀態能夠為深刻的幸福感打下基礎，也能支持我們更輕鬆容易地用同理心與他人連結。遺憾的是，我們大多數人在成長過程中，都被教導要提防他人，甚至要提防自己的內心世界，這種基於求生的心理狀態所導致的枷鎖，讓我們製造出一種信念，認為我們是不可能改變的。恰恰相反，當我們臨在地生活時，我們才能真正開放地加入他人的世界，甚至是進入自己的內在經驗。泰瑞莎讓自己深入覺察之輪的勇氣，使她發展出伴隨一生的內在力量與韌性。

扎克瑞：找到意義與連結，從痛苦中解脫

扎克瑞（Zachary）自從參加了工作坊之後，決心深入覺察之輪的練習。當初他是受到哥哥的邀請才來參加工作坊的。雖然扎克瑞的事業蒸蒸日上，家庭生活也安排得精彩豐富，時年五十五歲的他，心底老是有種不大對勁的感受，好像缺少了

什麼，卻沒辦法清楚說出來。在練習覺察之輪的過程中，他提到，在他身上持續了長達十年以上的髖部疼痛，似乎逐漸消融了。那個週末，大家又持續練習了好幾回合覺察之輪，每次練習時，扎克瑞都會把注意力集中在那個痠痛的區域，原本那裡尖銳、令人難以專注的疼痛感，逐漸變得越來越輕微。直到那個週末的第五回，也是最後一回的覺察之輪練習時，他髖部的身體感已經變得跟許多其他的感官感覺沒什麼兩樣，他可以輕鬆地造訪，然後放手。

在那次工作坊上，扎克瑞帶著喜悅和征服的表情，描述自己疼痛緩解的體驗。我邀請他以電子郵件的方式保持聯絡，與我分享工作坊結束之後的後續發展。那一年，我只收到了一封他寫來的信，信中捎來非常好的消息：他一直持續練習著覺察之輪，而且疼痛再也沒有復發過。

令人感到驚喜的是，我們在世界各地舉辦的工作坊上，常常收到這一類慢性疼痛消失的回饋。針對以冥想介入治療手段的科學研究已經發現，當我們鍛鍊心智去練習集中的注意力、開放的覺察、善良的意圖這三個項目時，會產生許多益處，不只能減輕主觀的疼痛感，也能在客觀的層面上，實際減輕大腦內的疼痛表現。

要理解這種現象，讓我們暫且回到「意識就如同水的容器」這個比喻上。從這個角度，身體上的痛楚可以看成是一湯匙鹽巴，倒進了一個太小的杯子裡，導致裡面的水變得太鹹，甚至難以下嚥。但我們若是將水量從一小杯增加成一百加侖，那麼，這個全新的大容器和如此大量的水，會把那一匙鹽巴稀釋到讓水嘗起來依然像是清水。同樣以譬喻的方式來看，進行一個鍛鍊心智的練習，可以看作是在拓展覺察之輪的輪心，讓覺察的容器，亦即意識中的接受性知曉的這個部分，變得更寬闊。有了這個變大的容器，也就是擴大的輪心，那麼同樣的一湯匙疼痛——輪框上的一個單點——也會被沖淡，化成由無數個所知的點組成的輪框上，其中的一小點。於是我們便能夠從過往對疼痛的單一焦點中解脫出來。用覺察之輪的術語來描述扎克瑞的經驗的話，我們可以說，他掙脫了輪框上一個已經過度被區隔出來強調、占據了輪心的焦點，獲得了自由。如果將冥想如何影響大腦的科學研究應用在此處，那我們會說，扎克瑞大腦裡負責製造疼痛表現以及覺察疼痛的區塊中，神經元發射訊號的活動減少了很多。覺察之輪是一種概念、心理圖像，也是一個可以實際操作的練習，而水和鹽的比喻，有助於解釋覺察之輪的功效，說不定甚至可以用來解釋大多數心智練習所產生的功效，說明它們有助於減緩慢性疼痛所導致的受苦。

除了幫助人們減輕身體疼痛，覺察之輪也能在生命開展的過程中，帶來其他的轉變。隔年，我很驚喜地在某個午餐時間再次遇到扎克瑞（同樣的主辦單位邀請我回去再開一次三天的覺察之輪工作坊）。除了身體疼痛消失，扎克瑞還得到了其他的解脫。在工作坊正式開始前，一小群人聚集在一起午餐時，他告訴我，前一年第一次參加工作坊的經驗，打開了他的視野，讓他體驗到全新的生命意義，他覺得他跟自己、跟他人，還有周遭更廣大的世界之間，擁有了更豐富的連結。他所感激的，不只是身體疼痛的減輕，更重要的是一種嶄新的意義感與目的感，流入了他的生命。一起用午餐時，他與我們分享了他進行完整版覺察之輪練習，在覺察的輪心，專注在注意力輻條上時所得到的體驗。他說，當他第一次「折彎注意力的輻條，將它往內指向輪心時，整個人都大大地打開，充滿了喜悅和愛的感受」，而這讓他有了一種前所未有的感受，覺得自己是「真實而且活生生的」，這個經驗扭轉了他的私人生活與職業道路的方向。他說，意義感、使命感和連結感——這就是他一直想找卻找不到、又說不出來是什麼的那些東西。他的哥哥也在那次午餐聚會上，他開玩笑地說道，扎克瑞的太太會把他這次參加冥想訓練工作坊的帳單寄給我。扎克瑞很快回道：「都是因為你起的頭——現在我覺得自己真的有種活著的感覺，我想學習如何將它分享給別人，而不是我自己獨享。」他還說，他甚至正在考慮成為牧師，或是心理健康領域的工作者。他決定漸漸地淡出原本的產業，因為在那裡，這些對他而言意義重大的新願景沒有發揮之處，如今的他想要好好發展自己的心智，並且學習如何運用這些新發現去幫助他人。

準備你的心智，進入覺察之輪

——集中的注意力

在開啟你的第一手覺察之輪體驗之前，讓我們先探訪一些基本的概念和練習，這能夠幫助你的心智做好準備，迎接即將到來的體驗。如同我前面曾經提過的，在學習覺察之輪的過程中，你會學習到幫助你整合意識與強化心智的基礎技巧。整合意味著不同元素彼此串連——而覺察之輪促使整合發生的方式，是透過將位於輪框上、種種意識中的所知互相區分，也將它們跟位於輪心的知曉區隔開來，接著，系統性地環繞著輪框移動象徵注意力的輻條，將所有的元素串連起來。透過練習，你集中注意力的技巧將會有所增進，你對意識和心智的體驗也會變得更加豐富。

打造心智的調節力

心智的其中一個面向是，我們可以將它看成是一個**調節過程**，用來決定我們生活中的能量和資訊該如何流動。所謂的過程，是一種動態的開展，因此從這個角度看來，心智更像是一個動詞，而非名詞。調節具有兩個面向。首先是監督（monitoring），其次是修改（modifying）。培養覺察之輪這類強化心智的鍛鍊習慣，能夠讓你的心智打造出一個具有調節能力的面向，更有能力最佳化它的運作功能。在下一個單元中，我們將嘗試實地練習覺察之輪，但是在那之前，我們將從穩定心智的監督功能開始，建立起集中注意力的技巧——這是鍛鍊心智的第一道支柱。

當你騎上自行車時，你會注視著你要去的方向，感覺自行車的平衡，同時耳聽八方，留意交通的情況。觀看、感覺、聆聽，是我們的感知之內，用來吸取各種不同形式的能量的途徑。這些都屬於**監督**。然後我們會藉由腳踩踏板、操縱龍頭、手按煞車來進行修改。我們透過修改空間中自行車的能量流與運動方式，來改變腳踏車的位置和動作。為了成為一個更好、更有能力的自行車手，你會不斷精進這些監督與修改的技巧。如果你可以透過磨練，提升自行車的騎乘技術，那麼同樣地，你也可以藉由磨練你監督和修改能量和資訊流（心智系統的本質）的能力，來培養出更有力量的心智。

增強監督能量流的能力的方法之一，是穩固我們用來感知能量流的鏡頭。一般來說，能讓我們學會穩固注意力的訓練，通常會要求我們將注意力聚焦在某個特定焦點上，就好像一束手電筒的光束，集中照射在某一個定點上。有一個非常適用於這

監督＋修改／調節

種練習方式的聚焦點，同時也經常在世界各地不同文化傳統中被運用的，就是呼吸。當我們進行基礎的呼吸覺察練習時，我們同時也強化了心智的監督能力，因而使注意力變得更穩定。隨後當我們進入更詳盡的完整版覺察之輪時（我們很快就會看到），我們會更進一步地延伸穩固注意力的方法，此外也會添加新的技巧，幫助我們同時強化對能量流的監督和調整能力。

現在我們將要學到的，是如何穩定地**監督**，以便更專注、深入、清晰且細緻地感知能量和資訊流。一旦你心智的監督功能變得十分穩定，你便能進一步學習如何**修改**，以朝向整合。

起步的小竅門

直到下一個單元我們真正開始練習覺察之輪之前，先奠定一些穩定注意力的經驗是很重要的。如果你已經做過許多反觀自照式的練習，或是已經嘗試過「冥想」（一個具有多種形式，但本質上意味著鍛鍊心智的練習方式），那麼對於呼吸覺察練習，也許你已經具備了一些經驗，那你可以選擇跳過這一個段落，直接進入下一單元，練習「基礎輪」的部分。若是你很少進行內在反思，那麼這個呼吸練習對於穩定你的注意力會很有幫助。舉例來說，在加州大學洛杉磯分校（UCLA）的正念覺察研究中心（Mindful Awareness Research Center）裡，我們對於正念覺察練習（MAP, a mindful awareness practice）的第一項研究，就是去探究對於難以維持注意力的成年人與青少年而言，以呼吸為專注焦點的正念練習，如何幫助到他們，使他們變得有能力保持注意力。前導研究顯示，對於那些患有注意力缺失問題的實驗參與者來說，採行正念練習的受試者，比起使用藥物治療的受試者，在專注力的技巧上，取得了更多的進步（詳情請見莉蒂亞．賽露絲嘉〔Lidia Zylowska〕所著的 *The Mindful Prescription for Adult ADHD*〔成人注意力不足過動症的正念冥想處方〕，書中記載了該研究的過程摘要）。

以下是幾個起步前的小竅門。

首先，試著別讓自己睡著。當你進行向內的檢視，例如選擇以呼吸這個身體感覺作為注意力的焦點時，也等於放下了投射到外在世界的注意力。對於某些人來說，這種向內的注意力焦點，和向外的注意力焦點感覺大不相同，所以他們可能會感到陌生、彆扭，甚至會覺得不舒服。有人會覺得這種內在焦點很沉悶、無聊。在這樣的情況下，我們注意力的焦點很有可能變得模糊、我們可能會失去警覺、昏昏欲睡，也有可能真的睡著。雖然說打盹兒可能是最受低估的人類活動之一，然而如果你想要從這個練習中得到它的益處，保持清醒或許是一個比較好的選擇。藉著留意你什麼時候開始變得昏沉，然後喚醒自己，保持這樣的警覺，實際上也是在學習增強心智集中注意力的能力。而警醒地監督自己的狀態，則是在鍛鍊監督自己的能量和資訊流的能力。有了這則關於睡意的提醒訊息之後，現在你可以根據它來調整你的能量，讓自己保持清醒，甚至變得更警覺。

舉例來說，假設你是閉著眼睛的，也許你會考慮睜開一點點，讓光線進入，刺激你的大腦。你也可以睜著眼睛進行整個練習。如果這樣都還抵擋不了你的睡意，如果你是躺著的，就試著坐直身體；如果你是坐著的，就試著站起來；如果你是站著的，就試著四處走動。試著做點什麼來改變能量的流動、打起精神，好穩住你的注意力。關鍵在於時時監督你的能量狀態和警覺性，需要的時候就做點什麼。如果你確實需要小睡片刻，有時候，更好的做法反而是放下這個練習，就讓自己好好地睡上一回！

第二個小竅門：假如你是採取團體練習的方式來進行，那麼，事先建立好共同的協議也會有所幫助。大家可以事先約定好，假如有成員真的在練習過程中睡著了，而且打起呼來，其他的成員有權叫醒打呼的成員。畢竟要忽視旁人的鼾聲真的很困難。最好事先彼此同意，授權以一種平和、溫柔的方式喚醒睡著的人。

第三點：放鬆練習與反觀自照的練習，這兩者之間是有所分別的。練習放鬆的技巧非常有助於帶來平靜，然而實際案例顯示，它們所創造的效果，和正念冥想練習所能達成的效果十分不同。因此，當你進行這個觀照呼吸的練習，或是稍後正式進行覺察之輪的練習時，有可能你會進入一種放鬆的狀態，但也同樣有可能完全感覺不到放鬆，這兩種情況都是很正常的。反觀自照和放鬆不一樣——不僅做法不同、結果也不同。反觀自照更像是在讓自己變得穩定、清晰，即便眼前的外在世界（甚或是你的內在）正面臨著一大堆混亂。正念覺察的狀態，是關於穩定地監看任何一刻所升起的任何事物。而我們稱之為臨在（presence）的，正是這種具有接受性的覺察狀態。反觀自照能夠建立起這樣的清晰，是因為它允許事物升起，並且單純地只是透過覺察來經驗它們，而這份覺察，即是覺察之輪的輪心。

第四點：觀察（*observing*）和**感受**（*sensing*）也是不同的兩回事。當我們打開覺察去感受時，例如覺察呼吸的感受時，我們成為了一個管道（conduit），導引著事物的流動，進入我們的覺察之中，比方說，讓呼吸在鼻孔間流動的感受流入我們的意識裡。此時，注意力的角色更像是一條水管，任由水流經它，而不是把水凍結起來，再用那些冰塊去建造一間冰屋。然而，當我們觀察某個事物時，則像是在見證一個認知被**建構**（*constructing*）起來的歷程，而不是只是一條導引水流的管道。

管道 & 建構者

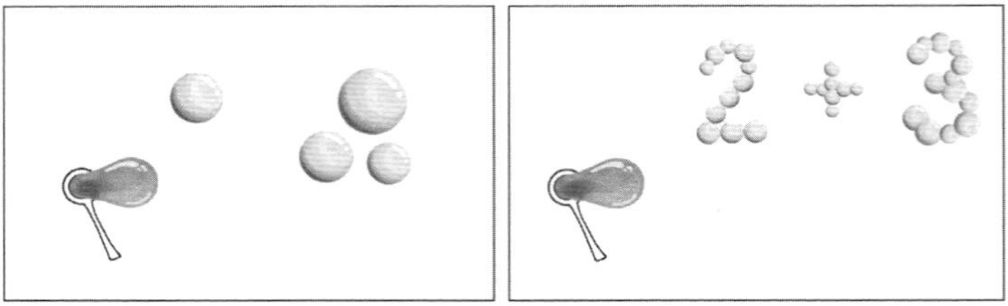

如同我們接下來會看到的，當我們開始從一個觀察性的立場見證並且陳述某件事時——就算只是在講呼吸——我們會圍繞著那件事建構起一個故事，而不是單純地只是感受感官訊息的流動。假如能量流就像是肥皂水，那麼，心智就像是一個吹泡泡的圈圈，它可以單純地讓肥皂水變成泡泡，也可以用它製造出圖案。

要見證一個經驗，然後成為經驗的陳述者，我們需要先通過觀察這道門戶。如果你跟我一樣，是首字母縮略詞的愛好者，那麼，這會是你「擁有」（OWN）一個經驗的方法：觀察（Observe）、見證（Witness）、陳述（Narrate）。這些都是建構的形式，在其中，存在著一個觀察者、一個見證者、一個陳述者，每個角色都為建構某個當下的經驗做出了貢獻。這種建構與單純地作為一個管道去感受經驗的流動，有明顯的不同。

進行這種反觀自照式的呼吸覺察練習時，要點在於，讓呼吸產生的身體感覺成為注意力的焦點，並且讓覺察充滿這整個焦點。這與有人請我們去觀察呼吸，或是見證呼吸，或是陳述「我正在呼吸」的體驗十分不同。它們表面上聽起來也許差異不大，但很快地你會知道，學會辨別感受和觀察這兩者間的不同，實際上對於整合你的經驗、強化你的心智，是很重要的基礎。

第五點：對自己仁慈一點。這些練習雖然簡單，但不見得很容易。就許多方面來說，反觀自照幾乎可以算是我們身為人類，最大的挑戰之一。法國數學家布萊茲・巴斯卡（Blaise Pascal）曾說：「人類所有的問題，都源自於人們缺乏獨自安靜地坐在房間裡的能力。」誠然，在我們的情緒智商與社交智商的最核心，正是**反觀自照**的能力，然而這樣的技能，大多數的人卻不曾學習過。它是令你有能力了解自己的內在，並且連結到他人的內在與心靈世界的工具。

我們是如此地習慣於將注意力投射到外在世界，因而許多人常常會覺得，這種反觀自照式的練習對他們來說，是頗為新奇的體驗。某些人甚至無法忍受安靜地坐上一會兒。日常生活中，我們總是喜歡被外在世界的刺激分心，或是刻意說上幾句話，以填補安靜的空白。因此，認知到在你生活中大多數的時刻，你的注意力都是聚焦在外在世界，並且充斥著來自周遭環境的各種訊息——來自身邊的人、電子產品，或是環境裡的各種事物，因而在練習的過程中對自己仁慈一點，是很重要的一件事。現在，你所要做的事，是藉由學習反觀自照你的內在世界，讓你的生命旅程變得更豐厚精彩。

剛開始練習的時候，可能會因為不容易進入狀況而感到沮喪。再一次，我想邀請你對自己溫柔一些。這不是一件容易的事，而且絕不可能有做得「完美」的時刻。別忘了，你的心智有它自己的心智。你的任務的一部分，是去理解能量和資訊就是會不斷地流動。有時候你可以很好地導引它們的流向、調整注意力的方向；另一些時候，它們就像長了自己的腳一樣四處亂跑，把你的注意力東拉西扯到各種不同方向。無論發生任何情況，都保持敞開的態度，是練習的第一步。而溫柔地善待自己，則會支持你走過這個旅程。

學習如何集中注意力，是心智訓練的核心。現代心理學之父威廉·詹姆斯（William James）曾經表示，如果訓練一個人學會控制他的注意力，那個人將成為自己的大師。他在著作中寫下：「能夠主動地將遊蕩的注意力一次又一次、不厭其煩地帶回來的能力，是一個人的判斷力、性格和意志的根基。若是不具備這種能力，便不可能成為 *compos sui*（**自己的大師**）。如果有一種教育能夠提升這種能力，那麼這種教育將是 *par excellence*（**最頂級**）的教育。然而定義出這種理想，遠比給出實用的指示，並將它化為現實容易多了。」*

很顯然，詹姆斯並不熟悉我們即將在下一個單元探索的、用來鍛鍊集中注意力的冥想練習，它是一項簡單的呼吸正念練習，能夠幫助你成為自己心智的大師。在我們的研究中心，一項前導研究的結果顯示，這一類基礎的冥想練習，可以大幅增進集中注意力的能力，幫助人們更有能力掌控自己的生活。冥想，即是將心智鍛鍊化為現實的行動。

架設第七感鏡頭

第七感（Mindsight）這個用詞，指的是我們如何看見自己與他人的心，並且在與他人連結的同時，有能力去敬重彼此身上具有差異性的特質。這顯示出，第七感的內涵是關於洞察、共情與整合的。我們可以藉由第七感的監督技巧，來感受能量與資訊流。這個技巧就像是運用一個感知力的鏡頭，將它對準流入我們的覺察中的事物，讓我們在感受自己與他人的內在時，能夠獲取一個清晰的焦點。為了幫助記憶，我們可以想像一個裝上了第七感鏡頭的三腳架，它的三條腿分別代表了三個O：**開放**（*openness*）、**觀察**（*observation*）、**客觀**（*objectivity*）。透過練習，當你逐漸鍛鍊出這三種技巧之後，你清晰地監督每個當下所發生的一切的能力，將會變得更加穩定。

＊威廉．詹姆斯（William James），《心理學原理》，第一冊（Cambridge, MA: Harvard University Press, 1890），頁四六三。

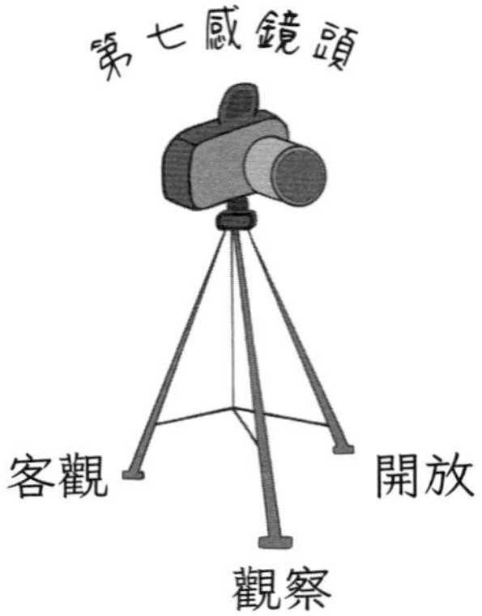

無論任何事物升起，都對它保持**開放**，意味著放下期望，變得更有接受性，接納當下實際發生的情況。由於期望會形塑我們的感知，因此，讓自己更敞開、放下批判與期待，有助於拓展我們對生活種種變遷的覺察。

觀察是一種讓自己與經驗之間保持一點距離，留意一切情況的發展輪廓，卻不被它所淹沒的能力。這是比起像一個管道般單純讓感官感覺流動，更具結構性的一種感知形式。擁有觀察能力，我們才能避免落入自動導航的反射性反應，迷失於某個思想、感受或感官感覺。有時，我們需要放下觀察，才能去感受感官的流動，然而另外一些時候，我們卻能藉由範圍更廣闊的觀察，來得到更大的視野。兩種情況都是有益的，只是有所不同而已。觀察會鼓舞我們更廣泛、更主動地覺察我們的生活——它使我們能夠更歸於中心地待在輪心的**知曉**當中，而不至於在生命中某些吃力地面對挑戰的時刻，被輪框上的**所知**絆倒，而失去了整合性的覺察。

客觀則是將觀察的能力再推進一步，在客觀性之中，我們感知得到，我們經驗中的所知只不過是心智的對象，而不是我們所認同的全部，也不等於絕對的現實。所知不過是經驗中起起落落的元素，它們在我們的大本營，也就是我們的覺察之中來來去去；當我們能採取這樣的角度來感受與觀看所知時，便是站在了客觀的立場上。這就是客觀性。

這個由開放、觀察、客觀所組合成的三腳架，穩固了第七感的鏡頭，使得我們得以更清晰、更深入、更仔細地去感受能量與資訊的流動。而我們接下來即將展開的練習，將有助於培養出這組三腳架所代表的每個特質。學習如何在不同的情境中，駕馭屬於第七感的這三個「O」，也是在學會活出一個完滿又整合的生命，所需要的種種技巧。

穩定注意力的呼吸覺察練習

讓我們從一個基礎的呼吸覺察開始，這樣的練習方式，在世界各地都很常見。

如果條件允許，請找一個安靜的、不受打擾的空間來進行。花點時間找到一個舒服的姿勢——坐著、躺下或站著都可以。在這五分鐘裡，關掉所有可能干擾你的電子產品。如果你有鬧鐘或計時器，選擇一個溫和的鈴聲和音量，計時五分鐘。如果你坐在椅子上，請以舒服的方式輕鬆地挺直背脊，不翹腳，將雙腳平放在地面上。如果你坐在地上，可以用跪坐的方式，同樣豎直背部，並找到一個可以讓身體舒服地維持幾分鐘的姿勢。如果你跟我一樣，偶爾會有背痛的毛病，也許你會想躺著進行這個練習，但是要留意，這麼做會提高你睡著的機率。

有一個小技巧可以避免在躺著練習時睡著，就是在練習的期間豎起其中一隻手，手肘平貼地面，手掌指向天花板的方向。這麼一來，萬一你打盹兒了，你一定會知道，因為你的手八成會落在你的胸口上（說不定因此把你弄醒）。如果你想，可以睜著眼睛練習，或者只讓眼皮微微睜開，保持柔和的視線。有些人則會認為，完全閉上眼睛，避免光線干擾，練習起來更容易一點。

在你閉上眼睛之前，先試試這四個步驟：

1 將你視線的注意力移動到房間的中央。
2 現在，將注意力移動到房間盡頭那面牆上（如果你是躺著的，就把注意力移動到天花板）。
3 接下來，將注意力移回房間的中央。

4 最後，將注意力移到你的眼前，大約你看書時的距離。

花一小片刻的時間，去留意你是如何能夠決定注意力的去向的。這個移動視線的注意力練習，其實是在引導光的能量進入你的覺察。

邀請你閱讀下方的文字指引，閱讀的時候，可以將它視為開始練習前的指南，一旦你熟悉了練習內容之後，可以連上我的網站（DrDanSiegel.com），點進標示「資源」（Resources）的分頁，聆聽我的錄音檔，讓我的聲音引導你進行這個練習，還有本書接下來的其他練習。無論是哪一個練習，在你完整閱讀過文字指引，熟悉了內容之後，你都可以從網站上聆聽我的聲音導引來進行練習，或是憑著記憶自行練習。

文字指引如下：

在讀完每一段練習的內容之後，你可以找一個安靜的地方，試著實際操作一次。你也可以連上我的網站，點進「資源」分頁，聆聽每一段語音導引的錄音檔。網址：DrDanSiegel.com

首先，將注意力集中在呼吸上，專注在空氣進出鼻孔的感受。讓吸氣與吐氣的感官感覺填滿你的覺察。乘著呼吸的波浪起伏，吸氣—吐氣。

現在，將注意力集中在胸口，讓胸口起伏的感官感覺填滿你的覺察。吸氣—吐氣，吸氣—吐氣，乘著呼吸的波浪起伏。

現在，將注意力集中在腹部。如果你從來不曾嘗試過「腹式呼吸」，你可以將一隻手擺放在腹部，感受它的移動，讓這樣的感官感覺填滿你的覺察。當空氣填滿肺部，肺部下方的橫膈膜會往下移，並且將腹部往外推；當空氣離開肺部，橫膈膜會放鬆，腹部則會回縮。持續地讓腹部起伏的感官感覺填滿你的覺察。乘著呼吸的波浪起伏，吸氣—吐氣，讓腹部移動的感受，填滿你的覺察。

現在，讓你對呼吸的注意力自行地落在身上某個感覺最自然的部位，感受呼吸在那個部位的感官感覺。可能是腹部的起伏、可能是胸口的起伏、可能是空氣進出鼻孔的感受。也有可能是整個身體都在呼吸的感受，吸氣—吐氣。無論是哪一個部位，讓最令你感到容易的地方，成為你注意力的焦點。

現在，讓呼吸的感受填滿你的覺察。吸氣—吐氣，吸氣—吐氣，乘著呼吸的波浪起伏，吸氣—吐氣。有的時候，你的覺察可能會被呼吸以外的事物填滿，當你意識到你的覺察已經變得跟呼吸無關時，將注意力重新帶回對呼吸的感受上。

持續專注在呼吸上，重複幾次呼吸的循環，無論任何時刻，若有令人分心的事物使你的焦點脫離呼吸，就重新調整你的注意力，專注在呼吸上，看看情況如何。假如你是一邊閱讀這篇文字指引一邊練習，現在也許你會想要閉上眼睛，做幾次呼吸的循環，再接著往下讀。

吸氣—吐氣，吸氣—吐氣，乘著呼吸的波浪起伏，吸氣—吐氣。

感覺如何？現在，花一點時間，去反觀自照這次呼吸覺察練習的體驗。

現在，讓我們加進一個新的步驟。對某些人來說，找到一個通用詞，來代表注意力被拉走時使他分心的事物，可以幫助他的練習。假設在你感受呼吸的感官感覺流入覺察的過程中，某個思緒拉走了你的注意力，尤其是那種一再浮現的難纏思緒，也許你可以試試看，默默地在心裡說：「思考、思考、思考。」對某些人而言，這個為導致分心的因素命名的做法，能夠幫助他放下這個分心，也能更容易地回到專注感受呼吸的狀態。同樣地，假設是某個回憶取代了呼吸，占據了你的覺察，那麼，默默在心裡說「回憶、回憶、回憶」，可以幫助你把注意力從回憶上移開，回到對呼吸的感受上。然而對另外一些人來說，這個命名的步驟本身就是一種干擾，不是太有幫助。若是這樣的情況，便不用命名，就單純讓自己留意到這個分心，然後把注意力重新集中在呼吸上，會是比較直接的做法。

除了為導致分心的事物命名，或留意到分心本身，接著重新返回呼吸覺察，別忘了將你的溫柔加入這個體驗之中。用下面這個角度來思考，也許能提供一些幫助：這個呼吸練習，就像是在運動時肌肉的收縮與放鬆。專注在呼吸上，就像是收縮肌肉，而無可避免會發生的分心，就像是放鬆肌肉。你不需要刻意製造令你分心的事物——它們會自然而然發生，畢竟心智有它自己的心智！然而，你可以刻意地養成仁慈的態度，來看待自己的分心。開放地對待所有的發生，觀察你的分心，理解到它只不過是你心智裡的一個物件或活動，接著便重新專注在呼吸上——允許自己用仁慈、溫柔、不批判的態度去看待這個過程。你可以像這樣地運用第七感三腳架的開放、觀察與客觀三特性，來展現你的仁慈。

如果你只是像一個管道般地任由感官中的一切流動，那麼，分心對你而言，就只會是一種流動的感官經驗。在這樣的情況下，你只運用了第七感鏡頭三個「O」的其中一個「O」：開放（openness）。相反地，將你的注意力穩固下來，能夠幫助我們隨著呼吸的感官感覺流動——對管道中的流動保持開放——同時運用心智能力中的建構工具，去進行觀察並保持客觀，藉此意識到使我們分心的某個想法或記憶，而不隨之起舞，接著建構出重新導向注意力的歷程，讓注意力返回對呼吸的專注。簡單來說，這個呼吸覺察練習能導引我們對呼吸的流動保持開放，同時觀察注意力的焦點什麼時候分散了，接著客觀地將注意力聚焦的對象重新換成呼吸。將開放、觀察、客觀區隔開來，同時又將它們串連在一起，這便是我們在練習穩定注意力時，所發生的整合。

所以，讓我們再一次嘗試進行這個基礎的呼吸覺察練習。這一次，加入這些步驟：為分心的因素命名，或單純留意到分心的發生，接著溫柔地，一次又一次，讓自己重新專注在呼吸上。記得，如果你希望讓我的聲音引導你走過這個呼吸練習，可以連上我的網站：drdansiegel.com/everyday-mindsight-tools/

如果你是透過自修來練習，而且這是你第一次嘗試這種正念呼吸覺察練習，那麼，先將你的計時器設定在三分鐘。也許你會想要事先選好用什麼樣的提示鈴聲——很可能不是每天早上叫醒你的鬧鐘鈴聲。如果你是有經驗的練習者，可以試試看設定五分鐘，或是更長的時間。計時器設定好之後，感受你的呼吸，若是有任何分心的事物取代呼吸占據了你的覺察，便重新調整你的注意力，繼續乘著呼吸的波浪起伏，吸氣—吐氣，直到計時器響起才停止。無論是哪一種反觀自照式的練習，在按下計時器之前，都先為自己找到一個不受干擾的空間、舒適的姿勢，並挺直背脊。

準備好了嗎？好好享受這趟旅程吧！

等到鬧鈴響起時，也許你會感到平靜、充滿活力、煥然一新，或者感到疲倦。假如你正在經歷人生中一段艱難的時期，也有可能在練習結束之後，你反而覺得更焦慮或更緊張，因為花費精神去駐留在自己的內在，有時也會讓我們更加覺察到自己正在面對的困難。別忘了，這只是一個練習。不代表我們結束之後，就必須要得到某種特定的感覺，甚至，我們每一次練習結束後，也不必然會得到同樣的感受。為什麼這樣的練習可以算得上是一種鍛鍊？因為，進行這樣的練習時，你實際上正在強化以下幾種能力：1 **集中**注意力的能力；2 **留意到**與眼前的任務不相關，或對眼前的任務不具有顯著性的分心事物的能力（科學界將這種警覺稱作「顯著性監督」〔salience monitoring〕）；3 刻意地**重新導向**注意力的能力。上述種種注意力的面向——維持注意力焦點、留意、重新導向——分屬於大腦中的不同迴路，因此這個練習等於是在鍛鍊這些不同的大腦迴路。

別忘了我們的基本原則：注意力所及之處，神經元便會發射訊息流，神經元間的連結隨之成長。在這短短幾分鐘的練習裡，你已經啟動了大腦中某些重要的區域！

在覺察之輪其他部分的練習中，我們將會探索並擴展**開放地覺察**的能力，或者說，**開放地監督**——意指允許事物自然地升起，並且讓自己保持在一個開放、具接受性的狀態。隨著練習不斷地加深，你的這種開放的覺察力，以及注意力練習裡的數個基礎要素——維持、留意、重新導向——的能力，都將一併被增強。

如果你從來不曾進行過這類反觀自照式的練習的話，先重複這個呼吸覺察練習一段期間，如果可以，最好每天練習，這將有助於稍後正式的覺察之輪練習。

也許某些人在持續練習呼吸覺察一週或以上之後，才會感覺自己準備好了，可以試試看覺察之輪的基礎練習，有些人則是迫不及待想要馬上開始直接體驗。你也可以將這個呼吸覺察練習，帶進日常生活的各種不同情境中，譬如排隊的時候、在家休息的時候，或是剛起床的時候。它很簡單，卻很有威力。假以時日，不只你的注意力會增強，心智會變得穩定，也能夠以更高的清晰度，去經驗你的覺察。

呼吸覺察練習會創造出某種內在的一致性，一部分的原因可能來自於向內—向外、吸氣—吐氣，這種固定重複的動作模式。就像你期待著某事發生，然後某事確實發生時所創造出的深刻踏實感與滿足感。它能給生活帶來一種可預測的、可靠的感受。許多人在接觸了這種專注呼吸的練習方式之後，心臟機能變得更協調、平衡，頭腦也變得更清晰，效果甚至能在練習結束之後，還持續維持很長一段時間。專注在呼吸上，一旦分心了，就重新專注，讓這樣的練習成為日常生活的一部分，就好像是送給自己一件會持續為自己帶來更多禮物的禮物。

在真正深入覺察之輪的練習之前，讓我們先來探討，從這個賦予我們力量的呼吸覺察練習中，可能已經浮現的心智的幾個面向。

心智是什麼？

首先要聲明的是，「心智」一詞，其實並沒有一個共通的定義——事實上，除了說它是大腦活動的同義詞之外，我們幾乎找不到任何對心智的定義。沒錯，我們雖然有很多詞彙用來描述心智的活動，諸如感覺、想法、記憶、注意力等等，然而這些心智活動究竟是什麼，一直沒有被清楚地定義。

在某些情境中，心智被用來指稱思想，而非感受——就好像頭腦與心的對比那樣。但是在我的工作中，我並不採取這樣的用法。相反地，在我的教學，以及本書所要帶領你走過的旅程裡，「心智」（Mind）一詞將會用來指稱我們生命經驗的核心，從感覺到直覺、想法、記憶、注意力、覺察、意圖，一直到行為的啟動，全都包含在內。某些科學家專注於研究心智的神經起源，另一些科學家專注在人類精神生活的社會性特質。然而，有哪一個研究心智的系統，同時包含了心智具身化（embodied）與關係性（relational）的起源？

廣義地說，**關係，可以視為是能量與資訊流的共享**。對於人類學家、社會學家或語言學家而言，我們的精神生活，是發生在彼此之間的。**大腦，則可以被視為是能量與資訊流的具身機制**（*embodied mechanism*）。因而，在我們以皮膚所包裹的身體，包含被顱骨所包覆的大腦——我們可以簡稱為「具身大腦」（embodied

人類經驗鐵三角

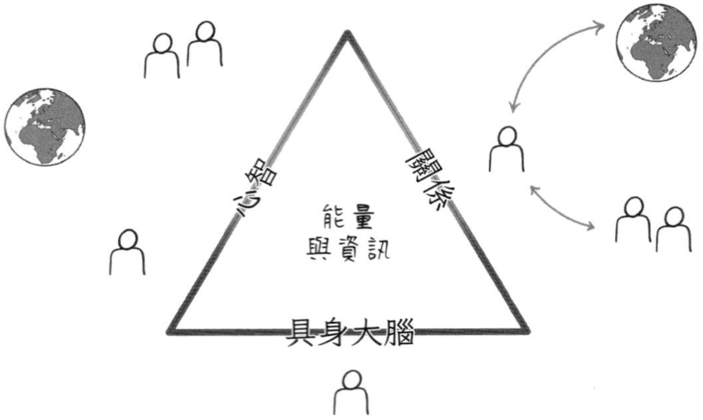

brain）——之內，我們擁有一個「**在裡面的心智**」（*within-mind*）。除此之外，我們還有一個「**在關係之間的心智**」（*between-minds*），發生在我們與他者的關係之中。我們也可以把它們稱為內在心智（inner minds）與關係心智（inter minds），它們是我們是誰的起源，也是我們的自我的內在的和關係性的起源。心智既發生在內在，也發生在關係之中。

我知道這種對心智的說法，已經超出了顱骨的範圍，甚至超出了皮膚的邊界，這對很多人來說，也許是前所未聞的，而且可能也和坊間通行的說法有所出入。然而我有一長串的論證與科學研究，足以支持「心智既是具身化的，也是關係性的」這個論點。

心智系統的共享元素是能量流與資訊流。而這樣的流動並不侷限於頭顱或皮膚的界線。

用這種方式所定義的心智，擁有至少四個

心智四面向

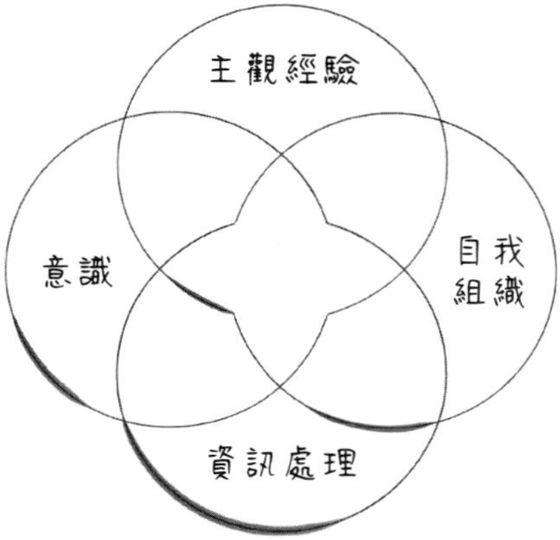

基本的面向，而在覺察之輪的練習中，你將學會駕馭這些面向，為自己創造一個更健康快樂的生活。這每一個面向，都將成為你我這趟旅程上的基石，為我們鋪就一條奠基於科學的實用之道，通往前方的幸福人生。

1 **意識**：意識是我們覺知到「我在覺察」的主觀經驗，同時，以最具體的角度來看，它**也是**我們所覺察到的一切。舉例來說，在這一刻，閱讀著這面書頁上的你，同時覺察到的是文字的存在，與它們所代表的意義。換句話說，意識同時包含了**知曉**與**所知**這兩者。覺察之輪的輪框，就是一種譬喻性的象徵，代表了所知，而輪心則代表了知曉。當我們導引能量與資訊流動時，我們使用的是注意力，而在覺察之輪裡，我們用輪子的輻條來代表注意力。

2

主觀經驗：主觀經驗指的是，一個人對他正在活著的這個生命的感覺質地。覺察到你的主觀經驗，甚至覺察到你表達這份主觀經驗時所採取的動作（譬如寫日記），並分享給他人（譬如將話題焦點專注在心智的內在本質，所進行的反思性對話），可以促進各種不同面向的健康。主觀經驗，有時候也稱作「第一人稱視角」經驗，我們可以說它是現實的**質數**（*a prime* of reality），意思是說除了它本身所是的樣貌，它已經無法再被進一步縮減成別的樣貌。如同我們接下來很快會看到的，質數也許會從現實的某些機制中浮現，而作為一個質數，這種突現性質無法被簡化成產生出它的元素。質數是我們在現實中所能得到的最基本的東西。這裡我們想指出的一點是，人們關於「活著」的主觀經驗，既來自於我們內在的能量流，也來自關係中的能量流。

3

資訊處理：資訊處理指的是我們如何擷取能量流——大腦中的、身體中的、與他人的關係中的——然後產製意義。資訊是一種具有符號價值的能量模式，它象徵了能量模式本身之外的某種事物。資訊處理的過程有時候發生在我們的覺察之內，然而心智中大多數能量與資訊流在發生的時候，**並沒有**意識的涉入。

打個比方，如果我現在寫下「金門大橋」這個詞，這便是一道具有符號意義的能量，以光的形式（如果我們現在是在聊天的話，那便是以聲音的形式）進入你眼中。這個詞代表了某件事物——它是某種東西的象徵；然而這幾個文字並不是那個東西本身。那座大橋並非這幾個文字的組合，也不是形成這個詞的音波——只是這個詞彙**表示出**那座橋。它以語言的表達形式，象徵或「再現」了實際存在的那座橋。我們可以說，這個象徵是「具現出形式的能量」（energy in-formation），因為它構成了一個符號表徵，而這樣的符號表徵，是我們在內在與人際間都經常使用的元素，在這裡，我們把它稱之為**資訊**（*information*）。而既然「資訊」這種能量模式總是經常處在變動的狀態，我們便使用**處理**（*processing*）和**流動**（*flow*）這樣的詞彙，來表示它的運動和轉變。

接下來，我們來看看心智的第四個面向……

4 **自我組織**：自我組織**調節**能量與資訊流。它是複雜系統所具備的一項突現性質。讓我們暫時將目光放在這個調節過程上，也許能幫助我們更清楚地理解心智這個重要的第四面向。以一種非常反直覺的方式，這項突現性質從複雜系統的元素流動中升起，接著又流回它的起源之處，並且還形塑了它的來源。你說這奇不奇怪？然而複雜系統的數學又很清楚地表明了——在我們的宇宙中，複雜系統具有自我組織這項突現性質。這個過程會不斷遞迴地去調節它的起源、形塑它的變化，甚至進一步形塑它自己的出現。聽起來很奇怪，但這就是我們現實的一部分。

自我組織就是為什麼雲朵的形狀既不是隨機的，卻也不會整齊地排成一直線的原因。自我組織透過區隔與串連，最佳化一個系統的開展過程。這個複雜系統突現性質背後的數學，嗯，很複雜，但是也許可以用下面的方式來直觀地了解。藉由區隔與串連，系統流動方式的機率會得到最大化——而這個複雜度的最大化，事實上又強化了系統本身的生成。

現在，你可以透過停止區隔或串連的動作（或者兩者一起停止），來阻斷這個內生性的過程，那麼，正如我們前面所見，系統將不再和諧運作，而是會開始走向混亂或僵化。而假如你移除了阻擋自我組織的障礙物，複雜系統的天然驅力其實是創造和諧與整合。這也許正是覺察之輪如何得以幫助我們發展出健康生命的原因。

我們敢大膽地說，除了意識、主觀經驗與資訊處理之外，心智應該還包含了這項定義：「一項具身的、關係性的、突現性的自我組織過程，該過程調節了能量與資訊的流動。」而這項定義讓我們得以闡明，一個健康的心智可能是什麼模樣，也為我們展示出清楚的步驟，幫助我們培養出一個能夠在內在與關係中創造出整合的強壯心智。

整合的流動創造出和諧。我們已經藉由數學的方式看出，這個最佳化的自我組織之流具有五個特徵：彈性（Flexibility）、適應性（Adaptability）、連貫性（Coherence，能長時間維持順暢地運作，也可以說是韌性）、能量（Energy，一種活力感），以及穩定性（Stability），將這五項特徵的首字母組合起來，便能組合出「FACES」（面孔）這個縮詞。

各種與幸福相關的科學研究已經發現，擁有一個科學家命名為「相互連接組」（interconnected connectome）的整合大腦，是用來預測健康與快樂程度的最佳指標。這意味著，將大腦內彼此區隔的部位互相串連，成為一個相互協調、平衡的整體，這樣的機制，使得我們的各項調節功能，都能得到最佳化——諸如注意力、情緒、思考、行為與關係等等的調節。與冥想相關的科學也發現到，大腦內部的整合性區域——前額葉、胼胝體（corpus callosum）、海馬迴（hippocampus）、連接組等部位——與促進幸福健康之間，存在著正相關。

我們已經看到，一個調節歷程會監督調節對象，也會時時對調節對象進行調整——就如同我們騎自行車或開車時一樣。認識了心智的這第四個面向，亦即自我組織調節歷程的這個面向之後，我們不難看出其中隱藏的意涵：這個歷程是關於穩定地監督，並朝整合的方向進行調整。那麼，我們所監督和調整的對象是什麼呢？是能量和資訊流。它們在哪裡？在身體內部、在身體與他者之間、在周遭世界，以及整個星球。

覺察之輪的概念與練習方法，靈感正是來自於這個對心智的觀點。目的是為了培養出一個健康的心智，穩固監督自己內部與外在關係之中的能量和資訊流的能力。

一旦監督的能力增強了，能夠清晰地感知到能量與資訊的流動，下一步便可以學習如何藉由區隔與串連，調整能量流與資訊流，朝整合的方向發展。

簡而言之，如果單就心智的第四個面向來看的話，心智是一種調節過程。因此，如果要強化心智，我們需要建立以下這兩種調節能力：

1 **穩固監督能力**，以便得到更深刻、更清晰、更細緻的感知。

2 **朝整合的方向進行調節**，以便透過區隔與串連的方式來形塑調節歷程。

從上述的觀點便能看出，我們實際上需要哪些基礎元素，才能鍛鍊出一個強大的心智。

心智鍛鍊的三大支柱

不少探討心智鍛鍊的科學評論已經指出，我們前面所討論的三種要素——集中的注意力、開放的覺察與慈悲心的素養（本書稱之為**善良的意圖**）——是打造出健康快樂人生的核心素材。將來也許還會有其他支持心智鍛鍊的重要元素被發掘出來，促使我們的生活更健全圓滿。

而目前，已經由科學所證實、能有效鍛鍊心智的三種要素則包含了：

1 **集中的注意力**：維持專注、忽視造成分心的因素，或是在任何分心的情況發生時，放下分心、重新將注意力集中在目標上的能力。

2 **開放的覺察**：意指經驗到心智的臨在，在這樣的存在狀態下，我們對於覺察之內的覺察對象具有接受性，卻不執著或迷失於其中，並且有能力維持這樣的狀態。

3 **善良的意圖**：是指具有下列心智狀態的能力：正向思考、慈悲心、個人內在的愛（有時被稱作「自我」慈悲〔"self" compassion〕，而在本書中，我們會以「內在慈悲」〔"inner compassion"〕稱之），以及人際之間的愛（有時被稱作「他者」導向的慈悲〔"other" -directed compassion〕，在本書中，我們會以「關係慈悲」〔"inter compassion"〕稱之）。

與集中的注意力、開放的覺察、善良的意圖相關的研究顯示，它們三者彼此互補，能夠支持身體、大腦、我們與自己的關係、與他人間的關係，以及注意力、感覺、思考與記憶等各種精神生活面向，都往健全的方向發展。

整體看來，這三種心智鍛鍊所產生的效果，也許正好呈現出我們先前討論過的

心智鍛鍊的三大支柱

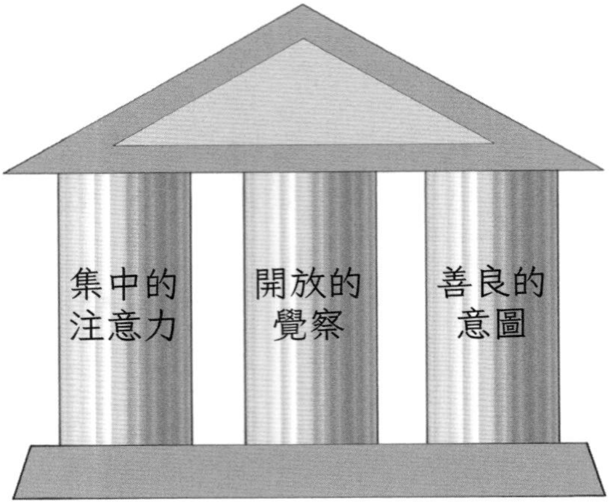

機制——注意力所及之處，神經元便會發射訊息流，神經元間的連結隨之成長。

倘若我們想要提升日常生活中臨在與正念的品質、對一切事物的升起保持覺察，同時在這種開放的覺察之中涵養善良的意圖，那麼，其中一個途徑，便是持續規律地以上述三種方式訓練我們的心智。這種類型的心智鍛鍊，有時候被稱為冥想。當我們學習如何提升集中注意力的能力時，實際上就是在練習駕馭將注意力的輻條在輪框上的各個點之間移動的能力，學會如何導引、維持焦點或偵測誤差，以便重新轉移注意力。學習開放的覺察時，我們學的是增強進入輪心的能力，擁有區分輪心中的知曉與輪框上的所知的辨別力。透過這種開放的監督，我們便能覺察到自己何時被席捲至輪框上，並且運用重返平靜的輪心的能力，來回歸情緒平衡。而練習善良的意圖，則是在為共情力與慈悲心打下根基，讓我們更加關愛自己和他人。

正念（*mindfulness*）這個字眼，常常跟冥想連結在一起，變成**正念冥想**（*mindfulness meditation*）一詞而被廣泛地使用。然而，在各界的從業人員或研究者之間，這個字眼並沒有一個單一或確切的共通定義。不過，所謂的正念覺察，它的核心要旨其實可以歸納如下：在任何事物升起的當下覺察到它的升起，卻不受到任何預設的心理活動（例如評斷、理念、記憶或情感）所牽制或左右。在加州大學洛杉磯分校，我們的研究中心裡便提供了這種經科學證實可以促進身心與關係健康的正念覺察練習，或簡稱MAPs（mindful awareness practices）。MAPs包含了靜坐冥想、步行冥想、瑜珈、太極拳、氣功與歸心祈禱，這些都是可以強化心智、使生命變得更健康的方法。

就我個人的角度來看，這些MAPs都包含了下面這些共通的特徵：不消說，它們自然是全都跟覺察有關的。但是除了覺察，它們還包含了注意自己的意圖，與覺察到覺察本身這兩個特點。這些練習中的大多數（但不是全部），也包含了善意的關心這個特點，這種對自己與他人抱持關心和同理心的特性，在我的心理學家同行楚荻．古德曼．康菲爾德（Trudy Goodman Kornfield）與傑克．康菲爾德（Jack Kornfield）夫妻，以及拉姆．達斯（Ram Dass）口中，叫做帶著愛的覺知（loving awareness），而在薛娜．夏皮羅（Shauna Shapiro）與她的同事之間，則稱之為和善的關注（kind attention）。至於雪莉．赫瑞爾（Shelly Herrell）則採用了**靈魂的深情**（*soulfulness*）這個詞，以便觸及更多來自不同文化背景的受眾，因為也許比起「正念」一詞，「靈魂的深情」更能令某些人感到共鳴。其他的心理學家們，像是保羅．吉爾伯特（Paul Gilbert），則是更多地專注在慈悲的面向上；還有另外一些心理學家例如克莉絲汀．娜芙（Kristin Neff）與克里斯多弗．葛摩（Christopher Germer）則是將慈悲這個成分從正念中提取出來，持續不懈地專注在自我慈悲（self-compassion）的研究與名詞制定上。

我們常常聽到的**臨在**（*presence*）這個詞，有時候也意味著打開覺察、接受當下的發生。即使我們的身體正處在某一個經驗之中，我們的心智狀態也可能有著各種不同樣貌，臨在擁抱這樣的感性。我們若能在任何事物升起的當下，對它抱持接受性的覺察，這便可以說是「正念」。我們也可以任由心智散漫地分心遊蕩，脫離我們原本想要專注的目標或生理上正在進行的活動。然而當我們的心智漫無目標地四處遊蕩時，我們便不再臨在、丟失了接受性的覺察、不在正念之中，並且，研究顯示，這也抑制了我們的快樂——即便我們是做著白日夢、幻想著令人興奮的事情也一樣。精神的臨在是一種全然清醒的存在狀態，接受眼前所發生的，它就發生在這個當下、發生在我們之內，也在我們與周遭世界之間。臨在培育出幸福。

我相信，要能夠展現接受性的覺察、正念（或其他人稱之為全心的、靈魂深處的或慈愛的）的臨在狀態，其內在的核心，必然是與這些特質相關的：好奇心（Curiosity）、開放性（Openness）、接納（Acceptance），與愛（Love）。所以我用COAL（煤炭）這個首字母縮略詞來幫助自己記住這幾個重要的特質。當我們處在COAL的心智狀態，我們便是全然地臨在於生命之中。

近年來，「正念」一詞受到許多不同領域的治療師和研究者廣泛地使用，使得一般大眾對於正念的興趣也隨之風靡，儘管多數人並不確切明白正念一詞的意涵。於我個人而言，這股潮流的興盛令我感到興奮之處，在於人們比以往更有興趣去探索活得更加臨在的方法，並藉此追求更健康、更快樂、對自己也對他人更加仁慈的生命。所有這些方法都可以視為是一種感受心智本身的途徑，儘管它有許多不同的名稱，但我將這樣的過程稱為第七感。第七感幫助我們得到洞察力、共情力與整合。

令人欣喜的是，我們能透過練習集中注意力，來鍛鍊出這些重要的能力。不過，可能你也已經從先前的呼吸練習中發現到，即使刻意將注意力集中在某個焦點上，我們的注意力仍會時不時地飄散。接下來，就讓我們一起來探索注意力的幾個特徵，它們也許正是呼吸覺察這類練習的核心關鍵。

焦點化與非焦點化的注意力

區分不同形式的注意力，其中一個重要的方法，就是辨別注意力焦點中的能量流是否流入我們的覺察之中。如果我們對這個注意力的焦點是有意識的，那便是**焦點化的注意力**（*focal attention*）；如果是無意識的，那便是**非焦點化的注意力**（*non-focal attention*）。為了更清楚地體會這兩者的差異，不妨花個幾分鐘，試試這個小練習：在你目前所在的房間裡四處走動，走動的過程中，留意你在感受與觀察時，在眼睛的前方覺察到了什麼？腳底下感覺到了什麼？如果你是透過輪椅移動，那麼你的手覺察到了什麼？又或者，也許你是盲人，那麼你透過手杖或是雙手感覺到了什麼？盡可能從外在世界擷取所有你能擷取到的資訊，將它們帶入你有意識的覺察之中。這便是察覺到自己正在覺察的知曉，而你所覺察到的訊息，則是你的所知。換句話說，盡可能最大程度地覺察到你周圍的環境。將你的「注意力聚光燈」，像是漆黑走道上一道手電筒的光束，照射在四處移動時所能照射到的任何事物上。

焦點化注意力聚光燈的目的在於，將你的精神力集中起來，導引聚集的能量流入覺察之中。**焦點化**注意力便是用這樣的方式，把你在房間走動的經驗中的某些面向提取出來，填入你的意識。然而與此同時，研究也顯示，你還有另一道範

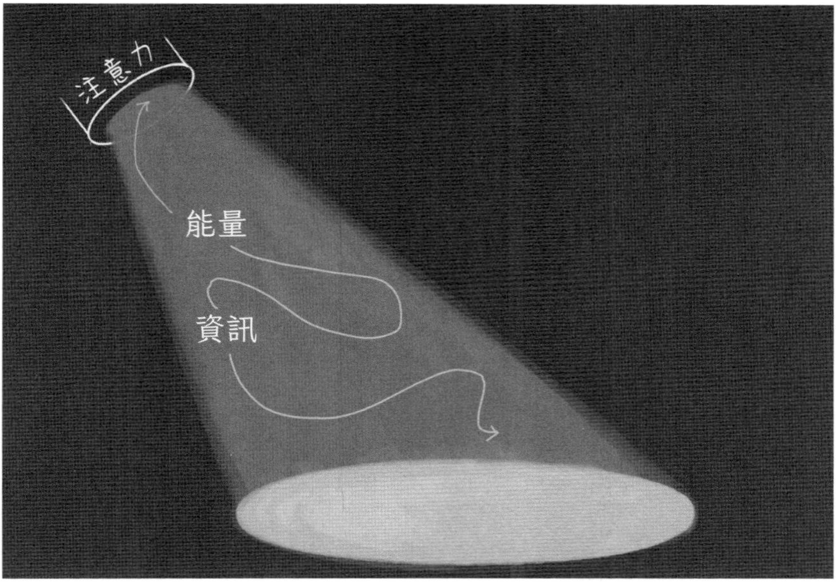

圍更寬闊的注意力聚光燈，正照射在這個走動經驗中的許多其他面向上，而這些面向從未進入你的覺察之中。我們將它稱為**非焦點化注意力**（*non-focal attention*）。舉例說明，當你在房間中走動時，你的非焦點化注意力依然在留意著身體的平衡，所以你不會跌倒；它也留意著身體周圍的空間距離，所以你即使四處走動，也不會撞上任何東西。可能你也發現，自己在進行這個練習時，陷入了某些思緒或記憶裡。此時，你注意力的焦點轉移到了這些心理歷程上，而不再專注於周圍的環境，但是你卻沒有因此摔跤或撞到傢俱，那是因為你的非焦點化注意力仍然在照管著一切，留意著可能對你造成危險的各種障礙物、維護著你的安全——這些都在你不知不覺的情況下運作著。我們的非意識心智（nonconscious mind）對我們的行為表現、如何感受與思考有著深刻的影響，儘管我們從來沒有意識到，這些非焦點化注意力如何左右著我們的精神生活。（編按：關於非意識〔nonconscious mind〕、潛意識〔subconscious〕和無意識〔unconscious〕的區別，詳見本書第二部。）

反思過這個練習內容之後，現在試著想像出另一個你對周圍環境一方面有所覺察、同時也毫無覺察的場景。例如，如果你是走在登山步道上，那麼你會認真注意眼前路面上的石塊，忘記你已經路過的石塊。注意力幫助你存活下去；它在你所生活的世界裡協助你航行。假若你不付出你的注意力，無論是焦點化或非焦點化的注意力，你有可能會絆倒在路上。反之，假若你用心注意，那麼你存活並興旺的機率便會大增。

注意力，不管是焦點化或非焦點化的——有覺察，或沒有覺察的——它幫助了我們，航行穿越能量所構成的世界。

將重要的能量模式帶入覺察之中，便能加以辨別它所代表的意義；我們能依此創造並詮釋「具現出形式的能量」，以便拆解眼前的訊息、決定它的重要性，好繼續接下來的旅程。一如前述，資訊不過是具有符號價值的能量模式。當資訊進入覺察之中，我們便能反思它的意義，並選擇如何對它作出回應。這是意識賦予我們選擇、創造改變的途徑之一。有了這樣的意識，我們得以選擇如何前進、落腳在哪裡、該避開什麼、要走往哪個方向——無論是在身體或心理的層面上。我們能暫停腳步，反芻各種不同的選項，然後選出最符合情勢或偏好的決定。

意識賦予我們選擇和改變的機會。

利用這種焦點化的注意力，將能量和資訊流引入覺察之中，我們得以反觀自照，而後作出意向清楚、深思熟慮的決定，正如同當我們能夠用更專注、更清晰的方式進行監督時，便得以作出更明確、更有效率的調整與改善。

這正是為什麼覺察之內的注意力——焦點化的注意力——至關重要。可別忘了，集中的注意力是科學證實能夠促進幸福的三大支柱之一——另外兩大支柱是開放的覺察、善良的意圖，相關的討論與練習我們會在稍後的章節中詳述。

在非焦點化注意力中，我們的心智依然留意著正在進行的事物，以不涉及意識的方式導引著能量與資訊流。以這種狀態，我們才能一邊跟朋友聊天一邊像裝了自動導航似地行進，或是一邊健行的同時一邊沉浸在自己的白日夢裡，卻不會絆倒或摔傷。畢竟絆倒不是件有益的事，你的非意識心智會將避開石頭、危險的野獸這類事項視為重要的，幫助你在旅途上存活下去。即使你的意識心智、你的覺察在那個當下，並沒有全心全意地專注在山路上，你的非意識心智也依然扮演著監督路況的角色。你可能會因為沒有用心（焦點化的）注意，而錯過了應該轉彎的地方，但是你不大可能會被石頭或樹枝絆倒，因為你的非焦點化注意力實際上仍持續在運作著。你的非意識心智一直用心關注著你的旅程。非焦點化注意力會形塑我們的行為，好讓我們不必跌跌撞撞，它甚至會在我們試圖集中注意力時，過濾令人分心的事物，影響進入我們覺察之中的事物，就像之前的呼吸覺察練習那樣。

因此，有意識的、焦點化的注意力與無意識的、非焦點化的注意力，兩者皆涉及了評估的歷程，都會針對時時刻刻浮現的能量和資訊，評估其能量模式與情報價值，來決定它們的意義與重要性。注意樹枝或蛇，對生存而言是重要的，我們會將這個顯著性同時登錄在有意識或無意識的注意力之中。大腦中，負責集中注意力的區域，與在事件開展過程中評估其重要性的區域，它們無論是在結構或功能的層面，都是交織在一起的。在我們生活中所展開的每一個事件裡，這樣的評估歷程、事件的顯著性或相關性，都會直接形塑我們的注意力。

監督注意力與覺察

自主導向的注意力（guided attention）和被拉走的注意力（pulled attention），這兩者綜合在一起，填滿了我們的生活。有時我們自主選擇注意力聚焦的對象，有時環境的情勢則會拉走我們的注意力、主導我們注意力光束的投射方向。有趣的

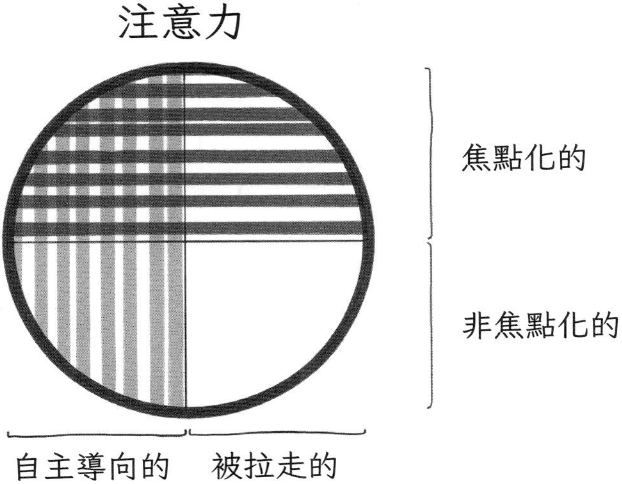

是，我們既需要自主導向的注意力，也需要被拉走的注意力，就像我們需要焦點化的注意力，也需要非焦點化的注意力。讓我們再一次想像那條崎嶇的登山步道：我們需要刻意導引注意力、關注路況，以避免被石頭絆到腳或摔倒。然而如果有一頭熊突然從前方穿越，我們則需要能夠允許注意力被拉到發生在這趟健行中的新事實上（而且要快！）。穿梭在這個人世間，我們必須能夠靈敏地在自主導向的注意力與被拉走的注意力之間切換。面對一般的日常生活時——也就是說，當路上沒有熊出現時——我們的顯著性監督，會分分秒秒自動評估哪些事物重要到足以成為注意力的焦點，而這個過程通常是由非意識心智來鑑定，我們並不會意識到它的運作。

我們用下面的例子來說明這個重要的

分別。想像你上星期和朋友發生了一些不愉快的對話，而你發現，到今天你的心思還被那場衝突占據著。在你甚至沒有意識到的情況下，也許在口角當時就已經產生的憤怒或悲傷，現在變得一觸即發，因為你的顯著性監督會鼓勵你將重要性放在任何讓你直觀地覺得和那次口角有關的場景上。由於那次齟齬，這些情緒現在變得更要緊、更蠢蠢欲動，或者說更「裝滿彈藥」了——就算此刻的你尚未察覺到它們。

這個衝突的案例，有助於說明覺察與注意力之間的分野。非焦點化的注意力無時無刻都在運作著。透過這種運作方式，我們的心智得以在對重要事件保持追蹤的同時，不至於占用掉太多相對有限的認知空間。這個知曉的、覺察的心理空間，亦即意識到自己正在覺察的這個主觀經驗，一次能夠處理的資訊數量十分有限——它就好像一面心智黑板，有時也稱為工作記憶，我們可以有意識地在這面黑板上操控資訊，創造出新的訊息組合。然而資訊處理的過程並不需要意識，所以我們可以在不耗盡這個有限的工作記憶空間的情況下，進行想像、計算、為問題找出解答。為了避免淹沒這個空間，心智會以我們覺察不到的方式，藉由非焦點化注意力來導引能量和資訊流。心智形塑和掌控著資訊處理的方向，只是這個過程不屬於我們有意識的知曉與覺察這個主觀經驗的一部分。

好消息是，我們可以學會如何感知這些不同類型的注意力，無論是由你主動導引的注意力、被你掌控範圍之外的事物拉走的注意力，或是有覺察的、焦點化的注意力，以及沒有覺察的、非焦點化的注意力。能量與資訊流的導向過程便是注意力。覺察是一種意識到自己的知曉（knowing）的主觀經驗。我們「知曉／知道」（know）周遭世界和心靈之中正在發生著什麼；在這裡，**知道**的意思並非指任何事實性的知識，而是指對當下的發生所獲取到的一種主觀感受。我們可以鍛鍊自己更開放地去體驗到自己的覺察，而這個有意識地作出選擇、進行改變的能力，賦予我們力量，讓我們可以更明確又有彈性地邁向一個更整合的生活方式。所謂的心智鍛鍊，其關鍵便在於打造出這些與注意力、覺察力和意圖相關的技能。

強化大腦、增強心智、促進關係，並且改善我們前面曾經提過的各種身體方面的健康指數（降低發炎症狀、最佳化心血管系統、免疫系統、表觀遺傳因子和端粒酶功能等等），一項反觀自照式的練習要具備上述種種功效，要點在於它要能幫助人培養出刻意製造自主導向與焦點化的注意力，亦即將能量與資訊流導入覺察之中的能力。就各方面來看，這個強化心智監督能力的鍛鍊，也可以說是強化臨在能力的第一步。精神的臨在是一道門戶，它釋放出心智自然朝向整合的能力。

是的，我們的注意力總時不時地會被拉走，而不斷地將注意力帶回我們所要專注的焦點上，正是這整個練習的重點。沒錯，非焦點化注意力也無時無刻在發生著，然而你的焦點化注意力——你將事物導入覺察中的手段——才是我們所要努力的地方。好消息是，你無須費心煩惱你的非焦點化注意力或是那些注意力被拉走的時刻；我們的目標是，學會強化並駕馭自主導向與焦點化的注意力。怎麼做？運用我們的意圖和覺察。

現在我們已經釐清了某些事項，可以在繼續前行的過程中更好地享受這趟旅程、更深化其中的體驗。我們已經弄清楚了，注意力是導引能量和資訊流的過程，覺察是我們對接受性知曉的主觀經驗。好，那麼，意圖又是什麼？

意圖是，你豎立起動機，決定以某種方式去涉入某種活動。舉例來說，當你抱持著對當下的發生變得覺察的意圖時，你自主導向和焦點化注意力被啟動的機率便會提高。類似的道理，你可以豎立一個「即使練習途中注意力被拉走，失去了自主導向的注意力時，也要對自己仁慈」的意圖，而在這樣的意圖之中，你自然能夠體會，心智的注意力就是會到處亂晃——沒有必要批判這個分心的現象、不需要譴責自己，也不用因此生氣。如果你的注意力分散了、四處漫遊，這只意味著一件事：你是人類。只要溫和地留意到，自己的注意力被拉走了，接著，刻意地導引注意力返回原本的焦點上即可。同樣地，假如某種分心的情況重複發生，你可以留意這個模式，去看清你的非焦點化注意力把光束射向了什麼地方，使得它一再地侵入你的意識。在鍛鍊心智的過程中，若你能夠抱持著無論發生什麼情況都保持開放的心態，那麼這類令人分心的情形，只會是你對自己非意識心智的匆匆一瞥。你會只是意識到自己的分心，接著便重新專注在呼吸上（假設你當時正在進行的是呼吸覺察練習的話）。

令人欣喜的是，當你這麼做時，你的自主導向注意力與焦點化注意力將會同時得到增強。這些技巧也會同時強化並擴展你在事件發生當下，覺察到什麼正在發生的能力。強化意味著：你有能力維持注意力、監督覺察、留意到顯著性差距，並重新導向焦點化注意力，將意向中的焦點帶入覺察之中。擴展則意味著，你能更長時間地將覺察對象持守在覺察之中，同時以更豐富、寬廣、專注、深入與細緻的方式，去感知覺察對象的各種不同向度。你會打造出由開放、觀察、客觀所組成的三腳架，支撐起第七感的鏡頭。你將會鍛鍊出臨在於如是的能力，而不是被橫掃進你認為事情應該如何發生的想法裡。以這樣的方式去滋養意識，是強化生命的開端，讓你有意識地感受自己活在這個世上的主觀經驗，活得更飽滿、更活力充沛，而這將會是一個令人十分興奮的體驗。

要想像這一切如何成真，只需要一個我們前面提過的概念：臨在。當事情發生的當下，你對所發生的一切保持敞開，這便代表了你是臨在於這個經驗之中的。許多不同類型的研究都顯示，臨在能作為包含了諸如各種生理指數、對關係的滿足感、幸福感等多項健康指標的最佳預測因子。

有些人天生就帶有一種被研究人員稱為**正念特質**（*mindfulness traits*）的臨在品質。其他人則需要透過刻意的心智鍛鍊，提升焦點化的注意力、開放的覺察與培養善良的意圖，來獲得這種特質。不過無論是天生的或後天的，只要規律地練習集中注意力，每個人都能從中受益，就跟規律運動能使身體保持健壯、適當清潔口腔可以保持牙齒與牙齦健康是一樣的道理。就算有些人的體格或牙齒天生就比別人強壯，但幾乎所有人都同樣從運動和刷牙中受益——而為了持續從中受益，我們必須持續規律地運動或刷牙，不能只是一年一次，或一個月一次。如果你一個月只刷一次牙，你會是什麼感覺？天天練習也許是最理想的目標，但是，只先考慮**規律地**練習可能對你而言會更容易實行。如果你無法每天練習，沒關係——至少讓心智保健的練習變成某種規律的例行公事。我們可以練習塑造良好的心理保健習慣。對許多人來說，一天一次的安排最容易養成規律的習慣。隨著這些練習，你將能養成帶來健康的習慣。如果你讓接下來要介紹的覺察之輪成為你規律練習的內容，便是在將集中的注意力、開放的覺察與善良的意圖這三大支柱，融入你的日常生活當中。

基礎覺察之輪

地圖、譬喻與機制

每當一趟旅程展開之前，我們通常會先大致了解目的地的輪廓，與前往目的地的路線，好讓自己作好踏上這趟旅程的準備。這時地圖便是一項有用的工具，它圖像化地展示了等在我們前方的地形樣貌——山峰與河谷、溪流與湖泊、高速公路或鄉間小徑，種種我們可能在旅途上遇見的風景。地圖為我們提供了地理空間的圖像化描述。覺察之輪借用了常見的輪子作為譬喻，用以描繪我們精神世界、心智過程的各種面向，而這些面向不必然和大腦內的空間位置與其他的身體構造有直接的對應。它是一個圖像化的譬喻，企圖提供一張描繪出我們精神世界樣貌的地圖。我們的心智可能更像是一個動詞——一個過程——而不是一個座落在空間中某個定點的名詞。

儘管如此，以空間性地圖的方式來作為圖像化的譬喻方式，例如輪子的形象，對於我們走入心智世界的旅程，還是很有幫助的。然而出於前述的理由，我們必須謹記在心的一點是，覺察之輪——還有大多數的地圖——僅僅是一個符號表徵；它不是真正的風景本身。倘若我們把地圖誤以為是風景本身，便可能會產生許多困惑與挫折。舉例來說，假設你手中拿著一本彩色地圖，從加州出發，打算前往亞利桑納州的大峽谷，前進的路途上，你依據地圖上春色明媚的照片，在腦海中想像著大峽谷的風景，那麼抵達目的地時，你很可能會感到錯愕不快，因為現實中十二月份的大峽谷，仍是一片冰天雪地的模樣。在這樣的情節中，你或許會因為執著於地圖上的照片，而丟失了欣賞現實中大峽谷壯觀風景的眼光。

另外一個在使用地圖時可能遭遇的風險是，你可能一心專注在最終的目的地上，而錯過了體驗旅途過程本身美妙之處的機會。

利用輪子作為圖像化的譬喻——當成一張地圖——來描繪心智，也潛藏著類似的缺點。我們能不能善用地圖作為指引，得到它帶來的好處，取決於你如何使用它。在我們繼續前行，運用覺察之輪達成個人轉化的道路上，與其只是專注在一個想像中或理想中的終點，不如讓我們好好地享受與經驗整個旅程的每一部分。如此一來，我們才能真正以具有建設性、解放生命的方式，充分地運用覺察之輪。說了那麼多，讓我們再看一看覺察之輪這張地圖的每個組成部位，了解它們在我們生活中的意義。

在前面的篇幅中已經談到，輪子中央的輪心，代表了意識到自己的覺察和知曉的經驗。輪框則代表了我們所覺察到的內容或對象、意識中的所知。輪子的圖像中，還有一根象徵著注意力的輻條，它串連起輪心的知曉與輪框上的所知。覺察之輪上唯一的一根輻條（真正的車輪上則有很多根輻條），所代表的是焦點化注意力，意味著在任何給定時刻將能量與資訊流精確導引至覺察之中的能力。

覺察之輪的整個概念，是藉由對我們覺察之中的能量與資訊流進行區隔與串連，來達成整合意識與強化心智的目的。由於調節過程涉及到監督與調整的功能，覺察之輪能穩固我們追蹤能量與資訊流，並以整合的方式加以轉化的能力，使我們的心智因而得到增強。透過這樣的方式，覺察之輪將為我們的生命帶來整合。

一旦你開始從概念的層面、也著手從實踐的層面開啟了覺察之輪的探訪之旅，記得這件事也許能給你帶來一些幫助：這份以圖像譬喻的方式繪製的心智地圖，確實可以是你探索精神世界時的有力助手，但是，一旦你邁開腳步，踏上探訪大峽谷的旅途，尤其是當你抵達大峽谷時，別忘了把地圖收進口袋裡，好好地享受旅行的經驗本身。讓地圖成為你的助力，而不是你的牢籠。盡情去探索並享受你的心智吧。

基礎版覺察之輪與完整版覺察之輪

在開始練習基礎版的覺察之輪前，我想先花一點時間，為這整趟旅程描繪出一個大致的輪廓。每個部分的詳細指示會在隨後的章節中逐一給出，不過這裡，我先大略列出完整的步驟。在基礎覺察之輪練習中，我們會先帶領你實際體驗輪子每個象徵性的部位，包含知曉的輪心、所知的輪框與注意力的輻條（覺察之輪完整版的步驟1至4，加步驟6），藉此認識意識的本質與它的各種組成。從這個基礎往上擴充，到了完整版的覺察之輪時，將會增加「對覺察的覺察」的步驟，練習折彎注意力的輻條，往內指向知曉的輪心（步驟5），然後才移動到輪框第四區，並加入正面、善意的祝禱文，提升我們對自己內在、對關係之間，以及對「我我們」（MWe）的關懷（步驟7）。

簡單總結，假如你剛要開始實際練習覺察之輪，建議先從基礎的版本入手，進行步驟1至6，但跳過步驟5。如果你對於其他反觀自照式的練習已經有豐富的經驗，或者單純只是想一鼓作氣取得完整的覺察之輪體驗，那麼便練習全部的7個步驟。如同先前的呼吸覺察練習，你一樣可以事先讀過所有步驟的文字描述，然後試著憑記憶進行練習，或者邀請一位朋友在一旁將步驟內容讀給你聽，或是連上我的網站，讓我的聲音陪伴你走過覺察之輪基礎版或完整版的每個步驟。

如果我們將下方所列的七個步驟全部組合起來，便是一個完整版的覺察之輪，完整的練習大綱整理如下：

覺察之輪完整版

完整版覺察之輪練習，大綱如下：

1 **呼吸**：首先從專注在呼吸上開始，透過這個動作錨定注意力，讓自己扎根，以便進入覺察之輪的練習。

2 **輪框第一區，我們的五官感受**：放下注意力焦點中的呼吸，改將注意力專注在輪框的第一區——我們的五官感受：聽覺、視覺、嗅覺、味覺、觸覺，一次聚焦在一種感官上。

3 輪框第二區，內在體感：做一次深呼吸，然後移動注意力的輻條，將它指向輪框的第二區，這一區代表的是我們身體內部的訊號。系統性地沿著身體各處移動注意力的輻條，從臉部肌肉與骨骼的感受開始，接著，一次一個部位，將注意力移動到頭部、頸部、肩膀、手臂、上背部和胸部、下背部和腹部肌肉、臀部、腿部、骨盆區域。接著，將注意力移動到私密處、然後移向腸道、呼吸系統、心臟，最後同時感覺全身上下。

4 **輪框第三區，心理活動**：深呼吸，然後將輻條移動到輪框第三區，這一區代表的是我們的心理活動。第一步：邀請任何一種心理活動——感覺、思考、記憶，都可以——進入你的覺察。可能會湧現很多東西，也可能什麼也沒有；無論是什麼情況，都沒有問題。第二步：邀請任何心理活動進入你的覺察，但是這一次，特別留意它們從出現、停留到最後離開覺察的整個過程。如果某一個心理活動離開之後，沒有另一項立刻補上，那麼，在下一個心理活動浮現之前的這段空白，給你帶來的感受是什麼？

5 **輪心中的輪心，覺察中的覺察**：在我們將注意力輻條移動到輪框的第四區，也是最後一區之前，我們會先對輪心進行探索。換句話說，我們將會強化「對覺察的覺察」的能力。這個步驟的做法是，運用想像力折彎注意力的輻條，讓它轉向，對準輪心。有些人會偏好其他的想像方式，例如想像輻條縮回輪心，或就只是讓輻條直接待在輪心之中，不發射出去。你可以自行決定哪一種想像方式對你而言最管用，但無論如何，這個步驟的用意都是一樣的：覺察到覺察本身（在這裡停留一分鐘以上）。接著，再次留意到你的呼吸，乘著呼吸的波浪起伏，吸氣—吐氣……準備好重新將注意力的輻條伸直，延伸向輪框上的第四區，也就是最後一區，我們的關係知覺。

6 **輪框第四區，關係知覺**：在輪框的最後一區，我們將探索在這副與生俱來的身軀之外，我們與其他人、周遭萬物間的連結。我們先從此刻與你在物理上距離最短的人之間的連結感開始。接著，擴展到與親朋好友間的連結感……再擴展到與你同事間的連結感……再擴展到與左鄰右舍、相同社區的人之間的連結感……再擴展到與你相同城市的人之間的連結感……再擴展到與你同一個州或區域的人之間的連結感……到跟你同一個國家的人之間的連結感……再繼續擴展到與世界上每一個人之間的連結感……直到最後，試著看看能不能開放地感受，自己與地球上每一個生命體之間的連結……

7 **善意的祝禱**：新近的科學研究為我們證實了，許多古老的智慧傳統早已知道的事——心懷善念、關愛、同情和慈悲，能夠為我們的內在與人際關係，帶來正面的改變——所以邀請你，在心中默念接下來這段祝禱文。我們會先從短版的基礎祝禱文開始，之後再以同樣的意圖，進行更精緻的長版祝禱文。

願**一切眾生**……快樂。

願一切眾生……健康。

願一切眾生……安全無虞。

願一切眾生……繁榮興盛。

現在，做一個更深長的呼吸，將同樣的祈願，以更細緻的方式，發送至內在，送給那個令你感覺到「我是誰」的那個「我」：

願**我**……活得有意義、連結、快樂、平靜，擁有一顆充滿歡笑、感激與喜悅的心。

願我……活得健康，擁有一個穩定、充滿能量、彈性和活力的身體。

願我……安全無虞、受到保護，免於一切內在或外在的傷害。

願我……繁榮與盛，活得自在幸福。

現在，做一個更深、更長的呼吸，帶著同樣的祈願，將長版的祝禱文，發送至內在，那個關於「我是誰」的更加整合的版本：將內在的「我」與相互交織連結的「我們」結合起來，讓我們來為「我我們」（MWe）進行這份善意的祝禱：

願「**我我們**」……活得有意義、連結、快樂、平靜，擁有一顆充滿歡笑、感激與喜悅的心。

願「我我們」……活得健康，擁有一個穩定、充滿能量、彈性和活力的身體。

願「我我們」……安全無虞、受到保護，免於一切內在或外在的傷害。

願「我我們」……繁榮興盛，活得自在幸福。

邀請你，再一次將注意力帶回呼吸上，乘著呼吸的波浪起伏，吸氣—吐氣……現在，如果你的眼睛是閉著的，可以輕輕地睜開眼睛。覺察之輪的練習暫時在此告一段落。

基礎覺察之輪地圖

很快地，你會有機會實際體驗覺察之輪的全貌，不過，讓我們先來複習一下這張地圖。首先，記得輪框區分成四個區塊：第一個區塊包含了我們前五種感官：聽覺、視覺、嗅覺、味覺與觸覺。第二個區塊包含了我們身體內部的覺受——諸如肌肉與骨骼發出的訊號，或是來自內臟的感覺，像是腸道、肺臟或心臟的感覺等等。在科學界，我們將這種感官感覺稱作「內在體感」（interoception），用以表示身體內部的（intero-）感知（-ception），我們也將它稱作第六感。輪框第三區代表的是我們的心理活動，例如情緒、思想、記憶等等。為了保持數字上的順序方便，我

覺察之輪

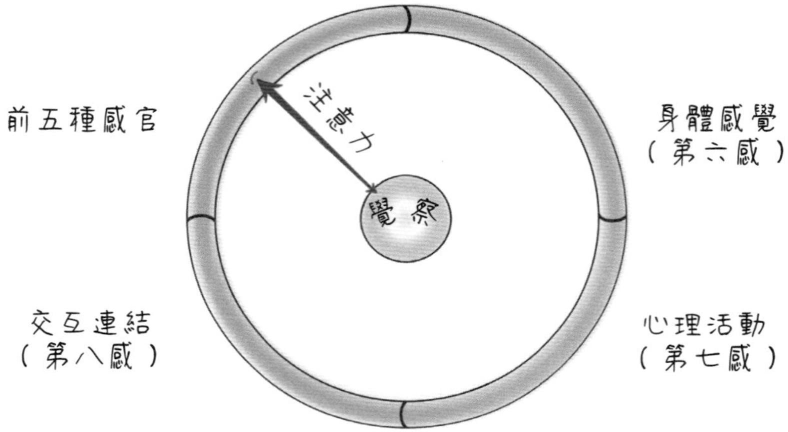

們也可以將這個部分稱作第七感——亦即我們覺察到這類心理活動的能力。輪框的第四區，是我們與自己身體之外所有事物間的連結感——我們與他人的關係、與寵物的關係、與星球的關係、與大自然的關係、與神的關係、與任何存在於身體範圍之外的事物間的關係。我們可以稱之為關係知覺，或**第八感**。

每一種感官都是某種型態的能量和資訊流，是能量的某個會隨著結構（contour）、位置（location）、強度（intensity）、頻率（frequency）和形式（form）等因素而改變的特定面向。這幾個單字開頭的字母，剛好組成 CLIFF（懸崖）這單字，我們可以利用這個縮詞來記憶上述的五種變因。而「感受能量流動」的意思，其實就是開放地去感受能量的這些型態變化，以及它們如何形成各種不同模式的過程。

透過注意力的輻條，我們可以系統化地將這些能量模式導引至覺察的輪心，進入**知曉**的經驗範圍中。你可以在練習過程中，以導引注意力的方式來指揮輻條，沿著輪框一區一區地移動。當然你的心智也會「有它自己的心智」的時刻，此時你的注意力會從自主導向的注意力，不由自主地切換成被拉走的注意力。就像前面的呼吸覺察練習曾經體驗到的那樣，我們的心智就是會有這種現象，因此，如果可以的話，記得善待自己，以開放、耐心和理解的心態來看待自己。別忘了，分心只不過是普通人類都會有的情況。

當注意力將能量流導入覺察之中時，便是焦點化的注意力。有些時候，你的注意力是自主導向、焦點化的注意力；另一些時候，你的注意力則是被拉走的非焦點化注意力。在練習中的某些時刻，你實際在做的事情是，磨練你焦點化的注意力，例如練習輪框前兩區的時候。那時，你會刻意地導引你的注意力，逐一經驗前五種感官，接著到第六感。然而，分心的情況也會自然而然地發生，這時，只要跟呼吸覺察練習的時候一樣，留意到自己的分心、放下它，接著將注意力返回到輪框上原本你所注目的焦點即可。

整個練習的過程中，你會隨著練習的指引，持續地轉換注意力的焦點，逐一體驗輪框上的每一區，以接收不同面向的能量和資訊流，這種做法將會強化你導引注意力的能力，讓你能夠主動運用意圖，刻意地切換注意力的焦點。

到了輪框第三區時，我們將沉浸在心智鍛鍊的另一個面向，一個稱之為**開放的覺察**的歷程。對比輪框前兩區，我們練習的是以焦點化注意力，刻意聚焦在輪框上的某個點，到了第三區，我們要嘗試的則是一個截然不同的過程，開放地監督。在這裡，允許你的覺察被流入的一切自然地填滿。可能會有許多東西湧入你的覺察之中，也有可能什麼都沒有流入。無論任何事物升起，那就是這個片刻流入你意識中的東西。增強開放地覺察的能力，與增強集中注意力的能力可說是具有同等的重要性，因為這項能力使我們更能夠將覺察這個經驗本身（輪心中的知曉）與我們所覺察到的對象（輪框上的所知）區分開來，關於這一點，稍後還會以更長的篇幅詳述。區分知曉與所知、輪心與輪框的能力，將為我們心靈的自由，供應一片肥沃的土壤。這種意識的整合，使我們得以避免過度認同於心智的輪框上種種變動不羈的內容，或是那些常常令我們「迷失在輪框上」的心理活動。開放的覺察使得輪心成為一座聖殿，在輪框上種種心智活動絮絮叨叨的包圍之下，仍庇護著我們內在的清明。這便是整合的意識——同時區隔且串連輪心與輪框——所產生的清晰能夠為我們帶來的力量，讓我們在練習中達到平和、堅韌的心智狀態，並且將這種狀態帶入隨後的日常生活中，化為一項令人享受的特質。

下一個階段，我們將會離開輪框第三區這種開放的覺察方式，轉往探索輪框的第四區，我們與自己的身體範圍之外，所有其他人或存有之間的連結感。這種對關係場域的感知能力，會動用到對某些特定感受的焦點化注意力，如此一來，我們心智的監督功能將會因此而持續增長。這一區的練習會使我們的內心升起一股交互連結與善意湧現的感受，經驗到我是誰的延伸——這種感覺甚至會出現在我們加入完整版練習中的善意祝禱文之前，因此，這一區的練習，將會幫助我們打造心智鍛鍊的第三大支柱，培養出善意的意圖、發展出慈悲心，以及跟整個世界的連結感。

覺察之輪讓我們得到一個機會，好好地坐下來，系統性地瀏覽日常生活中，我們的精神世界裡所發生的大量各式各樣的活動。透過這樣的練習方式，覺察之輪也磨練了我們的能力，讓我們能夠以更專注、平靜和慈愛的心態，去親近那個當我們不在冥想練習時，通常更為破碎與忙亂的日常生活。

準備好開始了嗎？

練習基礎版覺察之輪

找一個你可以不受打擾地坐下、躺下，或站著大約半小時的空間。關掉所有電子產品。再看一眼覺察之輪的圖示（見前面章節中的插圖）。你只需要知道覺察之輪的構造即可，沒有必要視覺化地把覺察之輪想像成整張地圖。記住輪心代表了對覺察本身的知曉、輪框代表了所知、輻條則代表了注意力的焦點。（再次提醒，在真正開始練習之前，先把每個步驟的文字敘述讀過一遍，接著再憑著記憶進行練習，也許會對你有所幫助。或者，如果你有興趣聆聽我的聲音引導，你可以連上我的網站 DrDanSiegel.com，點進「資源」〔Resources〕分頁，使用上面的錄音檔來進行練習。）先從基礎版開始，之後我們會探索更進階的完整版。

讓我們先將注意力專注在呼吸上，用這個方法讓自己歸於中心。讓呼吸的感官感覺填滿你的覺察。現在，將注意力從呼吸上移開。想像自己處在輪子的中心，處在象徵覺察與知曉的輪心中央。想像自己從輪心伸出一根象徵注意力的輻條，伸向輪框的第一區。首先，將注意力的焦點集中在聽覺上，讓你的覺察被聲音填滿……（建議的間隔是，在每種感官上分別停留十五至三十秒。）

現在，放下對聽覺的專注，想像你的注意力在輪框第一區內移動了一點點，轉移到視覺上，讓你的覺察被光線填滿……

現在，放下對光線的專注，移動注意力的輻條，轉向嗅覺，讓你的覺察被氣味填滿……

現在，移動注意力的輻條，轉向味覺，讓你的覺察被口腔中的味道填滿……

現在，移動注意力的輻條，轉向觸覺，讓你的覺察被皮膚彼此相觸（手摸著手）、皮膚接觸衣物、皮膚接觸地板的感受填滿……

做一個更深的呼吸，想像注意力的輻條移動到輪框的第二區，這裡代表的是身體的內在體感——從肌肉、骨骼、內臟傳來的感受（在這一區，專注在不同身體部位的時間長度會有所不同，介於幾秒鐘至大約十五秒之間）。先從臉部開始，讓臉部肌肉和骨骼的感受填滿你的覺察……接著將注意力往上移，感受額頭和頭頂，再往頭皮的兩側往下移動，經過耳朵，現在，感受喉嚨與頸部的肌肉和骨骼。現在，將注意力轉移至肩膀，再讓注意力沿著雙臂往下流動，直到指尖……現在，將注意力帶到上背部和胸部……再到下背部，和腹部的肌肉……現在，將注意力集中在臀部的感受……現在，讓注意力順著雙腿往下流動，直到抵達腳趾尖。

現在，將注意力聚焦在骨盆區域。敞開你的覺察去感受生殖器官……現在，將焦點專注在腸道的感受，從下腹深處的腸道開始……現在，朝腹部上方、往胃的區域移動……現在，順隨著腹部的感受，從胃再次往上移動，通過胸口中央，開放地去感受連結胃部、喉嚨與口腔的食道。現在，將注意力移向呼吸系統，從顴骨後方的鼻竇空間開始……接著感受鼻子……然後嘴巴……往下沿著喉嚨正面移動到氣管，是它將延續生命的空氣輸送到了胸腔內部、肺部中央……胸腔兩側的肺臟正在膨脹與收縮……現在，讓注意力的焦點移動到心臟，開放地覺察心臟傳來的感受。

現在，從頭到腳，讓整個身體內部的感受填滿你的覺察。如今的科學已經證實，許多古老的智慧傳統早已知道的事：打開對身體感受的覺察，是智慧與直覺的強大泉源。邀請你，做一個更深長的呼吸，記得你隨時可以回來探索這種第六感、這些從身體傳來的感受。現在，將注意力的輻條移動到輪框的下一區。

現在我們會將注意力的輻條指向輪框第三區，這一區代表的是各種心理活動，諸如情緒、思想、記憶、信念、意圖、希望和夢想。試著邀請任何一種心理活動——思想、感覺、記憶——進入到覺察的輪心中。保持開放的態度，看看有什麼從輪框上浮現——或者什麼也沒有浮現。這沒有對錯之分。有可能湧出了很多東西，也有可能什麼也沒有出現。只要敞開你的輪心，歡迎任何從輪框上浮現的心理活動即可。讓我們開始進行這個練習（持續進行約一分半鐘）……

下一步，再次邀請你心理活動中的任何事物，進入覺察的輪心中。這裡，我想請你特別去留意，某一個心理活動，例如思想，是如何從你的覺察中升起的？它是突然升起的？還是漸進發生的？一旦它進入了你的覺察之後，它如何停駐其中？它是堅實的嗎？還是一種振動？而這樣的心理活動，思想也好、記憶也好、情緒也好，又是如何離開你的覺察的？它是從某個「地方」或用別的方式離開的？是漸進的？還是突然的？它是因為被另一個心理活動，例如某個思想、感覺或記憶取代，所以才離開的？又如果說，它離開後，並沒有另一個心理活動立刻取代它原本的位置，那麼在兩個心理活動之間的那段空白，給你帶來什麼樣的感受？在這個步驟中，我想邀請你，用好學不倦的眼光，來研究心靈活動的架構，觀察它如何現身在你的覺察之中、如何駐留、最後又是如何遠去。讓我們來開始進行這個練習（持續進行約一分半鐘）……

（注意：如果你練習的是完整版的覺察之輪，那麼這裡會是你進行輪心中的輪心、折彎或縮回輻條的練習的時候。詳細內容會在下一章探討。）

現在，做一個更深長的呼吸。想像注意力的輻條指向輪框第四區，也是最後一區。這一區代表的是我們對關係場域的覺知，亦即我們與其他人，以及我們與這副與生俱來的肉體之外，各種事物之間的連結所帶來的感受。

將注意力的輻條指向輪框第四區、關係的區塊時，首先聚焦在此刻物理上與你距離最近的人，讓你們之間的連結感填滿你的覺察。接著，想起現在不在你身邊的家人朋友，感受你們之間的連結感。現在，想起和你共事的人——學校同學、公司同事、社群中的夥伴——讓你們之間的連結感填滿你的覺察。繼續擴展這份連結感，感受你與左鄰右舍的連結……感受你與同一個社區裡的人們的連結……感受你與同一個城市裡的人群的連結……繼續擴展至對同一州的居民的連結……到與同一個國家的人民的連結……一直到與同一洲際區域中的人群的連結。現在，試試看能否繼續擴展這份連結感，去感受你與這個珍貴的，我們稱之為地球的星球上，每一個人之間的連結。

現在，試試看能否繼續擴展這份連結感，直到你感受到與地球上所有眾生的連結……

（在完整版的練習中，我們會在這裡加入善意祝禱文的步驟。）

再一次，邀請你重新將注意力帶回呼吸上，乘著呼吸的波浪起伏，吸氣—吐氣……現在，更刻意，也或許更深、更長地做一次深呼吸，如果你的眼睛是閉著的，邀請你，慢慢地準備好睜開眼睛。我們讓這次的覺察之輪練習暫時在此告一段落。

回顧你的心智：基礎輪的體驗

你剛剛完成了基礎版的覺察之輪練習。感覺如何？將注意力專注在輪框上的不同區塊，對你而言是一項挑戰嗎？每逢分心之後需要重新專注的情況發生時，是什麼感覺？這整個練習的各個不同面向，給你帶來的感受分別是什麼？讓我們來逐一回顧每一區的體驗。從現在開始與接下來的章節中，也許你會發現，特意地寫下練習之後的省思，會對你的進展有所幫助。透過這些筆記，你可以在這趟旅程持續前進的同時，時時回顧你的發現與進步。

在輪框的第一區，聚焦前五種感官時，聲音給你帶來什麼感受？當聲音成為你注意力唯一專注的焦點時，你是否留意到聽覺品質的任何改變？當你專注在視覺時，光線帶給你的感受是什麼？當你將視覺與所有其他感官區隔開來時，色彩與明暗對比在你的眼中看起來如何？當嗅覺成為注意力的焦點時，氣味在你的覺察中，創造了什麼感受？相比其他的感官，它更容易被感知，還是更困難？當你將注意力轉移到味覺時，感受又是如何？你是否留意到，為了增強對味覺的感受，也許你的嘴或舌頭移動了？當你開始掃描、覺察皮膚上的觸覺時，得到了什麼樣的感受？有沒有哪些部位的感受，比其他部位更敏感？

對許多人而言，刻意花費一段時間，分別去感受這五種不同的感官，增強了他們對每一種感官流動的覺察。隨著練習，這份鍛鍊得越來越清晰、細緻的感知力，將會幫助我們更好地享受生命，為生活中的每一個體驗帶來更多愉悅、活力和滋味。

在輪框第二區，將注意力轉向身體內部時，給你帶來的感受是什麼？當你跟隨指引，將注意力專注在肌肉與骨骼的知覺上時，感覺如何？有沒有發覺到一些以前從來沒有意識過的身體感受？這些身體感受甚至存在在你的覺察之外，只有當我們運用焦點化注意力（自主導向或是被拉走的），將它帶入意識之中時，才成為了我們的主觀體驗。當注意力遊走於全身的肌肉和骨骼時，感覺如何？刻意將注意力導向這些身體感的感受是什麼？有沒有哪些身體部位，比起其他部位更難去感受？

當注意力轉向內臟，從專注在生殖器官開始時，是什麼樣的感覺？各種不同的身體感可能會引發不同的感受，包括此刻正在發生的身體訊號以及來自過去的記憶。要開放地感受來自私密部位的身體訊號，可能會是一項頗具有挑戰性的練習，尤其是對那些從小就生活在對私處的話題敏感的環境中，或是曾經經歷過性創傷的人而言。假如你發現這個區塊的訊號不容易浮現，或是它將你淹沒了，那也許意味著，僵化或混亂，已經成為你這個身體部位的歷史的一部分。而如果這正是你在練習中體驗到的，那麼，或許可以考慮在將來的練習過程中，特意花上一定分量的時間，專注在這個區塊的練習。若是發覺有些承受不住過程中湧現的經驗，試著用文字紀錄進行梳理，或是尋求專業的協助，都能為你帶來幫助。

倘若覺察之輪某一段的練習激發出令你招架不住的感受，你永遠可以調整練習的內容，讓自己可以監控過程的行進，調整做法，去緩和當下任何不舒服的感受。我們可以借鏡前面章節中泰瑞莎的經驗，透過覺察之輪各個面向的練習，她轉化了糾纏已久的創傷議題。也許你會想要重複地造訪輪框上某些特別令你困擾的元素，這有助於你將那段特定的經驗整合進你的整個生命。藉由練習，爬梳出它對過去和這個當下的你而言的意義，那麼，某個起初令你感到不適的身體感，將會得到更深的理解。我們都是獨特的個體，敬重你獨特的體驗，是這趟旅程上一件需要認真對待的事。

當注意力切換至腸道時，你感受到了什麼？腸道擁有大量的神經網路與神經傳導物質，開放地覺察來自腸道的訊號，或許是一扇窺看「肚子裡的直覺」（gut feelings）的重要窗口。當然，並非所有來自腸子或身體的直覺都是正確的，但是用開放的態度來接收這些訊號，可以是一種幫助我們跟內在的非邏輯過程保持聯繫的有效方式。

當注意力從下腹部的腸道上移至胃臟區域時，你感覺到什麼？敞開自己去感受來自食道的身體感時，有什麼樣的體會？對許多人而言，這都是一個新鮮的體驗。而到了口腔內部時，我們也許會接受到各種各樣跟過去經驗相連結的訊號。你也許會發現，當你開始打開意識，去覺察這諸多不同的身體感受時，相應而起的，常常會是混合了練習當下加上過往記憶的混雜感受。

繼續移動到呼吸系統，將注意力的焦點集中在鼻竇，然後往下導引至喉嚨正面，這段練習給你帶來的感受是什麼？有時，我們在這個部位存放了很多焦慮，當我們將注意力順著氣管移動至肺部，呼吸卻變得不大順利時，便會發現到這些儲藏的焦慮。在練習時，無論是哪一個身體部位，當你感受到它發出強烈的訊號時，試著與這份感受成為朋友，這是熟悉內在體感或身體內部覺知過程中很重要的一部分。

當注意力集中在心臟區域時，感覺如何？某些研究結果顯示，當我們專注在心的位置時——即使你不一定真的能感覺到自己的心臟跳動——有助於大腦對自律神經系統進行調節，使人變得平靜。覺察呼吸、專注在呼吸的循環上，也有類似的效果。若是將身體比喻成車子的話，研究顯示，有了這些身體的覺察之後，我們會更有能力平衡大腦中的油門和煞車，用更順暢、更協調的方式來駕馭身體這部車。難道你會想兩腳同時踩下油門與煞車嗎？當然不會——我們想要的是流暢地協調加速和減速這兩種功能。專注在心的位置或呼吸，有助於協調與平衡身體機能，使心緒穩定。

走過一個區塊又一個區塊，逐一專注在不同身體部位之後，再同時去感覺整個身體內部，有時候會令人感覺過於強烈。經由練習步驟的引導，進入這種接受性的狀態時，你體驗到什麼樣的感受？覺察整個身體，這個步驟背後的基本用意是為你的日常生活做好準備。舉例來說，假設我跟某個人的互動不甚順利，那麼我會提醒自己，在回應對方之前，先覺察自己的身體。在衝突的當下，我的心臟可能會釋放出強烈的訊號，或是我的腸子可能會吵著要我注意到它。我手臂的肌肉也許會變得緊繃，或是我也許會感覺到自己的下巴收緊。邀請整個身體讓感官感覺流入覺察之中，是在找出一條通道，讓任何與當下特別有關的訊號能夠被請入我的意識當中，好讓它們得到敬重、受到審視，並且整合進我對當下情況的意義的覺察之中。研究指出，擁有較強的內在體感的人，通常洞察與共情的能力也較強，同時也擁有較佳的直覺和情緒平衡。於是乎，練就這些身體覺察的技巧，可說是一條直達的道路，幫助我們更深刻地連結到我們的內在世界與人際生活。

當我們移動到第三區，專注在心理活動——我們的第七感——時，我們的注意力從原本來自五官的外在感受與屬於第六感的內在體感，切換到了諸如感覺、思想、記憶和意圖等等心理活動上，這對你而言，產生了什麼樣的感受？單純地對覺察之中升起，或沒有升起的任何事物「敞開」，是什麼感覺？將**焦點化注意力**從輪框第一、二區，某個非常特定的點（聲音、視線、身體某個部位的感覺）上，轉換成**開放的覺察**，邀請任何升起的事物進入覺察之中，這樣的轉換，就某方面來說，也許和第二區時，同時感受全身身體感的練習類似——都是對任何可能升起的經驗抱持開放的態度。在你邀請某個心理活動進入覺察時，什麼浮現了？有些人會有情感或畫面如洪水般湧入的體驗。這是一種自然的方法，使心智對蘊藏在它之內的種種事物變得具有接受性。

相反地，另一些人卻經驗到一種平和、開放，而且清晰與平靜的感受，儘管練習的指示是去邀請任何事物進入覺察之中，卻什麼也沒浮現。得到這種體驗的人，常常會表示，他們從來不曾經驗過這種靜定。在他們原本的生活中，他們更熟悉的是經常被紛亂思緒、回憶與情緒占滿，早晚擔憂、絮絮叨叨的猴子腦狀態。允許心智對任何浮現的事物敞開，能幫助它變得具有接受性、變得透澈清明。

回顧對第七感的練習，刻意將注意力集中在心理活動的動態上，給你帶來的經驗是什麼——那些心理活動最初是如何升起、如何駐留，最後又是如何離開你的意識的呢？這項練習對不少人而言都十分具有挑戰性，因為它需要你同時對任何可能升起的活動保持開放（就像回顧本區時，開頭的第一部分那樣），還要將注意力集中在心理活動來來去去的本質上。對某些人來說，兩個心理活動之間的那段空隙，例如兩個思想、記憶，或情緒之間的那段空白，特別地令人著迷，因為它具有某種不尋常的品質，對許多突然覺察到它的存在的人，是相當新奇的經驗。對大多數沒有冥想經驗，或是沒有做過覺察之輪這類反觀自照練習的人而言，覺察到精神世界中更幽微的細節，常常能為他們帶來許多啟發。我們原本對精神世界的體會，經常是被這個或那個心理活動占據了整個覺察，像是一道川流不息的思想之流，喋喋不休地在心智中活動著，而從來沒有機會去體會到，真正的我們其實不只是這些頭腦中的對話而已。隨著第三區的練習與回顧，擁有了開放的覺察——輪心——這個新的體驗，讓輪心與輪框上的元素得到了更清楚的區隔。而這項嶄新的覺察對許多人來說，具有改變生命、實實在在地轉化心智——甚至令他們大感驚奇的威力。而這正是更完整地區辨知曉與所知的開端。

曾經有位母親，在我把這項練習教給她和她青春期的兒子之後，她告訴我：「我以前從來不知道，原來我不只是我的思想或感覺。」對她來說，學會區分輪心與輪框是一個革命性的體會，讓她變得更有力量，以更纖細和靈動的方式去應對她的生活。

當我們將注意力轉向輪框上的第四區，那份對關係場域的知覺、我們的第八感時，給你帶來什麼樣的感受？放下對心理活動的關注，將注意力轉向與他人的連結，是什麼樣的感覺？這第八感、關係知覺的體驗對某些人而言可能會帶來困惑，因為他們不確定自己該把注意力放在哪裡。對另外一些人而言，體驗到的則是深刻的愛、和平、善意與連結感從內在升起，伴隨著喜悅與感激，與盈滿眼眶的淚水。無論你的體驗如何，那就是你的體驗。而當你下一次進行這個練習時，也許你會得到截然不同的體驗。科學研究顯示，深刻的連結經驗能夠為我們的內在世界與人際生活帶來正面的改變，而下一個章節中，我們將會加入立基於這種經驗的，傳達善意與關懷的祝禱文。

善良的意圖

在輪框的前三區，我們鍛鍊了集中的注意力與開放的覺察，而這在這個章節中，我們將從這個基礎上繼續深化與擴展，深入輪框第四區，專注於培養善良的意圖。為什麼說是擴展，而不是介紹這種善良的狀態呢？由於在先前的練習中，我們已經向你建議過，請在分心的時候善待自己，所以事實上，你已經一直在練習對自己的經驗抱持溫柔的態度，大方看待注意力無可避免地被拉走的現象，藉此涵養了內在的慈悲心。在覺察之輪第四區的練習中，你將會整合注意力、覺察與意圖這三個面向，再透過生活中重複不斷地練習，它們將會彼此互相增強。而現在，我們會將焦點放在這種相互連結的狀態，以及我們對他人，和對內在自我所抱持的善意。

將善良、共情與慈悲心，融入你的生活

覺察之輪是一項工具，幫助我們區隔與串連生活中的能量與資訊流。沉浸在輪框第一區的經驗中時，我們學會開放地接收外在世界透過五官流入的能量流。而在輪框第二區的體驗中，我們練習專注於自己居住在一個肉體之中的事實，而這個身體的

自我，可以和他人以及其他生命體有所區隔。這是我們內在關於自我的經驗的一部分——它是我們與生俱來的這副身軀內的能量與資訊流、我們具身化心智的內在來源，也是塑造我們生活方式的其中一項因素。輪框的第三區，我們的心理活動，則揭開了內在自我的另一個來源，這個來源裡充滿了個人主觀的感覺、思想、記憶、信念，它們都參與塑造了我們的生命故事。在第三區的練習中，我們邀請任何可能的事物進入覺察之中，從前兩區鍛鍊焦點化注意力的練習方式，轉向鍛鍊開放的覺察。

從集中的注意力、開放的覺察等技巧，以及對內在體感和心理活動的感知這些基礎上，進入覺察之輪第四區，我們將注意力更貼近地集中在，我們雖然以肉身與他人和萬物區隔，但實際上卻又是彼此交織連結成一體的這個面向上。我們每個人都擁有對自己的內在自我的感知，而這種對內在自我的感受源自於心智的內在面向。我們除了可以學習提升對內在自我的覺察，同樣也能學習培養對關係自我（inter self）——我們與他人，以及所居住的星球之間的連結——的感受能力。這便是我們的關係心智（inter mind），是我們主觀經驗的延伸——從我們與他人的關係之間、我們與這個星球的關係之間，所體驗到的關於我是誰的覺察和感受。藉由關係知覺，我們的第八感，敞開自己去感受這份交織的連結，我們便開始對這個關係之中的心智變得有所覺察。

這些交互連結的關係實際上是由什麼組成的？可以這麼說，我們彼此跟彼此——跟他人，以及跟自然環境——之間，是透過某種串連方式連結在一起的。但這些把我們串在一起的連結究竟是什麼？以最廣義、最科學的角度來解釋，我們都屬於一個交互連結的系統的一部分，而這個系統的基礎元素是能量流與資訊流。我們已經在前面的篇幅裡探討過複雜系統如何透過不同元素的互動所產生的突現性質來運作，無論是海洋裡的水分和鹽分，或是在我們心智的本質和交互連結中流動的能量與資訊流。我們可以將關係以及我們的「關係性的自我」（relational self），看作是我們**共享**能量與資訊流的方式。不同領域的科學家們——從物理學家、生物學家、社會學家、語言學家到人類學家——各自用不同的方法來描述這種連結。有些稱之為互連性，有些稱之為相互依賴，有些則稱之為普世性的文化意義，還有另一些人則乾脆稱之為生命之網。所有這些研究途徑，都可以將它們視為某種對能量和資訊流動場域的揭露，這些場域有時是如此地細微、無法用肉眼看見，以至於我們覺察不到這些能量和資訊的流動模式，儘管如此，我們還是可以藉由科學方法來判定它們在我們的交互連結、我們關係性的現實中的真實性。光憑我們的前五種感官，並無法捕捉到所有真實存在的事物——因此，我們這裡所說的第八感，關係知覺，動用到的也許是另外一種感知方式，以對能量和資訊流的共享和串連進行監督。

除了運用想像力去想像這些連結，或許，我們實際上真的也以某種尚未被確知的方式，在感知著這些我們通常覺察不到的能量場。因此，一種可能性是我們真的感知得到這些能量的連結，另一種可能性則是，我們只不過是透過五官所接收到的資訊在進行想像——於是我們創造，或者說建構出了一個「我們是相互連結的」的故事或觀點。這份關係知覺的構成是來自於實際經驗，而非毫無依據的憑空想像。在這裡，我們暫且提出這個問題，但對答案有所保留：我們的關係自我，與它所具有的連結性，是一種建構，還是透過某種感知的管道，被我們所真實感知到的？事實上，我們的關係知覺有可能同時包含了建構，與透過感知的管道流入這兩種形式。將連結感帶入覺察之中——無論它是一種建構，或是當下直接流入的感受——能夠強化我們與這個世界之間彼此交織、相互連結的感受。

然而「連結」這個詞的意思究竟是什麼？就某個層面來看，以孤立的方式來經驗生命並非不可能的事。我們各自出生在一具身體之中，我們會持續地活在這具身軀裡，也終究會死在這具身軀中。就是這樣。我們獨自出生、獨自死去。而且在一個總是強調個體性、方方面面都鼓勵人們獨立自主的現代社會中，這種孤立的自我經常被社會中的分離感所強化。尤有甚者，自從兩千五百年前希波克拉底（Hippocrates）的年代開始，醫學界便經常強調一個觀點，認為人類的心智——以及從心智中浮現的自我——只存在於頭部，那個被顱骨所包裹住的大腦裡，而這個觀點又被現代社會不斷地強化。在這樣的當代科學觀點下，自我是一個獨立的實存，包裹在皮膚和顱骨之內，而孕育了自我的心智，不過是大腦的活動而已。如此一來，皮膚便成為了一道不被外物滲透、為我們定義出「自我」的邊界。

也許事情真的就是這樣而已。

偏偏同時間我們也都知道，主觀經驗並不等於大腦活動，即便它需要仰賴身體的神經功能才能產生。當我們經驗到肚子裡的直覺，或是心中有所感應時，不正是在覺察到，整個身體在我們精神世界裡所扮演的角色嗎？至少有一點能肯定的是，心智是完全體現在整個身體（具身化的），而不僅僅是包裹在顱骨裡的。我們同時也知道，人際關係對我們的精神生活具有極大的影響力。歸屬感和我們與世界的連結，強烈地形塑了我們主觀世界深處的體驗。感覺是我們主觀生命的核心，而它們直接延伸進我們的關係世界裡。具象化在身體層面的，以及存在於關係之中的，主觀精神世界的這兩項來源，深深影響了我們幸福的程度。例如，一個人的社會支持網絡，是用以預測他的心理健康——還有身體健康、幸福程度，以及壽命長度——最強而有力的指標之一。為什麼社會連結對我們的健康幸福如此至關重要？許多科學研究均指出，我們與其他人之間的連結不僅是真實的，而且非常重要。

這裡我想指出的一點是，這些強而有力的科學證據之所以在實徵研究中一再地被重複發現，正是因為心智並**不**等同於大腦活動而已。一如我們先前曾經探討過的，心智更可以被視為是完全**具身化**的，它牽涉了整個身體所有的生理過程，而不僅僅是包裹在頭顱內，從頭部的大腦中浮現。除此之外，我想更進一步指出的是，心智還可以被視為是關係性的，它牽涉到我們與其他人、自然環境，和整個星球間的交互連結。一篇文獻曾經指出，當人們得到機會去親近大自然或是歸屬於某個社會網絡，擁有所謂的「社會整合」（social integration）時，會因此變得更加幸福健康。這篇文獻同時呈現了兩條實徵研究路線所共同指出的，關係具有促進健康的力量——無論是人與人之間的關係，或是人與大自然間的關係。

真正的我們，是比身體更大、比頭腦更寬闊的。

我們不只是我們的內在精神世界而已——我們的身分認同還連結著一個與萬物交互連結的現實。當我們體認到，自我來自於心智，而心智同時擁有內在與關係兩種面向，這便意味著，自我也同樣具備了身體和關係這兩個面向。

可是到頭來，「關係」究竟是什麼？一段關係指的是，我們如何與他者共享能量和資訊的方式。我們使用**具身大腦**這個名詞來指稱身體內部能量和資訊流動的機制，而關係一詞則用於指稱我們如何與有別於自己身軀的其他的人類以及存有們，共享能量和資訊流的方式。

在輪框第四區練習「感受連結」時，指的是去感受我們與那些在我們的身軀之外的其他人類（people）、寵物（pets）和整個星球（planet）——所有的存有，就算他們的單字不是 p 開頭——之間的關係。「連結」指的是我們的身體自我和「他者」之間的能量與資訊流動方式。我們需要在「他者」一詞上使用引號，是為了提醒我們自己，事實上，「自我」也許並不侷限於皮膚所包裹的這個身體，而是以一種非常真實的方式，涉及了這具肉身之外，我們與他者之間的各種交互連結。簡單地說，我們與他人、與這個星球之間是連結在一起的，而這些連結深刻地、有意義地，同時也是醫學性地定義並形塑了我們是誰。一般人常認為自我是單獨的，孤立在頭顱或身體裡，然而事實上自我遠大於這個常見的印象。

我們可以單純地將這些連結看成是能量與資訊流的共享。我們共享著這個星球，彼此深刻地連結在一起，科學也證實了這個事實。在我們的意識經驗中，也許並未覺察到這些交互連結。我們也許生活在分離的幻象中，我們也許相信，自己是孤立的。事實上，我們也許都曾不經意地被父母、同儕、師長和社會教導過這個普遍被社會認同的觀念——自我是與他者分離的，我的身體就等於我是誰。然而，孤立的自我這項當代的社會建構，已然在許多人內心抹上了一層悲傷的陰影，創造出了無意義感和失連感。培養第八感，也許有助於打開一扇門扉，為我們提供一條消融這份普世的分離迷思的路徑，打開我們的覺知，去察覺到生命中那些其實一直存在，但我們可能從來沒有意識到的有意義的連結。在這樣的基礎上，輪框第四區的練習，其實是一個幫助我們對如是敞開的機會，而不是憑空編就的想像。我們呼吸的都是同樣的空氣、喝的是同樣的水、生活在同一個生態圈裡、居住在同一個旋轉著移動於太空之中的星球上。探索第八感、開放地面對這份連結，與你怎麼想、你相信什麼、以前別人曾經告訴過你什麼並不相關；它只是去對如是敞開。無論你有沒有察覺到，這些關係和連結確實存在。

基礎版覺察之輪中，我們練習敞開覺察，去覺察自己與其他人、其他生物，和這個星球上的生命網絡之間的連結。而神經科學家理查．戴維森所領導的研究小組指出，添加一些已知具有實效的、培養慈悲心的訓練元素，或許能夠增強覺察之輪的正面整合效果，在這樣的建議之下，我決定將傳遞善良意圖的特定祝禱文包含進練習步驟之中，讓快樂、健康、安全、幸福這些祝願，傳遞給一切眾生、內在的「我」，和整合在一起的大我：「我我們」。這個「我我們」包含了以身體彼此區隔的「我」，以及與人群和地球相連、存在於關係之中的「我們」。在體認到交互連結的現實之後，這些祝禱文非常相稱地融入在輪框第四區的練習裡，所以，你會自然而然地在完整版的覺察之輪末尾發現它們。

世界上許多不同的智慧傳統，包含了某些宗教，都將慈悲心視為最高的美德之一，它能夠為個人帶來幸福，也能夠增添整個社群的福祉。慈悲心可以被定義為，我們感知得到他人的受苦、想像出減少他人受苦的方法，並且嘗試採取行動，幫助他人減輕受苦。感知、想像和行動，三者皆是組成慈悲心的必要元素。

要感知到他人的受苦，通常需要經過一個稱為共情（empathy）的過程。共情具有至少五個面向，包含情緒共鳴（感覺到他人的感覺）、角色取替（透過他人的視角看事情）、認知理解（想像他人的心理經驗和其中的意義）、同理關懷（關懷他人的福祉），以及同理愉悅（為他人的快樂和成功感到欣喜）。對許多人而言，覺察之輪展現出了培養這五種共情特徵的效果。其中的同理關懷——感受得到他人的主觀感受，並且關心他們的福祉——可以看成是通往慈悲心的動機與門戶。

有某一派的作者們，經常傳達出某種令人混淆的觀點，像是「共情是不好的，慈悲心才是好的」，或者提出情緒智能，以及在情感上與他人同頻率會帶來負面的效應，諸如此類的說法。然而現實是，在大多數的情況下，如果一個人不具備與他人的內在世界、情感和主觀經驗調頻共鳴的共情力，便幾乎不可能產生慈悲心。這便是為什麼第七感中所包含的洞察力、共情力和整合，被視為是情緒智能與社會智能的基石。在生活中擁有第七感能有什麼缺點？倘若我們看清共情力中包含了同理關懷的面向，而這正是通往慈悲心的通道，那我們便會明白，「共情是不好的，慈悲心才是好的」是一個誤導與混淆的說法。

有一次我在柏林的某個工作坊教課，到了傍晚時段，社會神經學家塔尼雅．辛格（Tania Singer）就她的研究內容發表了一場演說。她提到，單獨進行共情能力的訓練，有可能導致情緒困擾；相反地，教導慈悲心則會激發大腦深處與親切、照顧和關懷相關的迴路。這場演講成為了我們後來共同教學的契機。我向辛格教授提到，近期某些審稿人在我交付了某一本書的原稿之後告訴我，我不應該在書中推廣共情力的概念，並且引用了辛格教授的研究，來佐證他們「共情是不好的，慈悲心才是好的」的論點。辛格回覆我，那些審稿人誤解了她的工作。是沒錯，過度認同他人的情緒狀態會導致共情沮喪，然而當情緒共鳴的能力配上了慈悲心，那麼一個人是可以保持住平衡、寧靜的狀態的。事實上，幾乎所有人都需要共情力，才有可能產生慈悲心。問題在於，若單只是共情，確實有可能導致困擾。

馬修．李卡德（Matthieu Ricard）是一位接受過科學訓練的佛教僧侶，經常和心智與生命研究院（Mind and Life Institute）中長年研究沉思冥想的科學家合作，在一次科學性的聚會上，塔尼雅．辛格結束了她對尊者達賴喇嘛的短講之後，馬修也提到了這個重要的議題：「當然，重點並不在於擺脫共情。我們需要持續保有覺察他人感受的能力。然而我們也需要把共情擺進利他主義式的愛與慈悲，這樣一個更大的空間裡。這個空間會成為一個緩衝地帶，幫助我們免於落入共情沮喪之中。利他主義和慈悲心都是一種正面的精神狀態，能夠增強我們的勇氣、給予我們資源，以建設性的方式去應對他人的受苦。少了慈悲心的共情，就像是沒有接上水源的電動水泵，很快就會過熱停擺。我們需要愛與慈悲這樣的水源，來持續冷卻共情沮喪，抵銷情感衰竭。」*

* Wendy Hasenkamp and Janna White, eds., *The Monastery and the Microscope* (New Haven, CT: Yale University Press, 2017), 253.

時任心智與生命研究所主席的量子物理學家亞瑟·扎炯克（Arthur Zajonc），在那場聚會中，他將焦點放在臨床治療者的職業共情和慈悲心上，指出：「一方面，我們心中懷著冷漠、嘲諷，將自己與患者和受苦的人們隔絕開來，藉此守住自身的平衡和冷靜的專業判斷。然而就另一方面來說，我們涉入得如此之深，結果導致了職業倦怠、自我毀滅等諸多情況。我們似乎總是在這兩個極端之間擺盪……但我想一定存在著一條中庸之道，讓一位醫師、一位關心和照顧別人的人、一個母親或父親、或是一個充滿同理心的朋友，能夠以一種有智慧的回應方式，讓他們的共情關懷把自己和他人的感受連結起來。」*

而當理查·戴維森詢問到，佛教對於鍛鍊人的慈悲心所持的觀點時，達賴喇嘛是這麼回應的：「對於慈悲心的訓練，我想不只存在於佛教的傳統裡。所有主要的宗教傳統，都會強調修持愛和慈悲心的重要性。只是它以一種更潛在的形式存在。比方說，以基本的覺察能力的形式存在。而我們需要透過知識和教育，去促使它成長和進步。」†

本書採用**善良的意圖**這樣的用語，是試圖將這些面向涵容在一起，讓我們能同時養成關懷的動機、概念性的立場，與持有善良意圖的心智狀態，以便在情感和理智的層面都能準備好，在生活中變得更有共情力、更加慈悲地去對待他人——不只是對我們自己圈子裡熟悉或直接認識的人，也是對一個更大的群體、包含其他的人群和眾生。

上述種種熱烈的討論，指出了重要的一點：單純的共情——在缺乏同理關懷和慈悲心的條件，也缺乏技巧性地將自己與他人的受苦區隔開來的能力的情況下，去感受他人的受苦——很有可能令自己燃燒殆盡。這是在沒有接受過適當的韌性訓練——**同時**串連和區隔的能力——的前提下，讓自己和他人同頻率的潛在缺點。換句話說，假如沒有保持好整合狀態，我們可能會面臨過度認同和當機的風險。我就處理過很多這樣的情況。那些身為醫師和照護人員的案主們，並沒有學習過幫助他們整合以避免職業倦怠的工具。從上述的討論中，我的心中浮現了一個提議，也許我們可以用**共情疲勞**（*empathy fatigue*）一詞來取代**慈悲疲勞**（*compassion fatigue*），甚至，**移情共鳴疲勞**（*empathic resonance fatigue*）或**共情沮喪**（*empathic distress*）這樣的詞彙，或許更加精確。作出這個重要的區分，才能幫助我們想起，整合能夠創造韌性。而整合更是慈悲與善良的根基。且讓我們不要拋棄完整的共情力之中蘊藏的美好能力，保持共情力光譜的完整性，對生活而言，甚至對培養慈悲心而言都是必須的！

* Ibid., 252.

† Ibid., 254.

許多人運用在個案室裡的錄音，或網站上的錄音檔開始練習覺察之輪以後，他們發現自己焦慮和恐懼的程度減輕了，從原本卡在痛苦深淵的狀態，逐漸回復到一個比較平和的水準。有創傷歷史的人，從某些人暱稱為「聖殿」的輪心找到了新的力量，而能夠重新審視過去的事件。就很多方面來看，甚至在不需要刻意加入善意祝禱詞的步驟的情況下，人們在看待自己內在的失意和受苦時，都已經變得更和善、更有慈悲心。

意圖是一種心理過程，用於為心智中即將展開的能量和資訊流決定方向或設定基調。無論是在我們的內在心智或關係心智之中，善良的意圖能夠助長整合性的心理過程——例如同理關懷和慈悲心——使它們更有機會在我們的內在，以及我們與這個世界的互動行為中活躍起來。當我們訓練自己保持善良的意圖時，我們便是在動用大腦中的特定模式，而這些模式經過科學證實，具有整合大腦的特性——它們將大腦中分散各處的區塊串連起來，支持神經元協調並平衡地發射訊息。每當我們鍛鍊這樣的神經網路，就是在強化它的連結，逐漸地，原本透過刻意練習達成的善念狀態，就會化為我們穩固的生命特質。

如同我們所見，規律的練習可以讓練習中製造出來的短暫狀態，逐漸變成一項穩固的特質，而成為一種習得的技能或存在狀態。所謂的特質，指的是在不需要刻意努力或計畫的情況下，一個人在生活中自然而然展現的基本傾向或行為模式。從我個人的臨床治療和教學經驗，以及許多不同主題的嚴謹研究中，都觀察到了同樣的現象：**你當下所創造的事物，只要長期加以練習，便會得到增強**。一個狀態就是如此演變成一項特質的。

假設你所追求的特質，是變得對自己的內在自我和關係自我——你與他者間的連結——更加和善和慈悲，那麼你可以練習的狀態是整合。科學研究的結果支持以下這句陳述：當我們在內在與關係的交互連結之中，抱持著善良和慈悲的態度時，能夠為大腦創造出更多整合，也能使我們的生命更幸福健康。

簡單來說，**整合的狀態將化為健康的特質**。

我們已經了解到，覺察之輪的源頭和基礎架構都是深深根植於整合的。覺察之輪無論是在概念或實踐的面向，都支持我們在內在與關係的層面上，培育出整合的狀態。假如你是一個努力追求健康的人，那麼建議你，持續規律地練習覺察之輪，可能的話一天一次，或是至少在一週內練習數次。大腦需要透過重複和規律的練習來增強它的整合性成長。當你刻意透過練習創造出某種心智狀態，即使練習的時間很短，只要重複不斷地練習，就能強化這種正向的結果，而它會在你將來的日常生活中，轉變成堅韌且帶來幸福的特質。

重複的整合狀態將化為長久的健康特質。

當我把覺察之輪介紹給理查．戴維森專門研究大腦和冥想的研究小組認識時，他們對這樣的方法深感興趣，也向我提出了一個問題，問我為什麼不在練習步驟中加入更特意鍛鍊慈悲心的流程？我回覆他們，覺察之輪的創作基礎，是區隔知曉與所知、輪心與輪框這種單純基於科學的概念，它也需要繼續根植在科學之中。於是他們告訴我一個他們當時剛完成的研究，那是同領域中一項率先被操作和發表的研究。研究結果顯示，練習抱持慈悲的意圖，實際上確實能夠提升心理健康、改善關係，也能促使大腦功能更加整合。

舉例來說，練習慈悲心時，腦電圖中的電子訊號，會觀測出高強度的伽瑪波（gamma waves），而伽瑪波是當大腦中分散各處的不同區域協調一致時，才會產生的腦波。在其他的研究中，我們甚至可以看到慈悲心的訓練增強了大腦中功能和結構的串連，呈現出一個因為練習而變得更整合的大腦。除了這些針對冥想的研究之外，人腦連接組計畫（the Human Connectome Project）中的研究發現，一個更「交互連結的連接組」，也就是大腦中分散各處的區塊串連在一起的程度，跟我們的整體健康息息相關。此外，與冥想相關的研究也顯示出，這類的練習能增加神經連接組（connectome）交互連結的程度。這些針對傳統正式的慈悲心訓練與整體健康的相關研究，所發現的共同要點都涉及到大腦的整合。

在我的專業領域，也就是人際神經生物學的領域中，我們認為善良和慈悲心是整合帶來的結果。舉例來說，當我們敬重自己和他人之間的不同時，我們進行的是人際間的區隔。而當我們感受到他人的受苦、想像著幫助他們的方法，並採取行動去減輕他的受苦——也就是當我們發揮慈悲心的時候，我們則是在把自己跟那個與我們有別的受苦之人串連在一起。當我們感受到他人的成就和喜悅、為他們的成功感到開心、祝願他人幸福時，我們得到的是同理愉悅，這是整合的另一種面貌。同樣地，善良也可以被視為是整合的一種結果。善良可以被定義為，我們如何敬重和支持彼此的脆弱。從這個角度來看，善良是關於尊重伴隨著尚未被滿足的需求——也就是脆弱——所升起的風險和傷口。儘管對某些人來說，善良的言外之意等同軟弱而非力量，然而實際上，善良的意圖能創造出一種心態，增強正向的社會關係和幸福安康的內在泉源。善良和愛，是供應我們韌性和勇氣的深刻來源，它們賦予我們內在的、與關係中的力量。善良的行動也可以看作是不求回報的行動。此外，對善良的另一種理解是，我們將另一個人視為我是誰的另一個面向，因此，當我們感受到「我的自我」其實是一個更大的整體的一部分時，那麼我們與善良的連結便已經浮現——內在的自我是我，沒錯，但同時，關係的自我也是我。

善良和慈悲心，是能夠具體看見的整合狀態。基於前述種種，我們已能清楚看見這句話背後，其實有著堅實的科學依據。

專注在輪框第四區，把注意力帶向各個分別的個體，並感受與他們之間的連結，可以說是一種關係間的整合。當我們擴展那種連結感、開放地覺察我們與所有眾生之間的相互連結，便是在將這個同時區隔與串連的過程，延伸至一個更廣闊的、構成關係自我的層面。雖然我們用來概括這個區塊練習重點的關鍵詞是連結，但是，許多基礎版覺察之輪的練習者——他們甚至還沒有做過善意祝禱文的步驟——紛紛提出，專注在輪框第四區、第八感、關係場域中相互連結的面向，讓他們的內心充滿了祥和、慈悲，感受到自己是更廣大整體的一部分，不再是之前那個孤立的、一個人獨自冥想的自我。隨後，當我們進一步確實地練習胸懷天下的善意祝禱文，將善意傳遞給一切眾生、給內在的「我」、還有整合的大我「我我們」時，我們更加深刻地拓展了對整合的生活方式的覺察。

許多不同主題的科學研究均指出，無論是長壽、幸福、生理或心理的健康，這些項目的最佳預測指標，就是一個人在他的社會支持網絡中所擁有的連結，而這說明了人際關係的重要性。關係不只是裝飾在蛋糕上的糖霜；關係就是整個蛋糕本身。事實上，關係既是主菜，也是甜點。

整合，靈性，與健康

感受到自己與更廣大的整體相連，這樣的人類經驗，有時被稱為「靈性」。從一些宣稱自己對「靈性成長」感興趣的人所進行的訪談中，我們將他們對靈性的定義，約略歸納出兩個面向：連結到某個比個人自我更廣大的整體，而這意味著超越個人生存的層次。這多麼迷人。假如靈性意味著，體驗到皮膚這個界線之外的連結，以及超越基本求生存的層次，這種如此令人動容的人類經驗，會不會也跟整合有關呢？換句話說，假如我們將與他者有別的內在自我，跟範圍更大的關係自我串連起來，能夠使我們的現實中相互連結的面向浮現；又假如這個既有所區別也有所連結的身分認同，讓生命的意義感變得熠熠生光，那麼，這種靈性的感受，會不會在根本上正是與生命的整合歷程息息相關呢？許多覺察之輪的練習者都曾經描述，覺察之輪的體驗，使他們的內在產生了意義感和連結感，就像是前面提到過的扎克瑞，他就是在練習了覺察之輪以後，經驗到了更大的連結感與使命感，從而轉化了他的私人生活與職業生涯。

整合是一個奠基於科學、威力強大的概念框架，從靈性到健康，它都能幫助我們理解種種不同範疇的人類經驗。深入洞察妨礙整合的障礙因素，甚至能幫助我們看清人類受苦的本質，以及我們該如何緩解它。各類型廣泛的研究顯示出，精神健康出狀況的人，他們大腦的整合功能受損，生活中彌漫著孤立感和無意義感。而職業的助人工作者，非但沒有在靈性上感到更豐富，卻陷入了職業倦怠的狀態，像這樣的情況，也可以看成是他們喪失了工作和私人生活中的意義感和連結感。這種意義感和連結感的喪失，來自於妨礙整合的障礙因素。如果我們沒有將自己內在自我的體驗與他人的痛苦經驗作出區隔，過度認同了對方的受苦，將對方等同於自己的內在自我，那麼我們便落入了共情沮喪或過度燃燒的風險。這樣的情緒共鳴——共情的其中一個面向——缺乏了使整合發生的必要區隔，可能會導致神經元過度激發、耗竭和退縮。人類的受苦可以區分為混亂或僵化兩種狀態，它們源起於區隔和串連功能的受損，或整合的受阻。共情這件事，甚至連作為共情一部分的情緒共鳴，都需要被納入整合的一部分，不該是過度區隔導致疏離冷漠，或是過度串連導致過度認同。與他人共鳴，卻**沒有**加以區隔不是整合——這是失去了沉著冷靜的共情，而沉著冷靜需要透過整合才能獲得。整合使我們有能力保持情緒面的靈活彈性，得以全心感受他人的經驗，卻不至於折損關懷的能力與生活中的平靜。生命總是充滿了痛苦與挑戰；在靈性成長的核心，整合所帶來的影響也許是，讓我們在充滿痛苦的世界中，還能夠感受得到喜悅與感激，同時也讓我們將它視為一種責任，在這個與萬事萬物深深交織連結的生命中，保持住正面的狀態，將希望與可能性的感受傳遞給所有人。

內在自我與關係自我

倘若我們都能感受得到，作為一個個體，我們確實在擁有一個內在自我的同時，還擁有一個共享的、關係性的關係自我，那麼便不難看出，當我們將兩個內在自我——自己的內在自我和別人的內在自我——融合在一起時，其實意味著我們失去了區隔。每個人的內在生命都是真實的，辨認出它的重要性在於，如此一來，我們才能透過我們的關係自我，以及經常被稱之為「別人」但實際上是我們真正是誰的那一部分，全然地彼此連結。這可不是賣弄詩意的咬文嚼字，而是一項針對整合性的自我認同的本質，所提出的科學陳述。當我們太過孤立、太過專注於內在的自我，認定它是我們身分認同的唯一來源，而沒有認出我們的關係自我時，我們便是過度區隔而缺乏串連的。這種區隔的後果是絕望與無意義感。我們已經知道，過著一個「心中只有自己」的生活是不健康的。這是一種缺乏整合的生活方式。

而在整合光譜的另一端，過多的連結卻沒有進行適當的區隔，也會導致整合的受損。落入光譜這一端會導致的情況是，我們在照顧他人的工作中耗盡自我，或是陷入糾纏不清的關係，迷失在困惑裡，因為我有別的內在生活並沒有得到他人，甚至是自己的尊重和滋養。

同時敬重內在自我和關係自我這兩者，我們才能全然地領受和活出自我的這兩種面向。「自我」這個詞本身就充滿了許多挑戰，畢竟，我們生活在一個將自我等同於被皮膚所包覆的這個肉身，甚至，更侷限地等同於被顱骨所包裹的大腦的現代社會裡。很不幸地，我們將會看到，自我一詞在語言上與皮膚或頭顱的關聯所製造出的我是誰的感受，也許會阻礙我們活出一個整合的生命。科學研究所呈現的結果十分清楚：與他人有所連結，在超越個人由皮膚或頭顱所界定的自我的範圍之外，找到服務與奉獻世界的方法，是一條禁得起時間考驗、通往幸福生命的道路。慈悲心、善意和共情，是活出整合的生命的重要基石。

加州大學柏克萊分校心理學研究員達契爾．克特納（Dacher Keltner）與他的同事們，在至善科學中心（the Greater Good Science Center）裡所研究的那些「超越自我」的情感，像是敬畏、感激和慈悲等，或許就是從能量和資訊流的整合狀態中誕生的。敬畏的體驗是，我們感受到某種一時間無法領會的事物降臨到面前，而我們成為了某個超越我們所居住的肉身範圍之外、更廣大整體的一部分。而感激則是深深地欣賞和讚美。克特納在至善科學中心裡的同事，艾蜜里亞娜．賽門-湯瑪斯（Emiliana Simon-Thomas）曾經指出：「能夠強化我們和他人之間有意義的連結的經驗——像是注意到別人是怎麼幫助你的、辨認出他們所付出的努力、品嘗到你是如何從中受益的滋味——會啟動與信任和愛意相關的生物系統，以及與愉悅和獎賞相關的神經迴路。這對增強我們生活中的正面經驗，具有綜合性和持久的效果。當你對別人說『謝謝』時，你的大腦會將這個訊號識別為某件好事發生在你身上，你也因此更深入地融合到一個有意義的社會網絡裡。」＊在南加州大學，瑪麗．海倫．伊莫迪諾-楊（Mary Helen Immordino-Yang）的研究發現，這類的情緒狀態事實上會啟動腦幹深處與維持基本生命功能有關的區域。她指出，感覺到自己活著，或是覺得自己充滿活力，這樣的感受有一部分來自於，這樣的社會情感活化了我們的神經迴路中與最基本的生命功能相關的迴路。感激的力量驚人。慈悲心也被認為是一種道德情感，或說是超越個人的社會情感，它以一種有意義的方式，將我們與更廣大的整體連結在一起。當我們擁抱我們彼此交互相連的這個現實時，我們的生命將變得更加鮮活。

慈悲心立基於共情和善意之上，支持我們維持健康的能力，也支持我們伸出援手，去謀求通常被我們簡單稱為「他人」的對象的福祉。若是依據我們前面討論過的內容，那麼，常用的「自我慈悲」一詞，也許用「內在慈悲」（**inner compassion**）來描述會更為貼切，至於導向「他人」的慈悲，則可以改以「關係慈悲」（**inter compassion**）一詞來表示。用這種方式定義出的我們真正是誰、當我們全然地活著時所真正能展現的，以及**自我事實上包含了內在自我和關係自我兩個面向**，當上述這樣的觀點得到支持時，我們便能在這個世界上，耕耘出一個更整合、更有

* Jeremy Adam Smith, "Six Habits of Highly Grateful People," Greater Good Science Center, November 20, 2013, https://greatergood.berkeley.edu/article/item/six_habits_of_highly_grateful_people.

活力的存在方式。慈悲心的鍛鍊是培育出這種整合狀態的其中一種方法，既能夠整合我們的人際關係，也能夠整合我們被皮膚所包覆的身體內部，以及包覆在顱骨之中的大腦。

在研發覺察之輪的過程中，那群神經科學家們建議我，把受到實徵研究支持的慈悲心訓練元素加入覺察之輪的練習步驟裡。在這樣的啟發之下，我決定在輪框第四區中，加入可以深化關係和連結這個練習主軸的元素，好讓建立善良意圖的這個練習面向，變得更詳盡豐富。善良和慈悲心既是源自整合，也能強化整合，因此在覺察之輪中增添這個部分，感覺十分合適且有益。畢竟整個覺察之輪自始至終，都是關於整合的。

用善意的祝禱打造慈悲心

你也許會好奇，科學要如何向人們展示慈悲心在我們的生活中的效應，還有它對大腦運作的影響？記得嗎，所謂的冥想，其實就是一種心智鍛鍊。目前已經能夠從科學研究中看見的，是當我們內在豎立起某個正面樂觀、朝向我們自己和他人福祉的意圖——希望幸福增加、受苦減輕——時，大腦的運作功能會變得更加整合。一如先前所提到的，已經有各種不同的大腦活動測量方式，顯示出當一個人進入慈悲狀態時，大腦內的不同區域互相協調得更好、更平衡。在關懷與愛心之中，也就是我簡稱為善良意圖的狀態下，大腦似乎運作得更蓬勃有力，無論這個善念是針對某個特定的人，或是一種沒有特定對象之廣泛的愛與慈悲，都有同樣的效果。善良包含了慈悲心和同理愉悅——為他人的繁榮感到喜悅。意圖則是樹立一種心理狀態，去塑造最有可能出現的能量和資訊流模式的方向和品質。善良的意圖以有利於社會和相互連結的方式，灌溉我們的心智。

慈悲心除了可以增加大腦結構性和功能性的整合程度之外，其他的研究結果還顯示了，發炎指數的下降、壓力減輕、心臟功能增強，可以說，我們整個身體都因為慈悲心而得到撫慰。我甚至利用家人做了一個迷你實驗，透過測量心率變異性來觀察他們自律神經系統油門和煞車的平衡程度。當他們詛咒別人遭受不幸時——善良意圖的相反——自律神經系統會變得混亂；當他們祝福別人得到幸福安康時，系統則變得平衡，能有效地區隔和串連生理調節功能中啟動和抑制生理機制的面向。這些研究發現表明了，當我們刻意地、有意義地，且真心而誠實地去產生善良的想法時，我們同時也為我們的身體和大腦創造了整合。

正如同我們一再看到的，你對心智所做的事，也會改變你的身體，包括你的大腦。就彷彿你的身體時時聆聽著你的心智所創造出來的感覺、思想和意圖——實徵證據也支持這一點。我們身體的細胞、表觀遺傳調節因子和生理系統，都會回應我們的心智。意圖能在我們的心智中灌注惡意或善意、形塑我們身體裡的內在生命，以及人際間的關係生命。

如果善良的意圖、同理愉悅、慈悲的心智狀態對我們身體的內在生命如此有益，還能幫助我們變得更開放、有愛心、更容易親近他人，那我們應該如何在生活中發展出這些狀態呢？

答案很簡單：耕耘你的意圖。意圖的作用就像是某種心理的羅盤、煙囪或漏斗，因為它替能量和資訊流設立了特定的方向。回想一下這個簡單的方程式：注意力所及之處，神經元便會發射訊息流，神經元間的連結隨之成長。現在，我們可以更進一步擴展這個方程式：

意圖點燃的方式，決定注意力的走向，神經元隨之發射訊息流，神經元以及人際間的連結於是隨之成長。

你的意圖會為你的注意力和連結確立方向。當我們通過最初有目的的努力，帶著覺察設下意圖，我們甚至會影響到覺察之外，將來可能成形的意圖。這使我們創造出一種心智狀態，在不需要刻意努力的情況下，也能保持臨在。一個有目的的、刻意創造的，且不斷重複練習的心智狀態，就這麼化為了生活中一個自動發生的特質。

當刻意創造的心智狀態是善良與慈悲的，那麼它化成的特質將是具有連結性的。

心智框架、精神狀態和心態這些詞彙，指的都是某種心智狀態，而這樣的心智狀態，則是意圖、注意力、覺察、情緒、記憶和行為模式等等心智特徵的集合體。這些心智的行為面向需要替它們「**補充彈藥**」——意思是說讓某個人準備好用某種方式採取行動——才能夠啟動這些行為本身。

古老的傳統與現代科學都向我們顯示，我們可以透過內在的祝禱，像是述說著內在的話語般地，創造出帶著慈悲心的善意狀態。大腦研究顯示，當我們使用語言符號進行內在祝禱時，大腦中變得活躍的區塊，遠不只是用於調節這些字詞意義的語言中樞而已。內在的話語，同時也會啟動大腦中再現整體概念的區域，而不只是表徵出概念的字詞本身。這就是為什麼最新的大腦造影技術看起來像是有「讀心術」，因為透過這樣的技術，在由字詞組成的複雜語句中，我們能夠基於那些字詞所代表的意義，來預測大腦哪些區域會被啟動。想像一下，由字詞組成的善意祝禱文，將會如何啟動大腦中與關懷、共情、慈悲和愛相關的神經迴路。我們通常用**善良**一詞來代表一大串範圍甚廣的正面情感，這些正面情感牽涉到大腦內部整體的整合狀態，也牽涉到關係中的態度與行為。在大腦中，我們會看到與社交相關的神經迴路被啟動，包含與共情力、慈悲心和一種名為心智理論（theory of mind）的過程相關的正面和背面皮質區。這些社交迴路幫助我們描繪出自己與他人的心智地圖，讓我們準備好為了他人的福祉去採取行動。

這些善意的祝禱文之中，充滿了正面性、關懷與慈悲。你可以稱它為愛、尊敬與關懷的祝禱文。重點在於，一段在心裡祝願自己或他人安康的語句，事實上能啟動與這些字詞所代表的意義相對應的心智狀態。當我們帶著真心、關愛與意圖去默念一段祝禱文時，它就不只是一段串在一起的文字而已。

很快地你會看到我編寫在覺察之輪中的祝禱文。當你在心中默念這些語句時，也許會有各式各樣的感受或畫面浮現。你可以順著祝禱文往下進行，對內在浮現的一切保持臨在。一段時間後，這個樹立善良意圖的練習，也許會為你帶來正面的感受，諸如感覺到正面積極的想法、感受到愛與對他人湧現的慈悲心——甚至，感受到對內在自我的一份慈悲。研究顯示，這一類的慈悲心訓練、樹立善良意圖的練習，不只能讓我們在自己的內在體驗到正面感受，甚至能促成我們伸出援手去幫助他人。

我大範圍地蒐集了來自不同傳統或訓練系統，並且曾經被廣泛研究過的各種版本的祝禱文，加以修改，讓它更好地融入覺察之輪的練習節奏。但是你也可以在其中添加寬恕的元素，去應用在某一段特定的關係上，或是依據需求修改，用來為某個特定的人祝禱。在這類調整過的版本中，練習者寬恕他人曾經對他造成的任何痛苦或傷害，並且請求他人原諒自己曾經給對方造成的任何痛苦或傷害。寬恕並不是對已經發生的事評斷對錯；借用我同事兼好友傑克·康菲爾德的話來說，寬恕是不再期待得到一個更好的過去。

對於覺察之輪來說，讓祝禱文保持盡可能廣義和開放的形式是最適合的，這也符合針對「非參照型慈悲」（non-referential compassion，又譯「無緣悲心」）所進行的研究結果。研究顯示，透過練習所產生的非參照型慈悲，這種沒有特定對象、普世性的愛和正向關懷，能讓大腦呈現出某種最高程度的整合狀態。此外，在輪框第四區，練習專注第八感、我們與萬物間的相互連結，審視過我們的關係自我甚至是內在自我之後，再加入善意的祝禱文，似乎也是一個最好不過的安排。

如果你現在就想嘗試這部分的練習，請上我的網站，跟隨「覺察之輪完整版」（Full Wheel）的錄音檔進行練習。你也可以翻到本書前面的章節，練習基本版的覺察之輪，然後再加入這個步驟。由於有些人在替自己或他人祝禱時會覺得不自在，所以，在輪框第四區，練習專注在我們與他人的相互連結之後、進入善意祝禱文的步驟之前，我加入了這一段提醒：

新近的科學研究為我們證實了，許多古老的智慧傳統長年來一直在教導的事——創造出善良、慈悲的心智狀態，不只對他人有益，也能增進個人的福祉。知道了這樣的背景知識之後，現在，邀請你，在心中默念這些話語。我會在念出一段或一部分的祝禱文之後暫停，接著你便可以在心中跟著默念這些善意與慈悲的語句。然後我會繼續念出下一段祝禱文。我們會先從非常基礎的版本開始，之後再進行更詳盡細緻的版本。準備好了嗎？讓我們開始練習吧。

祝禱文如下：

願一切眾生快樂……

願一切眾生健康……

願一切眾生安全無虞……

願一切眾生繁榮興盛。

首先，做一次深長的呼吸，現在我們會專注在同樣的意圖，但是更詳盡細緻的版本上，使用「我」這個稱謂，將這份祝禱，發送給內在自我。

願我活得快樂……

活得有意義、連結和平靜……

擁有一顆充滿歡笑、感激和喜悅的心。
願我活得健康……
擁有一個充滿能量和彈性……
力量和穩定的身體。
願我安全無虞……
受到保護，免於一切內在或外在的傷害。
願我繁榮興盛……
活得自在幸福。

現在，做一個更深、更長的呼吸。我們的自我不只是存在於身體內的那個「我」。我們同時也是相互連結的整體的一部分，是「我們」的一部分。然而，要如何將這個人我有別的軀體的「我」，與關係性的「我們」整合在一起呢？整合是榮耀彼此的差異，同時也榮耀彼此之間懷著慈悲和尊重的連結。假如我們把「我」（Me）和「我們」（We）整合起來，會得到一個整合性的認同，而我們可以用「我我們」（MWe）這個新詞來代表這個新的認同。

現在，讓我們將同樣一份善意與慈悲的祝禱文，發送給「我我們」：

願「我我們」活得快樂……
活得有意義、連結和平靜……
擁有一顆充滿歡笑、感激和喜悅的心。
願「我我們」活得健康……
擁有一個充滿能量和彈性……
力量和穩定的身體。
願「我我們」安全無虞……
受到保護，免於一切內在或外在的傷害。
願「我我們」繁榮興盛……
活得自在幸福。

現在，邀請你，再一次將注意力帶回呼吸上，乘著呼吸的波浪起伏，吸氣—吐氣……

現在，如果你的眼睛是閉上的，你可以準備好輕輕地睜開眼睛。更刻意，也許更深長地再做一次深呼吸，我們讓這節覺察之輪的練習在此告一段落。

回顧善意與慈悲的意圖

感覺很簡單，對嗎？立下祝願他人幸福安康的意圖，在心中默念了善意與慈悲的祝禱文。這給你帶來什麼樣的感受？有些人會覺得祝禱文念起來感覺很尷尬，他們從來沒有做過這樣的事。另外一些人在將這些正面的關心和祝福轉向內在自我時，會引發莫名的焦慮。「我真的值得這樣的善意嗎？」有些人會產生這種疑問。許多人發現，尤其是在這些祝禱文的新鮮感褪去之後，這個對他人和內在自我發送正面祝福的練習，事實上滿振奮人心的。當進行到對我們整合在一起的自我，也就是「我我們」發送祝禱的練習時，我們還會額外得到一份體會，認知到我們與萬物實際上是深深交織在一起的。就許多方面來看，加入這段正面、慈悲的善意祝禱文，是一種很自然地擴展與相互連結的關係場域相關的第八感的方式，也十分適合用來當作覺察之輪的結尾。

研究顯示，帶著覺察刻意設立的意圖具有強大的力量，足以在生活中創造出正面的狀態。我們的生理層面也會對此產生反應，運作得更平衡與健康。我們與他人的互動，包含隱性的種族偏見，也能得到改善。甚至於，隨著我們對自己的內在經驗浮現更多善意，我們與個人內在自我的連結，也會因此增長。

克莉絲汀．娜芙在針對自我慈悲所進行的研究中，納入了正念、善待自己、理解我們是一個更廣大的人類整體的一部分這些概念。如同前面曾經討論過的，用「內在慈悲」一詞來取代「自我慈悲」，也許有助於減少過度專注於自身與他人之間的對比，而更深刻地透過「內在慈悲」這樣的用詞，去認可我們是誰、自我是誰的深處，以及心智所浮現之處（既從內在，也從關係之中），所存在的那份交互相連的本質。

內在慈悲是構成善良意圖的一個重要部分。假如我踢到腳趾，我可以覺察到疼痛，然後痛罵自己怎麼這麼不小心。在這樣的情況下，我並沒有對自己展現自我慈悲。另一種情況是，我可以覺察到疼痛，但是以像是對待我最好的朋友的方式，來對待我自己。我會溫柔。會仁慈。會關心。與其抗拒疼痛製造受苦，我會選擇擁抱它，單純地將它視為生活中不受歡迎但無可避免的碰撞所產生的感官感覺。我也會去明白，一不留神踢到腳趾，是每個人都會發生的情況。這種事就是偶爾會發生。

善良這個品質，散發著細心關懷與照顧他人的氛圍。如我們所知，有時候我們對善良的定義，是不求回報地與他人互動。我個人所喜歡的對善良的概念，是敬重和支持彼此的脆弱，承認我們對他人的需求以及人性的弱點。每個人的內在都潛藏著某些傷口，或是一被踩到就會心碎的痛點。對我們自己和他人善良，意味著關心照料彼此最脆弱的存在方式。

我們可以採取善良的行動，也可以設立善良的意圖，為這樣的行動創造相應的心理狀態。慈悲心也是同樣的道理，我們可以為慈悲的行動設立慈悲的意圖和心智狀態。前面曾經提過，**同理關懷**是通往慈悲心的門戶，幫助我們準備好去感受他人的受苦，然後思索如何有效地幫助他們減輕受苦，恢復心情。**善良**、**慈悲**和**共情**，這三個詞反映出，我們是如何彼此深刻地相互連結在一起。當我們專注在同理愉悅、專注在分享他人的成就和幸福所帶來的欣喜時，便能夠看出共情、善良和慈悲心所各自具備的元素，那些元素都是獨特的，也都至關重要。

當我們以這三項目標——善良、慈悲和共情——在心中立下意圖時，我們事實上在創造的，是整合的心態。怎麼說？因為擁有這三種整合性的意圖狀態，我們便能尊重甚至享受差異，同時與他人之間創造有意義的連結。善良讓我們保持開放與關愛；共情讓我們深度地感受、分享和理解；慈悲則幫助心智做好準備，去以感受、思想和行動，連結和扶助周遭世界的受苦。善良、共情和慈悲，是整合心智的三大基本要素。

心理學家芭芭拉·佛列德里克森（Barbara Fredrickson）曾經在她的著作中，將愛形容為「正向性共鳴」（positivity resonance）。在愛中，我們以這樣的方式彼此連結，同時增強喜悅、尊敬、連結等正面情感。在我們一起撰寫的書裡也曾經探討過，愛也許是一種整合增加的狀態——不只在我們彼此分享正面狀態時，也在我們與受苦的他人連結時。當我們加入其他人，甚至是在他們受苦的時候也選擇加入他們，那麼，原本各自分別的個體，便融合為一個更廣大整體的一部分。承擔見證他人的痛苦，這樣的見證，是一種整合狀態增加的形式，對受苦者和見證者而言都是。愛將我們連繫起來，也擴大了我們真正是誰的定義。

愛是我們生命中最根本的面向。過去，科學家們很少針對愛這個主題進行論述，因此，當我需要直接談論這方面的話題時，很自然而然地會感受到那種職業性的尷尬。不過，由於我出身的訓練是依附研究，所以我知道，我們生命健康的程度取決於關係之中的愛。又同時，身為一個熟悉大腦的科學家，我也知道，關係之中的愛最能夠支持大腦的整合，使大腦內分散各處的區域串連起來，以平衡和協調的方式運作。當我們愛著某人時，我們是在一個整合性的關係中進行著區隔與串連。愛是人際間的整合，它刺激大腦內的神經元增加整合，兩者再互相增強，兩者都會為我們的生命創造幸福健康。

專注在我們的相互連結性、敬重我們的脆弱、尊重我們是有所區隔又同時串連在一起的深刻事實、擁抱我們實際上需要彼此的現實，假如我們把上述這些截至目前為止所探討過、關於覺察之輪的幾個要點放在一起來看的話，我們確實能夠以科學的角度去同意，共情、慈悲和善良，絕對是一個充滿愛的心智狀態的根基。鍛鍊善良的意圖，能創造出整合的狀態，隨著持續練習，又能在生活中進一步強化愛的特質。整合的狀態會化為健康的特質。善良和慈悲心，是能夠具體看見的整合狀態；愛是健康生命的特質。

深化覺察之輪

願不願意試試看，在接下來的幾天裡，練習這個包含了善意祝禱文的覺察之輪？在我們納入這個培養善良、共情和慈悲心的方法，擴大輪框第四區關係知覺的練習後，覺察之輪將會變成一個更強而有力的練習，持續幫助我們建立起這些正面的內在狀態。

也許你會發現，隨著練習日漸進展，你對於人際關係的內在體驗有可能會換上一股新的色調。舉例來說，在寫下這一章的前幾天，我沿著一條濱海高速公路，開車經過一個小鎮。那天雨下得很大，高速公路上幾乎沒有車。即將接近小鎮時，我發現速限突然改變了，正當我要放慢車速時，一輛警車出現在我的後照鏡視野中。警車上的警示燈亮起紅色藍色的光束，要求我停在路邊，準備開超速罰單給我。我知道無論怎麼辯解警察都不會改變心意，所以我坐在駕駛座上，等待他走近我的車門邊。當我注視著他的雙眼，向他遞出我的證件時，我的內在有一股清澈、平靜的感受。我體會到，也許他還有某些開罰單的配額需要達成。我也意識到那是一個陷阱——在看到速限標誌的當下，如果不猛踩煞車，是沒辦法及時減速的。而那個警察就在那裡守株待兔，等著他的下一個受害者。

當我一邊對事件的發展感到挫折，想著自己得付罰單，還得去上交通講習課程的事時，另一方面，我又深深地感覺到自己對這名警察的關心。我想像著這個小鎮也許需要這筆來自我口袋的資金，我感受到他對我的尊重，也感知到辯解不會為這個經驗增加任何正面的元素。原本以為會對自己發脾氣、會對警察發脾氣的我，很驚喜地發現，我幾乎可以換位思考，對他的狀態感同身受。我眺望著海面，感覺到這筆罰單與整個地球正在面臨的重大議題相比，只是微不足道的一筆小數目罷了。我對警察微笑，而且在接過罰單時感謝他。他困惑地看著我，我卻感覺到內在有一股善意和愛泉湧而出。也許在我將這樣的善意傳遞給他之後，他也會善待下一個人。誰知道呢？在他開走之後，我感覺到自己的內心在這個經驗裡是強壯的。如果有某些不公義的情況需要被糾正、某些值得付出時間和精力去努力的事，那麼我認為這種平靜和清晰的內在狀態，比起一個被焦慮、恐懼和惱怒充滿的內在狀態，會是一個更佳的起點。那個早晨，我一如平常地做過了覺察之輪的練習，我能感覺得到它為我創造和維繫了這種人我相互連結、彼此關懷的感受。

一路沿著海岸線馳騁，是一件很美妙的事，而此刻，當我一面遠眺著太平洋洶湧的海浪，一面寫下這些隻字片語時，我深深地感到善良的意圖、共情與慈悲心，是一條理順我們生命的道路。我們從這種更廣闊的視野中獲得韌性，能夠看著能量與資訊流的浪濤撲向我們、經過我們，同時明白我們不僅只是這一道道浪花而已。或許，我們更像是海洋本身，而那些波浪起伏只不過是海洋熱情的表達，分分秒秒，前仆後繼。

這片更大的海洋、「我我們」究竟是什麼？

最初，當我開始與我的案主們一起探索覺察之輪，在進行到輪框第三區練習時，案主們體驗到，兩個心理活動之間的空隙，提供了一種窺看現實本質的全新視野，占滿了他們對生命的感受。兩個思想之間那一道空白、在感受或記憶之間的精神休止符，感覺就像是體會到了覺察本身。

出於他們的練習經驗所帶來的啟發，再加上我本身與案主，都對兩個心理活動之間的空白究竟是什麼感到好奇，我選擇再增加一個步驟，好讓覺察之輪變得更完整。讓我們在下一個章節中一探究竟吧。

開放的覺察

探索輪心

覺察之輪幫助我們將輪框上的思想、情感、感官感覺、觀點等等所知，跟輪心中的知曉區分開來。當我們切身體會到這種區分之後，便能進一步去體驗知曉本身。這一節的內容中，我們會特別去探索輪心，專注在與所知有所區隔的知曉上。換句話說，我們將要探索的是，覺察實際上是什麼。

當我們將注意力轉向輪心，我們同時也會更深地去追究某些關於心智本質的疑問，或許能藉此更完整地理解到，該如何整合和強化心智，以創造一個更健康幸福的生命。

那麼，我們該如何直接探索知曉本身呢？當警探質問知名的銀行搶匪威利（Willie）為什麼要搶銀行時，他的回覆是：「因為錢就在那裡。」同樣的道理，如果我們想探索意識中的知曉，何不直接探索輪心本身呢？每當我和案主或工作坊學員們一起進行到將注意力轉向輪心的這個部分時，通常我會邀請他們，將注意力的輻條一百八十度轉彎，指向輪心。

覺察之輪

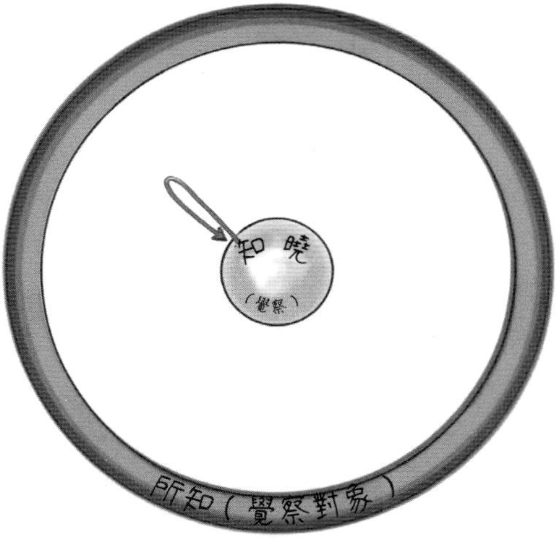

有些人覺得對折輻條感覺很古怪，所以他們主動提議，他們可以把輻條縮回輪心。對另外一些人來說，直接探索輪心最好的方式，就是乾脆不要發射任何輻條出去，單純把注意力停留在輪心之中就好。對折也好、收縮也好、待著不動也好——這些都是能夠直接體驗輪心本身的方法。有些人會感覺到透過對折或縮回的輻條專注在覺察上，與純粹停駐在覺察裡、不發射任何輻條這之間仍然有所差異。但無論你用什麼樣的方法來概念化和運用覺察之輪這個譬喻，這個練習的目的都是一樣的：與意識中的知曉直接接觸——覺察到覺察本身。

起初，我將這個探索輪心的步驟安排在整個覺察之輪練習的結尾，放

覺察之輪

覺察之輪

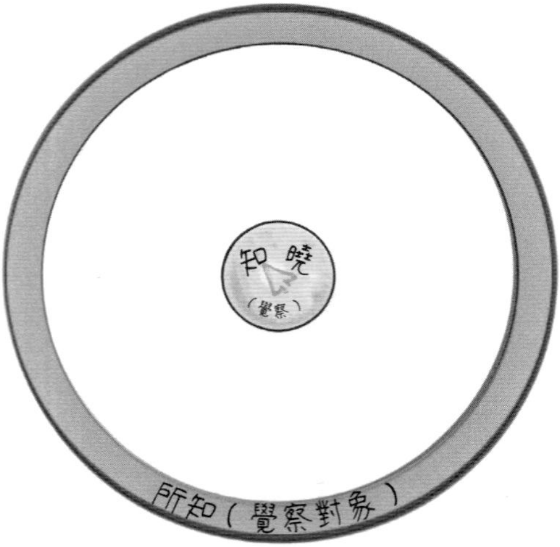

覺察之輪

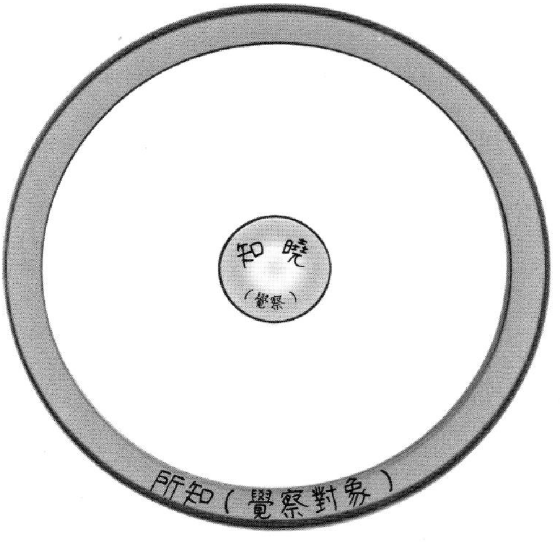

在善意祝禱文後面。當時的構想是，既然覺察涵納一切，那麼為何不用一個進入知曉當中的深度探索作結尾呢？可惜這個安排的效果不盡如人意，因為，對參加短期工作坊的學員而言，這樣的結尾會讓他們感覺自己漂浮在半空中，而且他們不想離開這種浩瀚無邊的狀態。於是，我把探索輪心這個步驟往前移，安排在專注心理活動的第七感練習步驟之後、輪框第三區和第四區之間。把這一步驟安排在這個位置的感覺很自然，練習者的反應也很好。你可以像這樣在輪框第三區和第四區之間加入這個新步驟，但是，也可以隨時依據自己的需求彈性調整練習順序。

5（這個步驟通常在完成輪框第三區、專注心理活動的練習之後，與進入輪框第四區、專注關係連結和善意祝禱文的練習之前進行。）

深呼吸。新的步驟如下：在我們將注意力的輻條移動到與關係知覺有關的輪框第四區之前，我們會先對輪心本身進行探索。有些人喜歡想像注意力的輻條一百八十度轉彎，對準輪心本身，另外一些人則喜歡將輻條發射出去一些，然後再向內縮回輪心。還有一些人則偏好不出動輻條，讓它留在輪心裡面，或是甚至根本沒有輻條，純粹地停駐在覺察之輪輪心的知曉當中。無論哪個方法對你而言最有效，目的是一樣的：敞開覺察之輪的輪心，去體驗對覺察本身的覺察。現在，讓我們進入這個練習。（通常我會花兩到三分鐘去感受這個體驗。時間到了之後，再跟隨下面的指示。）現在，邀請你，再一次將注意力帶回呼吸上，乘著呼吸的波浪起伏，吸氣－吐氣……現在，再做一次更深長的呼吸，接著重新伸直注意力的輻條，將它移向輪框的第四區，也是最後一區，與連結有關的關係知覺。

回顧知曉

這個輪心中的輪心，帶給你的體驗如何？很多我的案主和工作坊學員都覺得它感覺很怪，至少一開始的時候是這樣。你也感到困惑或迷失方向嗎？對某些人來說，他們只感覺到迷惘、放空，不知道該做什麼才好。無須對此感到擔憂。這個將覺察停駐在覺察之中、覺察到自己在覺察的步驟，就許多層面來看，都是屬於較高階的練習。我曾經將這個方法教給一個靜心中心的經營者，事後他告訴我，在他帶領靜心冥想的四十年職涯中，這是他所練習過的最高深的境界。

然而，在親自教授超過三萬人，並且系統性地記錄了大約一萬名小型工作坊或研討會參加者的反應之後，有個清楚浮現的現象是，儘管每個人都有自己獨特的反應，但是在這所有人的經驗描述中，同時也呈現出驚人的一致性。無論他們具有什麼樣的教育背景、有多少冥想經驗（資深的冥想者或是完全零經驗的新手）、宗教信仰、年齡、性別、國籍，或是任何其他人口統計特徵，人們的反應既獨特，卻又十分相似。

無論你體驗到了什麼，那就是你的體驗。當我回顧這一萬名練習者的紀錄時，可以清楚看見，其中存在著某種普世共通的經驗。有了這樣的發現，我們便能將幾個相關的科學觀點組合起來，幫助大家理解到，覺察之輪也許能夠為我們呈現心智所具有的本質，而這將是本書第二部中，我們會一起探訪的旅程。

環繞覺察之輪的能量

經過輪框第一區的練習，也許你的五官感受已經增強，你的聽覺更敏銳、視線更生動、對氣味變得更敏感、味覺變得更強烈，觸碰的時候，觸覺也更細緻了。會產生這種現象的原因可能是，當我們用焦點化注意力將來自五官的能量流與其他能量流區隔開來時，讓我們有限的認知空間變得更清晰了。一次專注一種感官，發揮了「少即是多」的效用——更鮮明、更深入、更細緻。這是一項美妙的技巧，你可以運用它去區隔感官輸入的訊號，藉此在這個感官訊息豐富的世界中，增強你在生活中所感受到的體驗。

下一次你用餐時，試著一次專注一種感官，好好地品嘗、聞嗅、觸碰與觀賞你的餐點。我甚至試過去聆聽我的食物！我從來都不明白，為什麼當我們和親朋好友聚餐時，總是光顧著聊天，卻不一起好好地沉浸在進食時的感官流動中呢？就算是幾分鐘也好。不過就另一方面來看，一起在用餐時段以令人安心又具有支持性的方式相聚，感受社交性的連結，這件事情本身就是一種相互連結的感官體驗，而這也為「體驗內在心智和感官感覺的機會」和「體驗關係心智與關係性連結的機會」這兩者之間創造了平衡。具整合性的途徑會促使我們找到方法，以一種既尊重又強化彼此本質的重要性和差異性的方式，讓內在的體驗與關係性的體驗自然地結合在一起，產生綜效。當我們用感官去感受食物時，我們處於管道模式（conduit mode）；當我們用語言交談時，我們處於建構模式（construction mode）。如果我們能找到一種方式，同時榮耀管道與建構這種兩種經驗模式，那也會是一種幫助我們在用餐時變得更整合的方式。不妨找個機會，在和親友聚餐的時候，去區分透過管道模式流入的感官感覺，和透過建構模式接收到的社交訊息，並且將這兩者串連在一起，看看會給你帶來什麼樣的體會。

在輪框第二區，練習對身體內部的感受敞開時，人們的反應林林總總，從困惑和麻木，到強烈而豐富的內在連結感，各異其趣。假如練習者身上有殘餘自過去的痛苦經驗，那麼身體的某些部位可能會變得充滿情緒、回憶或某種感官反應，例如懼怕、恐慌、悲傷，甚至是疼痛，或者與過去相關的痛苦畫面。在完整版的覺察之輪中，「對一切正在發生的事物敞開」這個練習步驟，能夠為你帶來力量，去與當下所是共處，探索身體的感受，而在這些感受之中，也許隱藏著一份邀請，引領你去更深入地照見，它們對你的過去與當下生命經驗的意義。

覺察之輪能夠強化我們從呼吸覺察練習中所學習到的體悟，打造出由開放、觀察、客觀組成的第七感三腳架（見頁五四插圖）。允許事物自然地以所是的樣貌升起，即是**開放**。讓內在擁有**觀察**的空間，不只是感受，則賦予我們自由，不至於迷失在思緒或記憶裡，甚至能夠運用這種觀察性的姿態，去主動導引注意力的方向。前面曾經探討過，觀察與感受不同；兩者都是好的，但不是同一回事。覺察到無論任何事物升起，都只是注意力之中暫時的觀察對象——它既不是我們全部的認同，也不必然是真正的現實；它只是一個心理過程，是心智的某個對象，上述這樣的認知，則是**客觀性**所賦予我們的能力。由此，開放、觀察和客觀這三大特質，便穩固了心智裡裡外外、獲取各種不同類型經驗的能力。

進入輪框第三區的練習時，奇怪和驚訝是我們常常從參與研究的練習者身上收到的反應。當練習者試著邀請任何事物進入用以感知心理活動的第七感之中時，常見的情況是，什麼也沒有浮現。這種清澈的感受，對他們而言不僅新奇，常常也有令人平靜的效果。雖然前面曾經說過，鍛鍊心智的練習與放鬆練習並不相同，然而當我們進入這種安穩、清明的心智狀態，處在這種沒有心理活動升起、遼闊的覺察之中時，確實能夠創造出平靜的感受。

「不知道從哪裡冒出來的。」我們經常聽見練習者們用這句話來形容他們的心理活動。最近，我在某個僻靜營中，詢問一個具有科學背景的冥想老師，心智是什麼？他回答我：「心智是經驗。」我接著問，那經驗是什麼？他說：「經驗就是經驗。」我試著打破砂鍋問到底，繼續追問，那經驗感覺起來是什麼樣的？這是他給我的回答：「心智是經驗的泡泡，它冒出來，然後消失。」

對很多人來說，探索心理活動如何來去的動態，是一件頗具挑戰性的事。或許你也有同樣的感受。直到練習者們能清楚地描述出自己的體驗時，我們常常聽見的反應是，他們發現，每一個心理活動——每一個思緒、感覺、記憶或信念——都同樣具有短暫和不穩定的特質，而他們驚訝自己以前竟然沒有察覺到過。沒有什麼是抓得住的。一切都來來去去，往往與前面發生的事或接下來發生的事沒有什麼明確的聯繫。就像是碳酸飲料的氣泡，不斷往上冒，直到浮現在覺察的表面，破裂消逝。

接著是把注意力的輻條一百八十度反折對準輪心，這個輪心中的輪心的步驟。無論是反折、回縮，或是不伸出輻條，結果都很相似。覺察到覺察本身，這個經驗對一些人來說很新奇。另一些人則感到困惑、難以堅持在這個狀態裡。有些人甚至覺得很古怪。

在某一次的工作坊裡，某個學員表示，這個去覺察覺察本身的練習「很怪」。我詢問他的「怪」是什麼樣的感受，他說：「嗯，就是很詭異。」我接著問，「詭異」是什麼樣的感受，他回我：「就是很奇怪啦。」當下的我感覺到自己需要說點什麼，便回應他：「我們的話語只是語言符號，通常難以精準地捕捉到我們真正的體驗或想要傳達的意思。有些時候，那些話語反映出我們內在的比較，我們把過去的經驗、對當下的期待，和當下實際所發生的拿來互相比較。如果你放下這些比較，也放下

奇怪、**詭異**、**陌生**這些語言符號，讓自己安靜片刻，和你的體驗待在一起，看看是否能感受到，覺察到覺察本身這件事，在你的內在帶來什麼樣的感受。」他安靜了下來，教室裡的學員們都等待著他的反應。不久，他臉上浮現一抹燦爛的微笑，告訴我：「我感覺到令人難以置信的平靜。很清晰、很空，卻也很滿。感覺很神奇。」

他不是唯一一個有這種感覺的人。同一個工作坊的其他學員也說出了類似的感受，而我在世界各地的工作坊也收到過無數相似的反應。下面是一些當人們在描述他們覺察到覺察本身時，曾經用過的詞彙：「像天空一樣遼闊」、「和大海一樣深」、「全然地平靜」、「喜悅」、「寧靜」、「安全」、「與世界相連」、「神」、「愛」、「安住在宇宙之中」、「永恆」、「寬廣」、「無限」。

這是什麼情況？就算不是每個人都這麼說過，但為什麼世界各地彼此背景差異那麼大的人們，都說出了類似的感受？更明確一點地說，有些學員覺得這個練習步驟很困難，沒有提供任何回饋；或是說自己練習的時候走神了；或是覺得困惑，只能專注在呼吸上。然而，在我主持的每一個工作坊上，還有許多其他的學員，無論他們是冥想的新手或老手，都提出了那些共通的描述。最近，我在一個大會場上同時帶領三千名觀眾練習覺察之輪，後來，當我詢問有沒有人體驗到擴展或是失去時間感時，好幾百名觀眾舉手了。隨著我旅行各地、四處教學的幾個學生說：「沒人會相信到處都有人說出同樣的話。」幸好，我在系統性的萬人研究中錄下了每個參與者的反應，所以我們有確實的資料佐證。隨著越來越多人加入練習，同樣的回饋一再出現。甚至有一名學員，在工作坊分享經驗的部分結束之後，遞了一張紙條給我，上面寫道：「我體驗到令人驚奇的遼闊與平靜，和一種完整感。這樣的感受我從來不曾體會過。」她說她不方便在大家面前分享，因為擔心其他人會認為她在吹噓。還有一名學員甚至說道，他感受到好多的愛，但是他不能把他的經驗分享出來，因為他害怕一起來參加研討會的同事會覺得他軟弱。這些人的經驗都是獨特的，同時間，它們也具備著共通的品質，有愛、喜悅、敞開、永恆的擴展等等。我知道自己的情況是，每當我進行例行的覺察之輪練習時，輪心中的輪心這個步驟的體驗總會有些微妙的不同。有時候我甚至感受不到輪心，卡在輪框上，思索著我希望會發生的事。或是陷入過去練習這個步驟時的回憶，期待同樣的情況會再發生一次。不過每次我指望事情朝某個方向發展時，它通常不會那樣發生。重複同樣的練習步驟，其中一部分的挑戰在於，我們需要放掉先前的體驗，順隨當下的流動——讓自己安住在覺察的輪心之中。

這一切到底意味著什麼？為了更完整地回答這個問題，我們會在本書的第二部中，針對覺察之輪本身，以及覺察究竟涉及些什麼，提出更多基本的問題，同時也會深入探討心智的機制，這將會幫助我們進一步了解如何應用覺察之輪的概念與實踐。這些經驗性的探索為我們打開了一扇窗口，幫助我們一窺心智的本質，也更加清楚如何在生活中深入地運用覺察之輪。我們將在這裡為本書的第一部畫下句點。結束之前，讓我們再練習一次覺察之輪，這一次是為了鞏固你的練習，請按照你自己呼吸的步調進行。

覺察之輪濃縮版

為了將覺察之輪的概念和實踐整合進你的生活，好好地回顧和反思這些概念和相關的親身經驗是很有幫助的。有時，我們似乎忙到抽不出時間練習，然而若是利用餘暇時間，或是跟著我的錄音檔練習，通常用不到半個小時就能完成。如果你時間真的很有限，那麼找到一些空間讓自己只是專注在呼吸上，也是一個不錯的方法，至少確保你做到了某些基本的專注練習，而且這樣的練習甚至在賣場排隊的時候也能進行。另外一個確保每天都能多少練習一點的方法是，在一天之中，若是有任何五分鐘左右的空檔，就做做輪框的練習。有很多方法可以讓練習持續下去——你甚至可以把二十分鐘的完整版練習切成四個五分鐘，分開來練習，這與一口氣完成二十分鐘的練習同樣有益，儘管我們還沒有針對這種做法進行過確切的研究。做一點點好過什麼也沒做、規律地做好過隨機地做。你也許會發現，每天規律地進行練習，有助於你將這個整合心智、促進健康的心智鍛鍊方法，化為你生活常規的一部分。

完整版的覺察之輪具備特定的節奏和完整性，很多人都想維持這個練習，但也會想找到一些方法，用更短的時間，走完整個覺察之輪。所以我先從自己開始，接著邀請其他人，嘗試下面這個練習方式。我把這個版本簡稱為「濃縮輪」，它以不同的行進節奏，幫助你將覺察之輪的完整概念和應用，整合成一個整體，融入你的生活之中。在我的網站上，這個版本的錄音檔長度只有七分鐘！

它的基本概念是這樣的：藉由每一次注意力的輻條移動，我們運用焦點化注意力的技巧讓輻條聚焦，汲取輪框上的元素，然後重新導向注意力，移動輻條。在輪框第一區，汲取前五種感官——聽覺、視覺、嗅覺、味覺和觸覺——的訊息時，我們運用吸氣和吐氣來掌控練習的節奏。那麼很自然地，輻條移動的韻律會與你的呼吸速率相協調，因此雖然我們在網站上提供了這個版本的練習錄音檔，但是按照你自己呼吸的速度來進行，而不是讓我的聲音或呼吸速度來決定你注意力轉換的時機，效果也許會更好。如此一來，你會需要把每個練習步驟默記在你的心中。前面的章節中提供了簡易的大綱（見頁九三），方便你參考。這裡的練習關鍵是，吸氣的時候移動輻條，趁吸氣和吐氣時專注在輪框上的焦點，在下一次吸氣時，移動輻條，改變焦點。

進行輪框第二區的練習時，可以加入一個額外的練習元素，想像呼吸從你專注的身體部位吸入或呼出。不妨兩種方式都嘗試看看，確認哪一種對你更有效果。舉例來說，假如我們從專注在臉部的肌肉和骨骼開始，吸氣的時候，你可以想像空氣是從臉部吸進來，或是相反；吐氣的時候，想像空氣是從臉部吐出去。接著想像空氣從頭頂吸入，或是空氣從頭頂呼出。就我個人而言，吸氣的時候轉換焦點到下一個身體部位，接著在下一次吸氣前，從那個部位將空氣呼出去，感覺比較順手。你也可以在吐氣的時候轉換焦點，或任何你覺得最適合的時間點。又如果當你練習到某個身體部位時，感覺到那裡需要花更多一點時間關注，便多停留一會兒。視你時間允許的程度，為自己花上足夠的時間。

輪框第三區，鍛鍊開放的覺察，我發現觀照心理活動時多用上幾次呼吸的循環效果很好。至於折彎或縮回輻條、輪心中的輪心的部分，我則允許自己持續地呼吸，直到感覺足夠為止。有時我在輪心的輪心這個步驟，會完全忘了自己做了多久，所以，如果我還有下個行程要進行的話，事先設定好鬧鐘可以避免我在接下來的約會中遲到。通常我會在完全結束的鈴聲響起之前三分鐘，另外設一個間隔提醒，如此一來我便可以從容地進入輪框第四區的練習，而不至於匆促草率地結尾。

輪框第四區，從專注最靠近的人、一直轉移到一切眾生，這期間很自然地可以再次使用呼吸的循環來當作轉移焦點的節拍器。到了善意祝禱文的步驟時，你可以嘗試各種方法，找到讓自己呼吸與祝禱文相配合的韻律。有一個我覺得很舒心的方法，是吸氣的時候默念前半句，吐氣的時候再默念下半句的細節。接著我會在吐氣的結尾時默念基礎句型，例如「願一切眾生快樂」。節奏安排大約會像這樣：

（吸氣）：願「我我們」活得快樂
（吐氣）：活得有意義、連結和平靜
（吸氣）：擁有一顆充滿歡笑、感激與喜悅的心。
（吐氣）：願「我我們」快樂。

利用這種方式，你可以多方嘗試不同的呼吸和斷句組合，找到最能夠將你的節奏和祝禱文融合在一起的練習方式。

將呼吸融入濃縮版的覺察之輪當中，是一個很好的方式，讓你可以在短短幾分鐘內便完成完整的覺察之輪練習，並且將它與你自然的呼吸速率調和在一起。

給自己足夠的時間，好好地感受生命，深入覺察之輪去呼吸。直到我們進入接下來的章節，探討它在概念上和實踐上的更多意涵和應用之前，邀請你，持續讓自己沉浸在規律的練習中，讓覺察之輪帶來的整合，以它專屬於你的方式，化為你日常生活的一部分。在我們的旅程繼續前進之前，這種持續的練習能夠賦予你力量，去擴展你的體會，幫助你整合即將接收到的新概念，也讓你擁有更多機會，去進一步強化你的心智，讓生命變得更幸福、更健康。

[第二部]

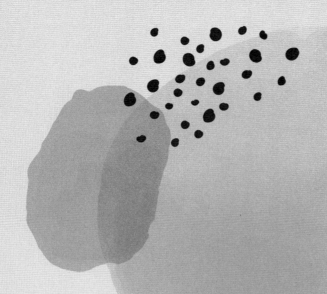

覺察之輪與心智的機制

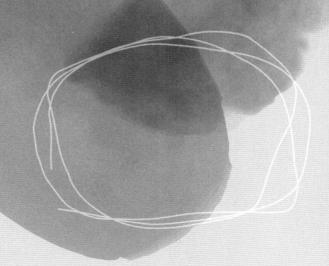

心智，以及身體的能量流

一旦實地練習過覺察之輪，便能取得有關輪框、輻條、輪心的主觀經驗。輪子這個譬喻，以圖像化的方式，幫助我們區分知曉與所知，並且運用注意力將兩者串連起來。在本書第二部的旅程中，我們將以你沉浸在覺察之輪中的親身體驗為基石，更全面地去探索心智的潛在機制，而這些機制，正是你的經驗的核心要素。

在第二部中，我們將會探討這些機制的關鍵——從身體的觀點、大腦的觀點，以及其他關於心智與能量流之間的連結的概念——以便對覺察之輪有更深、更透澈的了解。為什麼我們需要為覺察之輪這個譬喻建構一個潛在的機制框架？倘若我們能更扎實地理解覺察之輪實際的開展過程，我們將能夠更有效地在日常生活中，駕馭覺察的力量。路易．巴斯德（Louis Pasteur）曾經說過：「機會是留給準備好的人。」一有了對覺察之輪的實際經驗後，再加上對它背後潛在機制的了解，將使你的心智準備好，隨時迎接生命為你捎來的機會。

在輪框的第一區，我們將注意力集中在以聲音、光線、化學互動所產生的嗅覺和味覺，以及動壓（kinetic pressure）產生的觸覺這數種形式，流入身體的能量流。我們天生就具有偵測環境中這幾種能量流的接受器，我們的五官就是把這幾種能量形式帶進身體的方法。這些能量輸入可以在我們無意識的情況下對身體造成影響，也可以被有意識地感知，成為覺察之中的主觀體驗。身體的接受器在接收到能量衝擊後，會將能量傳導至身體內部，這些能量進而影響神經元的活動方式與生理變化，使我們能夠接收、感知外在世界（身體之外的世界），並與其互動。

在許多科學家眼中，這些身體狀態是如何被感知成為有意識的主觀經驗，這背後確切的機制仍是一個難解的謎團。誠如許多科學家所主張的，生理過程對於心智的覺察而言不可或缺，然而，它究竟是如何發生的——如何從粒子與能量流，轉變成主觀意識中的經驗——至今答案依然眾說紛紜。我們對這一步轉折揣滿了疑問，而針對這個從物質到心智的過程，人們提出了各種可能的假設，學術界形形色色的理論相互爭論不休，但到頭來，我們還是不知道，人的「覺察」是怎麼來的。

兩千五百年前，希波克拉底宣稱，大腦，是心智獨一無二的來源，我們的喜悅與哀傷完全是大腦的產物。然而這個至今仍廣為接受的傳統醫學觀點，也許並不是全部的真相。雖然在神經科學界，讓話題超出大腦的範圍、談論到全身，並不是件常見的事，不過讓我們來看看身兼醫師的神經科學家安東尼歐・達馬吉歐（Antonio Damasio）如何就此發表他的看法。以下這段話節錄自他在倫敦對一千兩百名專業人士發表的一場演說，演說的內容擷取了他的著作《事物的奇怪順序》（*The Strange Order of Things: Life, Feeling, and the Making of Cultures*）中幾個重要的論點：

地球上大多數的生命體並不具備神經系統。在生物的演化史中，神經系統是較晚才發展出來的。神經系統一旦出現之後，它終究製造出了一種表象，那種表象表現出心智的各種功能，我們的整個文化則奠基於那些功能之上。然而，一直到那個時間點出現之前，生命一直在沒有神經系統的情況下維持著良好的運作。

這裡，達馬吉歐提醒我們去正視這一點：早在大腦出現之前，身體就已經存在了。

另外一件有趣的事情是，大多數時候，當人們想到心智時，他們只會想到大腦……他們以為，心智是從大腦來的，彷彿大腦是心智**唯一**的來源。事實並非如此。心智是神經系統與身體聯手製造出來的。

一位在神經科學領域成就卓著的科學家，指出人們應該超越「心智是大腦的產物」這個常見的觀點，這對於主流神經科學界而言，可說是一個歷史性的一刻。達馬吉歐繼續說明，為什麼這個常見的觀點是錯誤的：「一個最基本的理由是，在大腦出現之前、在神經系統出現之前，身體就已經存在並且執行著極度複雜的功能，因此神經系統不過是身體為了協調它的複雜任務所衍生出的副產品。」

我們之前曾經提過，心智所具有的面向之一是，它具有複雜系統的自我組織這項突現性質。稍後，當我們探討心智這個面向背後的機制時，我們會順著達馬吉歐的「身體需要一個調節系統來管理它的複雜性」概念，並持續追蹤這個觀點。達馬吉歐接著說：

所以，和一般常見的觀點相反的是，當人們普遍把大腦視為崇高的器官，掌管一切還創造了心智時，我們應該反過來想想身體。是身體內部生物過程的複雜度不斷攀升，直到它複雜到了某個程度，不得不需要一個協調者來調節一切。而神經系統就是那個協調者。我們必須明白一件事：我們所擁有的，並不是一個被身體所服務的大腦。事實上正好相反。我們擁有的是一個被神經系統所服務的身體。一旦你看清神經系統是生命的僕役而非主人，事情才會開始顯得有點兒道理。

或許我們可以說，要想說得通心智背後的道理，意味著我們必須超越傳統的，認為心智只是頭顱內大腦活動的產物這個觀點。透過達馬吉歐的觀點，我們可以看出，我們的精神生命至少是完全具身化、體現在整個身體的。讓我們暫且先把焦點鎖定在以皮膚界定的身體裡，我們要問的是，究竟是什麼被調節了？這整個複雜系統究竟是為了什麼，到底？

讓我們以感覺（feelings）的性質作為說明的例子，因為感覺扮演著將心理的主觀經驗與身體的生理現象連結起來的角色。在進行覺察之輪輪框第二區的練習時，我們邀請你去覺察自己的身體狀態。這個輪框上的第六感活動，是一個圖像化的概念，用來表示身體的能量流——它呈現的是身體當下的狀態。而這些身體狀態是感覺的基礎。

接著，在輪框第三區，我們邀請你開放地覺察任何升起的事物，可能是情緒、思想、記憶、意圖、信念，或其他的心理活動。透過這個方法，你可以去探索，覺察和知曉這類的主觀經驗，是如何讓你得知自己的心理活動從升起、停駐到離開的整個過程。這一類更偏向建構性質的心理活動，有可能也是具身化的能量流模式，而它主要由大腦各個部位裡複雜的神經元放電所形塑。這表示，我們在輪框第二區所觀察到的是身體狀態，而輪框第三區的體驗則可能主要來自頭部的神經元放電。

然而，這些心理活動實際上究竟**是**什麼？那些來自身體的感官感覺又是什麼？輪框第二區和第三區上的這些元素，甚至是輪框第一區，我們從外在世界透過視覺、聽覺、嗅覺、味覺、觸覺所接收到的感官感覺，它們之間有沒有可能存在著某些共通點？那麼輪框第四區，我們與我們所棲息的身體之外的人事物的關係呢？它是不是也具備了這些共通的基本元素、某個潛藏在覺察之輪這個譬喻和體驗的背後，共通的機制？

換句話說，輪框上的那些焦點，究竟是由什麼組成的？這些心智的所知到底是什麼？

讓我們暫且回到達馬吉歐將感覺置於中心地位的觀點上。當我們練習覺察之輪時，可能會浮現各種各樣的感覺，而從輪心，你對這些感覺變得有所覺察。可是說到底，感覺究竟是什麼東西？

達馬吉歐認為，當一個情緒狀態以身體訊號為手段，進入意識之中，便是所謂的「感覺」。照這麼說，感覺是我們有意識的情緒經驗。好。那情緒又是什麼？這些身體狀態，是透過各種不同途徑被輸送進中樞神經系統的訊號，那些途徑包含了血液流動、周邊神經系統，以及腸道內的「腸神經系統」（enteric nervous system）。達馬吉歐指出：「事實上，腸神經系統是我們的第一個大腦……神經系統是從那裡開始出現的。」

然而，率先接收到這些身體狀態的部位，並非腸道大腦或心臟大腦（意指這些器官周圍相互連結的神經元組成的系統），而是我們在演化上最古老的部位、位於頭部大腦最深處的腦幹。腦幹中的神經元簇，稱為神經核（nuclei），達馬吉歐提到，這些神經核為中樞神經系統提供了「第一道可用的、身體狀態的完整有機體整合」。這一類的腦幹神經核甚至存在於昆蟲身上——這意味著，億萬年以來，感覺一直是生物體生活中的一部分。這麼說來，感覺本質上是某種身體狀態的表徵。

身為哺乳動物，我們在腦幹上方演化出了許多不同的區域，這使得神經元訊息的傳輸通道變得遠比昆蟲更加複雜。這不代表這樣的大腦就比較優越，只是有很多不同之處，包含複雜度。

一個具身化的心智，不僅只是頭部裡的大腦。以這個觀點為基礎，我們可以說，心智是由具身化的能量流所組成的。輪框一到三區上的元素，代表了各種不同形式的能量流——來自外在世界的、來自身體的，以及來自製造出心理活動的複雜神經訊號。至於第四區的關係連結，如同前面曾經探討過的，我們也許可以說它是一種能量流的共享形式或互動模式，呈現出我們身體性的內在自我，與他人的自我，和周遭世界之間的連結互動。

總而言之，我們可以將覺察之輪每一區上的焦點看作是圖像化的譬喻，用來代表不同屬性和位置的能量流——輪框第一區是來自外在世界、管道屬性的能量流；第二區是來自內在體感、管道屬性的能量流；第三區則是來自心理活動、神經元建構屬性的能量流；以及第四區，我們關係中的相互連結所產生的能量流，這種能量流則同時具備了管道與建構的屬性。這裡我們要提出的基本論點是，輪框上的所知，代表的是能量流的模式，而輻條則代表了如何藉由注意力來導引那股能量流。那麼，剩下來的問題便是，位於輪心的知曉是什麼？覺察的起源究竟是什麼？為了回答這個根本性的疑問，我們需要先去探索一些有關心智的基本概念，以及破解意識本質的研究策略。

用心智形塑大腦

記得我們在第一部裡提到的心智的四個面向嗎？主觀經驗、意識、資訊處理和自我組織。接下來，我們將會探討覺察之輪如何涉及到這四個面向——以及它們背後潛在的共同機制。而那個機制的核心關鍵，也許就是能量流。

你的心智具有感知與導引能量流的能力。所謂的主觀經驗，也許可以單純形容為感知到能量流的感覺——無論能量流來自外界或身體內部。

在物質身體的層面，你的心智導引能量流的方式，是透過離子的形式，在神經細胞的細胞膜間進出，釋放神經傳導物質，而這些神經元之間的流動會啟動DNA，促使蛋白質合成，使得舊有的突觸連結改變，或是發展出新的突觸連結，以此形塑神經迴路，讓訊號得以在相互連結的神經元之間傳遞，甚至刺激髓鞘生長，讓神經元彼此之間的交流以及具功能性的連結進一步得到增強。一旦髓鞘形成，神經元之間的動作電位——離子的流動——傳導速度將增快一百倍，而兩次放電間的不反應期長度則會縮短三十倍。一百乘以三十等於三千。因此，藉由集中注意力，這種你可以支配的**心智**能力，你可以製造出新的突觸連結，或是修改舊有的突觸連結，促使髓鞘生成，讓能量的流速增快三千倍，也以更協調的方式運作，因而有潛力產生更複雜的神經放電模式，形塑身體與大腦中的資訊地圖。

除了心智和其他經驗造成的神經模式啟動，能夠改變調控基因的化學成分之外，如果再加上表觀遺傳調節機制，包括組織蛋白和甲基這類能夠形塑基因表現和蛋白質生產方式的非DNA分子，你便看到了第三種心智改變大腦的途徑。表觀遺傳調節功能會改變大腦的生長方式，用以因應未來的經驗。

我們看到了這些驚人的事實：你的心智能夠影響神經元放電、形塑突觸生長、髓鞘的形成，還有表觀遺傳性的調整。這些得到科學文獻記載的現象都指出一件事：你的心智形塑了你的經驗（能量與資訊流），而你的經驗又會反過來改變大腦的功能和結構。心智是如何辦到的？透過**導引**能量和資訊流的走向。上吧，心智！加油！

這正是為什麼在「第七感研究中心」（Mindsight Institute）裡，我們會有像是「**用心智塑造你的大腦**」（*mind your brain*）和「**重新裝配你的大腦線路**」（*inspire to rewire*）這類的標語，意思是說，你可以運用你的心智去整合你的大腦，藉此重新調配你的生活，讓它變得更圓滿、更自由，充滿更多意義和幸福。這個概念的核心是，心智並不等於大腦——有時大腦會將心智的經驗拖往某個方向，我們便落入了自動導航模式；另一些時候我們卻可以運用心智去駕馭注意力的力量，透過覺察和意圖去導引能量和資訊流的走向，讓大腦活躍起來，去進行它平常也許不會從事的活動。這正是為什麼練習覺察之輪可以改變你的大腦。當你反覆練習覺察之輪「集中的注意力」、「開放的覺察」和「善良的意圖」這三大技巧時，便是在激發某種特定的神經元放電模式或大腦狀態（一種具整合性的狀態），而研究顯示，這能促使大腦產生整合性的成長，並且逐漸融入生活中，化為整合性的特質。

以這種方式，我們便能鼓舞彼此，以特定的方式重新裝配你的大腦線路。當我們真心想要呵護自己的幸福健康時，可以運用心智去形塑大腦，創造出更多神經整合，為大腦裝配出更健康的線路。

掌中大腦模型

為了更清楚地呈現覺察之輪如何幫助你培育出一個更整合的大腦，先認識一個隨手就能運用的大腦模型，將有助於你的理解。如果你張開手掌，將大拇指折向掌心，再將四隻手指往下折，覆蓋大拇指，你就得到了一個方便好用的大腦模型。我經常用這個簡便易得的方式，幫助人們視覺化地想像大腦這個複雜的器官，以及它是如何整合的。

掌中大腦模型

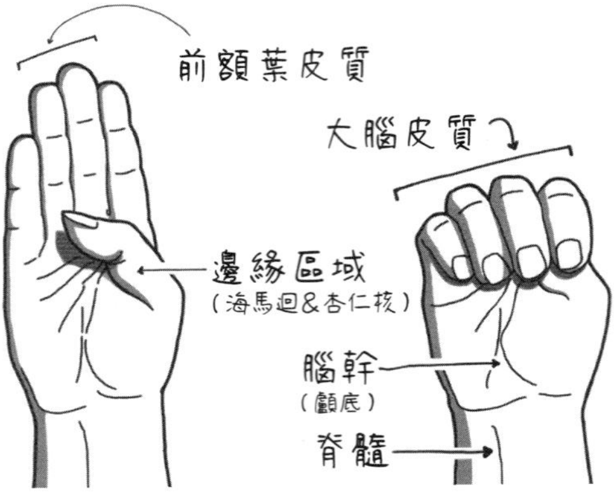

你可以想像臉部和眼睛的位置，就在你折彎的四根手指關節前方，你的手腕代表了脖子裡的脊髓。如果你將四根手指伸直，再張開你的大拇指，你會看見你的掌心，這裡代表了腦幹區域。這就是隱藏在頭部的大腦深處、深藏著來自祖先的歷史的部位，這裡，是整合性的神經元放電模式最早形成的區域，它象徵出，或者說再現了安東尼歐．達馬吉歐所指稱的「完整的有機體整合」。

下一步，我們用大拇指來代表傳統上稱之為邊緣區域的部位，然而事實上，這個區域是由數個不同部位組成的，並且也和整個大腦的其他部位有廣泛的相互連結。這個區域與它下方的腦幹和上方的皮質層相連。皮質層的範圍很廣，由你覆蓋在大拇指上方的四根手指所代表。雖然說這些腦部區域的界線劃分並不如它們各別的名稱所暗示的那麼明確，但是藉由你的掌中模型來約略掌握它們的空間分布，已經算是一個方便又隨手可得的方法。為了釐清心智的潛在機制，我們接下來會逐一探索大腦的這幾個區域。不過，讓我們先來看看其中一個區域：前**腦島皮質**（*insular cortex*），或簡稱腦島（insula）。腦島連結了身體、邊緣系統和皮質層，是一個將許多區域連結在一起的重要迴路，會隨著冥想練習而成長。

達馬吉歐曾經鑽研過這一個複雜的神經迴路，他發現：「腦島皮質為我們提供了（a）一張比腦幹所能提供的更清楚的感覺狀態映繪圖；（b）一張適合和其他與記憶、推理、語言（社會文化恆定狀態）有關的皮質區映繪圖相互結合的映繪圖。」

這裡我們看到，「身體本身發生了某件事」，與「該身體狀態被傳送至頭部的腦幹和腦島中」，這兩件事之間的聯繫。那個「某件事」被轉換成訊號的形式，接著在大腦中重新再現，這個過程科學家們通常稱之為「映繪」（map）。科學家認為，這種神經訊號表徵，或者說大腦映繪圖，是一種神經元放電模式，意思是指一組神經元以某種特定的模式被激發，用以表徵或映繪出一組神經資訊。神經激發是神經元放電時的能量模式。在這個例子中，當腦島被激發時，它映繪的是身體的狀態。然而它和腦幹映繪圖的不同之處在於，腦島會與大腦的其他部位進行連結，創造出加倍複雜的關聯圖，形塑我們的想像、自我覺察、語言以及平衡各種功能表現的社會文化行為。而這每一個歷程都有助於我們達成恆定狀態（homeostasis）——此乃維繫我們存活與興盛的方式。

根據達馬吉歐的說法，系統的調節取決於神經系統，以及神經系統如何製造出他所說的「行動計畫」（action programs），好讓生物體得以存續並實現物種的繁榮興盛——達成恆定狀態。這些計畫包含了能促成行動的神經元「指令」：「這些指令的產生，可以是來自於生物體**內部**的情況，也可以是出於**外在**世界的事件所導致……大腦的感測系統不間斷地偵測著生物體的內部狀態、它周遭的環境，以及想像性的過程。**行動計畫及其結果所造成的心理經驗，即所謂的感覺**。感覺是有意識，而且具有效價的……感覺很自然地傳達出了生物體內的生命狀態。」

身體的狀態即是生命的狀態。這支持了這個論點：我們的心智，是具身化地體現在整個身體的。身體不只是一個載著頭顱四處移動的運輸工具——它是一個重要的內在來源，蘊藏著我們真正是誰的精髓。因此，當我們探索掌中大腦模型時，別忘了，存在一個形塑我們是誰的更大範圍的身體自我，而這張掌中大腦地圖，只不過是它其中的一個面向而已。

達馬吉歐進一步表明：「心智的形成，特別是感覺的形成，是立基於神經系統與其生物體之間的**相互作用**上。**神經系統並非獨立產生心智，而是與自身生物體的其餘部位一同產生**。這背離了傳統上認為腦部是心智唯一根源的觀點。」＊這段話支持了我們認為心智是關係性的、同時也是具身化地體現在整個身體的基本論點。

我們最初是為什麼產生感覺？達馬吉歐的回覆是這樣的：「這正是癥結所在：一旦你有了感覺，便可以依據你的感覺指導你的日常生活、你的精神生活、你該採取什麼樣的行動……感覺系統是一種手段，讓你的身體、生理機能、你的恆定狀態藉此去影響你的行為。」

在達馬吉歐眼中，感覺在我們的行為組織方式中占有關鍵地位；它喚起（evoke）我們稱之為「情緒」（e-motions）的動作（motion）。他也提出，感覺是一種預測機制，我們需要我們的感覺以有組織的方式來指導我們的行為。我們出於過去經驗所產生的對未來的期待，都是根植於當下的感覺。感覺並非我們生命的附屬零件；它在我們身為一個完整的、具有肉身的存在體的生命當中，位居要角。

頭顱裡的大腦，這個身體部位，對於我們在形成任何第一時間的想法，與認為自己是誰的觀點時，扮演了格外重要的角色。腦幹接收身體訊號之後產生最初的映繪圖，接著邊緣區域加入，編織出情緒、動機、評估、記憶和執著等種種感受，最後上達到皮質層。新皮質（new cortex 或 neocortex），或新哺乳動物腦（neomammalian），是哺乳動物演化過程中發展出來的大腦部位。這個部位在靈長

* Antonio Damasio, *The Strange Order of Things* (New York: Pantheon, 2018), 28

類動物身上演化出更大的尺寸，到了人類出現時，大腦最前方的區域，也就是前額區，更是發展出了極端錯綜複雜的連結方式，與其他腦區相連。前額葉皮質成為了大腦中主要的整合樞紐，串連起皮質層、邊緣系統、腦幹、軀體，甚至是社會性的能量和資訊流。

那麼，我們是不是可以說，意識完全來自於皮質層？答案是否定的。關於意識與大腦的關係，達馬吉歐是這麼說的：「沒有特定的腦部區域或系統能滿足意識的所有需求、主觀性的視角和感覺部分，以及體驗的整合。試圖尋找意識所在的腦部區域一事並未成功，這一點也不讓人感到訝異。」在檢視大腦中對產生意識的特徵有所建樹的區域時，達馬吉歐進一步指出：「這些區域與系統整合成一個整體參與過程，依序進入和離開整合組裝線。這裡再次顯示，這些腦部區域並非獨立運作，而是與身體本身緊密合作。」* 由此看來，意識是體現在整個身體的。

很明顯地，我們在意識中體驗到的意象和想法，受惠於皮質區域所製造的神經表徵或映繪圖。這種進行映繪、推理和反思的皮質區域，讓我們具備了感受到他人心智的能力。而要擁有這種覺察得到心智的心智——也被稱為心智理論（theory of mind）、心智化（mentalization），或反思功能（reflective functioning）——需要動用到數個腦區的能力，包含前額葉皮質。當前額葉的中央部位與位於後方中央的後扣帶迴皮質（posterior cingulate cortex）串連在一起時，它們在系統中形成了兩個節點，這兩個節點連同皮質層的其他區域，就連我們在休息的時候都保持活躍。由於這樣的背景活動就像是我們預設的存在狀態，即使在沒有任務需要執行的情況下都會持續運作，因此科學家們將這一組大多數由位於中線附近、從前方到後方的腦區所串連成的網路，命名為**預設模式網路**（*default mode network*），簡稱DMN。

> 與經驗整合相關的過程需要類似敘事的意象排序，以及這些意象與主觀性處理過程的協調，這是由安置在大規模網路中的雙邊大腦半球的聯合皮質所達成，其中最著名的大規模網路就是預設模式網路。大規模網路藉由極長的雙向路徑，將不連續的腦部區域交互串連起來。†

現在就讓我們來看看，這個交互串連了許多腦區的DMN，和你的覺察之輪練習經驗之間有著什麼樣的關聯。

* Damasio, *The Strange Order of Things*, 154.
† Damasio, *The Strange Order of Things*, 155.

中線區域的預設模式網路

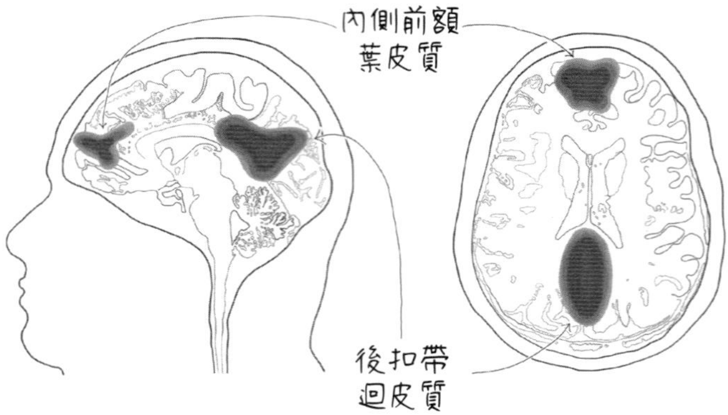

預設模式網路

大腦研究領域令人興奮的新發現，也引發了一些迷人的問題，像是關於我們是誰、我們是如何成為今天這個模樣的？覺察之輪這類鍛鍊心智的練習，又會如何形塑我們存活在這個世界上的自我觀感？當我們深入探索心智和大腦，與自我和意識相關的問題不免會跟著浮現——那些探問會幫助我們，將心力專注在找出覺察之輪背後的機制。

請看一眼你的掌中大腦模型，你代表大腦皮質的四指彎曲，包覆著你象徵邊緣系統的大拇指，安放在你象徵腦幹的掌心上方。額頭內部的前額葉，則是由你的第二節指關節延伸到指甲的部位來代表。從你前額葉的中央，順著中線往腦部中央的方向，一直延伸到腦的後方區域，沿著中線交互連結在一起的這個區域，便是預設模式網路（DMN）的節點。

用圖像的方式想像的話，預設模式網路的迴路是由大腦內一連串不同的區域，從前方貫穿中央，一直到後方，彼此交互相連所組成的。這些區域大多數集中在靠近中線的位置，為了討論方便，這裡我們會單就中線附近的區域來說明。

我們可以用這樣的角度，來看待預設模式網路在我們的生活中所扮演的角色。對大多數人而言，他們大腦中線附近的這些區域，是十分緊密地串連在一起的，而這個串連形成了一種高度分化的迴路，足以主宰大腦其他區域的活動。就像是學校裡的一個小幫派，不讓其他人加入他們的團體。這些串通一氣的腦區的基本氛圍就是如此，就像是他們的預設模式。學校裡關係緊密的小幫派會對班上其他孩子造成排擠現象，而大腦從中線前方到後方這些緊密連結的腦區，也會排除大腦其他區域或身體的參與。

這個中線網路其中的一個重要組成分子，叫做**後扣帶迴皮質**（*posterior cingulate cortex*），或簡稱PCC。就解剖學和功能的角度來看，PCC可說是DMN裡一個發揮協調功能的節點，就像是校園幫派裡的頭目角色。還有一個跟PCC緊密合作的區域，是位於中線前端的**腹內側前額葉皮質**（*ventral medial prefrontal cortex*），它扮演了另一個重要的角色，負責社會認知與心智理論——也就是思考自己內心與他人內心的功能（這項工作會與DMN其他不位於中線附近的腦區合作，這部分我們稍後再談）。當PCC和預設模式網路上的其他區域一起被激發時，我們傾向於產生的主觀經驗是，我們會想著關於自己的事，或是想著別人是怎麼看自己的。

聽起來很熟悉嗎？像不像那首名曲所唱的：「明天你還愛我嗎？」這正是來自DMN的低吟。當我們從心理層面試圖在社交網路中為自己找到一席之地，甚至是在定義出內在自我感的世界中搜尋自己的定位時，大腦中的這個區域扮演著至關重大的角色。

DMN幫助我們感知到自己內在的心靈世界，同時也能將注意力專注在他人的心理狀態。作為社會性的動物，要想存活和茁壯興盛，理解他人的注意力焦點所在、他人的覺察和意圖——也就是理解他人的心理狀態——是不可或缺的關鍵能力。如此說來，社會覺察力和自我覺察力也許是用同一種材料織就而成的。覺察到心智本身、覺察到自己和他人的主觀經驗，這每一條途徑都能幫助我們達成恆定狀態。

假如DMN變得孤立，那麼我們的內在也會產生一種孤立的自我感。在這樣的情況下，DMN並沒有和大腦其他區域以及身體整合在一起，這時，它專注於心理狀態的功能，可能會導致一種單獨的自我感，同時變得格外在意他人的心理狀態，以及他們的心中如何看待我們。好萊塢的電影中常常出現類似這樣的笑話：「我自己的事說得夠多了。現在換你了，你覺得我是一個怎麼樣的人？」這種自我關注其實是我們的社交大腦在思考如何融入群體時很自然會展現的一面，然而，有時候它會失去節制，定義出一個沉迷於個人狀態的自我，滿腦子只在乎這個「只關心自己的自己」在世界上的位置，充滿了以自己為中心的思考，而失去了更廣義的我是誰的定義，也較不關心人與人之間的相互連結。我們可以推斷，這種自我執迷狀態，有可能就是來自於DMN與其內部的迴路連結得過度緊密，卻沒有和大腦中更廣泛的神經系統以及身體連結成一個整體，甚至失去了與來自他人和廣大世界的能量流的連結。這就是為什麼我們會在前面說到，過度與其他區域區隔的DMN，就像是學校裡排擠其他同學的小幫派。相反地，一個更整合的DMN會納入共情和同理的過程，也會製造出更有彈性的自我覺察，並駕馭大腦的社交功能，來超越這種單一焦點、只關注自我的狀態。由於DMN的功能是與我們自己和他人的心智有關的，我這個對首字母縮略詞上癮的腦袋瓜，忍不住幫這個網路取了一個綽號，叫做OATS（燕麥），因為它能夠集中我們心智的注意力，用以關心我們自己的狀態，以及他人的狀態。

他人（Others）
和（And）
（The）
自我（Self）

＝燕麥（OATS）

假使DMN與其他腦部區域和社交世界之間得到良好的整合，它所代表的就是共情力與洞察力的浮現，因為這些預設模式區域有助於社會認知和自我覺察，以及感知到自己和他人的心智。然而，如果DMN過度與其他區域分隔，缺少了良好的串連，那麼它的OATS活動可能會製造出孤獨的痛苦、執著於他人對自己的反應、也可能導致焦慮和憂鬱症狀的心理糾結。DMN本身並無好壞之分，只不過，如同前面指出的，它若是缺乏整合，就可能在內在心理狀態以及外在行為表現上，導致僵硬或混亂的狀態。而擁有一個更整合的DMN，生活將會變得更有條理，得以釋放當我們過度執迷在自己身上時，所產生的那種害怕被遺落，或感到自己不足的擔憂。

如何整合預設模式網路

當我們練習輪框第三區時，也許會浮現許多來自預設模式網路的OATS活動，就像是聒噪的猴子腦，塞滿了喋喋不休的內在對話，煩惱著自我的狀態，還有它與其他人的關係。心理學家津德爾·西格爾（Zindel Segal）、諾曼·法布（Norman Farb）和同事們一起進行的研究發現，如果沒有事先給予正念訓練，許多受試者的PCC和相關的DMN活動都非常強勁，很難使它們安靜下來，就算他們分派給受試者的任務僅僅是對自己的感官感覺保持覺察。許多未經訓練的受試者無法進入管道狀態，任由來自身體內部或外在世界的感受流入（我們在覺察之輪第一區和第二區所做的練習）；相反地，他們呈現的反應是，被跟自己有關的心思占據，並且為這個經驗建構出圍繞在自己身上的意義。如果用覺察之輪來類比的話，我們在受試者身上看到的，是許多輪框第三區的心理活動建構，而不是第一區和第二區的管道式感官流動。

這項研究簡潔有力地展示出了一個令人一目瞭然、記憶深刻的發現。DMN大多位於中線區域，當整合不良時，它會促成大量的憂慮和各種自我指向的思考。至於中線附近通常被稱為**側邊迴路**（*lateralized circuits*）的區域，包含調節我們身體狀態感知的前腦島（anterior insula），則使得我們的感覺處理（sensory processing）能夠流動並且進入覺察之中。因此我們在進行輪框第一區和第二區的練習時，才能感知得到輪框上的元素。當我們覺察到來自前五感的五官感受，或是第六感、來自身體內部的內在體感時，我們就是在啟動大腦的側邊迴路。

心智接收感覺的管道功能（使輪框前兩區、來自外在世界和身體內部的能量模式流入的功能），其運作機制在神經生理的層面上與這些側邊迴路有關。除了管道模式，我們還可以建構複雜的能量模式，製造表徵複雜概念的資訊，包含建構出對自我的觀點，以及對自己在這個世界上的定位的思慮等。而與心智建構相關的神經活動則位於邊緣系統和皮質區內，包含但絕不限於大多數位於中線地帶的DMN。我們社交世界之中的自我感，也許是從DMN皮質區所建構的能量模式中浮現的。DMN裡分散的節點串通一氣的緊密程度，以及它是否緊密到了會排除其他區域（例如側邊的感覺迴路）的程度，形塑了我們所覺察到的自我感的性質與強度。這種自我感是一種心智建構，部分受到大腦中由經驗所形塑的迴路所影響。

這種建構不必然是執著在自我身上的，然而若是DMN過度獨立，與其他區域的串連不足，在這種缺乏整合的狀態下，便可能導致我們日常預設的心智建構，被滿腦子只關心自己、孤立的OATS心思占據了主導地位，演變成經常性的心理碎念。在練習覺察之輪期間，當你的注意力被分心的事物拉走，無法專注在感官感覺上時，也許你也曾經感受過上述的經驗。或者你也可能在練習輪框第三區開放的覺察時，體驗到這種預設的訊息處理模式。這些迴路是從經驗的熔爐中形成的——我們與父母、同儕、師長之間，還有來自我們身處的更廣大的文化脈絡等種種經驗。而我們將會看到，冥想練習、心智鍛鍊，這些研究證實可以使DMN變得更整合的方法，也能夠直接形塑這些迴路。這意味著，一個不那麼孤立、與大腦其他功能區域有更多連結的DMN本身，便會製造出較少的只關注自身的OATS活動。

負責調節管道模式的側邊感覺迴路，與位居中線區域、製造出OATS心思的DMN建構迴路，彼此是互相抑制的。換句話說，管道模式會抑制建構模式；反之，建構模式會抑制管道模式。當我們卡在中線DMN的自我關注狀態時，側邊迴路的感覺流動便縮減至最低程度。當我們專注在輪框前兩區的感覺流動時，中線DMN便會暫時安靜下來。倘若我們鍛鍊自己去區分管道模式流入的感受，與建構模式所產生的思想，假以時日，我們將有可能改變自己活在這個世界上的預設模式。

這個研究揭示了一個有力的發現，而或許你也已經發現，它也跟你的主觀經驗相符：當你進入感官流動的管道狀態時，腦海中的思想建構，這散亂紛陳的風暴便會平息下來。側邊區域的感官感覺和中線區域的心理碎念會互相抑制。

迷失在思緒裡時，感受性便變得低落；順隨著感受一起流動時，思緒便安靜下來。

藉由心智鍛鍊，我們能夠將側邊感覺迴路區隔出來，使它更有能力獨立運作，因此，當我們賦予自己感受的任務時，我們將更容易做得到以感官感覺去填滿覺察，而不是讓覺察被心智建構的思緒占據。一旦這種區隔建立起來，這種感受的管道模式便可以被串連到整體的大腦功能。有了感受功能的區隔與串連，一個人將能達到更高階的全腦整合狀態。這便是練習所帶來的功效：它強化了調節感官感覺的側邊感覺區域，使我們不至於落入過度獨立的中線預設模式網路所導致的思緒反芻，而這種喋喋不休的心理碎念，幾乎是大多數人日常生活的主導模式。單純地沉浸在感官感覺的流動中，能平息圍繞著自我打轉的思緒。這項嚴謹的科學研究，帶給我們有力又實用的發現，幫助我們更加認識心智的機制。

諾貝爾獎得主伊莉莎白·布雷克本和她的研究夥伴伊麗莎·艾波在兩人的共同著作《端粒效應》中指出：

大抵上而言，我們對自己內心的碎念幾乎沒有覺察，也沒有意識到它如何影響我們。某些思考模式似乎會傷害端粒的健康，包括了對思緒的壓抑和反芻，以及具有敵意或悲觀色彩的負面思考。我們無法完全改變自己的自動思考模式——有些人天生就比較悲觀，或是習慣反芻——但是我們可以學習避免受到這些自動模式的傷害，甚至從中發掘出幽默感。因此，我們希望你更加覺察到自己頭腦的習慣。了解了自己的思考模式，不但會為你帶來驚奇，也會為你帶來力量。*

她們接著往下說：「覺察得到自己的個性傾向，知道自己容易出現壓力反應的脆弱點（某些研究中指出，壓力反應可能會造成端粒縮短），這種自我覺察是很珍貴的！覺察能幫助我們注意到自己不健康的思考模式，藉此選擇不同的回應方式。它還能幫助我們更加認識和接受自己的個性傾向。正如亞里斯多德的名言：『了解自己，是所有智慧的開端』。」†

在某些科學家眼中，過度活躍的預設模式網路，是與過度沉迷自我相關的神經區域，也是負面反芻其中一種可能的機制。就某些人的情況而言，他們孤立的DMN活動，呈現出的也許是他的家庭經驗或文化脈絡加諸在他身上的分離感，與孤立的自我感。在理想的情況下，在連結之中，我們能成長為一個更整合的自我，獨立自主、能和他人區隔，也享有連結感和歸屬感——歸屬於團體之中，但仍保有個體的認同。這使我們以整合的方式經驗到自我，而這種整合的經驗，提升我們感受到生命中更深刻的連結感和意義感的可能性。活出一個具有使命感的生命，能最佳化端粒的表現，甚至可以改善你的身體健康，如同布雷克本和艾波所言：「冥想者在人生目標的評量得分有進步者，體內的端粒酶含量也越高。如果你對冥想有興趣，顯然可以透過這種方式來強化你的人生目標。方法多得數不清，就看哪一種對你而言最有意義。」††

矛盾的是，若缺少了整合的自我感——同時具有區隔性和連結性的自我感——那麼建構出一個獨立的自我身分認同，則可能是出於一種逃避，試圖以此逃避融入更大的團體之後，自我可能遭到抹滅的恐懼。出於各種理由，心智有可能會建構出

* Elizabeth Blackburn and Elissa Epel, *The Telomere Effect* (New York: Grand Central Publishing, 2017), 100.

† Blackburn and Epel, *The Telomere Effect*, 133.

†† Ibid., 116.

一個僵硬的自我定義，以逃避融合所產生的混亂，或任何一分自我感的損失。這種缺乏整合的自我感，所製造出的僵硬又混亂的後果便是，一個過度孤立、自行運作的DMN，而這樣的情況又會反過來使得DMN更加活躍、更失去整合，造成一個人內在喪失連結感，也可能喪失生命的意義感與目的感。

請試著思考這一點：我們的自我感也許是如此地脆弱，以至於我們促使自己去建構出一個像名詞一般、關於我是誰的僵固概念。當然我們能夠理解，這份僵硬的自我認同，背後的用意是幫助我們達到恆定狀態，然而，它的缺乏彈性，到頭來只不過增強了它自身過度分隔的性質。自我可以是一個持續開展、湧現的過程，但如果我們無法擁抱自我這種更流動、像動詞一般的特質，那麼我們只會剩下一個單獨的自我，只知道區隔，卻不知串連為何物。而這樣的狀態若是發展到極端情況，便可能導致焦慮、憂鬱、成癮或社會孤立等各種被科學界和醫界歸類為自我調節障礙的問題。

從分離的自我中解脫

研究顯示，透過心智鍛鍊，原本預設模式網路裡PCC與其他節點（例如內側前額葉皮質）過度緊密的連結，與其過度和其他區域分隔而導致的孤立活動現象，會變得較不占主導地位。如此一來，更整合、更涉及全腦的大腦活動將更可能浮現。這告訴我們的是，心智鍛鍊能使大腦的活動方式變得更整合，而更整合的大腦活動，造就了更整合的自我感。也許你和許多其他的練習者一樣，也已經透過持續練習覺察之輪，親身體驗到了這個科學發現。

心智中的建構，它本身並不是一個問題。思想建構與感官流動之間的平衡，也許才是我們所要追尋的心智整合。過度孤立形式的建構所形成的自我關注，顯示出的也許是大腦無法以更整合的方式運作。神經科學家賈德森．布魯爾（Judson Brewer）透過他的工作，向人們展示出心智鍛鍊能使原先受到PCC主宰的大腦模式，轉換成更整合於整體的狀態，藉此克服焦慮和成癮的症狀。也就是說，他的研究支持這樣的論點：與其他區域過度區隔而缺乏連結的預設模式網路，可以視為是一種神經生理層面的徵兆，顯示出一個人的整合與健康受阻。整合受損的後果是，憂鬱、焦慮、上癮所導致的混亂和僵化，這些均是人類受苦的根源。

簡單來說，很多人可能生活在DMN迴路過度獨立的狀態下，活躍的DMN致使他們傾向於不斷自我反芻、拿自己與他人比較、感覺自己不足，充滿了各種情緒上的痛苦。

想像一下這種情況可能製造出來的不斷自我強化的迴圈。那就像是在健身房裡反覆地鍛鍊同一塊肌肉，卻忽視身體其他部位所導致的生理失衡。記得那句基本原則嗎？注意力所及之處，神經元便會發射訊息流，神經元間的連結隨之成長。重複沉浸在由過度活躍和孤立的DMN所促成的思慮之中，會強化DMN內部的連結，讓網路內部的節點交織得更加緊密，整個DMN於是又變得更加孤立。

我們最好能夠記得，注意力不需要經過我們的刻意導向，甚至不需要我們意識到它，就能強化神經元連結。注意力就只是做著它的事，導引能量和訊息流而已。甚至在我們沒有意識到的情況下，隱含分離意識的文化訊息也能導引我們的注意力，當那樣的注意力存在於我們之內時，神經元發射的訊號模式便會反覆地被啟動。而這種令人感覺卑微、帶有分離感的訊息會嵌入我們的大腦裡。這個過程怎麼發生的？我們的邊緣系統和大腦其他與社交功能有關的區域，總是密切地監督著我們在這個世界上的地位，並將其評估得到的意義，與我們受社會接納的程度關聯起來。成為群體的一分子，對我們而言至關重要。假如我們從社群媒體或其他社會管道接收到「我不夠好」、「我的性別／種族／性取向是有問題的」這類的訊息，甚至是其他更一般性的令人感到渺小、與社會分離的訊息，這些資訊都會進入我們的神經系統，影響注意力的走向，無論我們對此有沒有覺知。

不幸的是，現代社會所強調的生活模式，傾向於將人們隔離並且去人性化，讓人們感覺自己是不受尊重、毫無力量，遭受更廣大的社群所遺棄的，這個現象會反覆地將我們的非焦點化注意力、連同焦點化注意力，送入一個神經可塑性的迴圈裡，塑造出一個不斷強調分離與自卑的自我感迴路。我們孤單地度過人生，感受不到歸屬與支持。而這種重複性的孤立經驗，又反過頭來強化了這種導致分離的自我感的神經迴路。

重要的是，為了改變現代社會這種過度聚焦在分離自我的傾向，我們必然需要找到某種方法，讓社會上的成員變得更自然地歡迎彼此、更具有包容性。畢竟歸屬感是人類的基本需求之一。此外，冥想練習——它的三大支柱分別是集中的注意力、開放的覺察，與善良的意圖——已經受到科學證實，能夠鬆開DMN內部緊密相連的活動，幫助人們培育出一個更整合的自我感，並且能夠用更具有接受性的方式去找到自己跟社會之間的連結。如此一來，藉由覺察之輪這類觀照內省式的、包含了上述三大支柱特點的練習，創造出一個更具整合性的狀態，我們便有可能改變原本孤立分離的基調，只要我們重複不斷地練習，那麼更善良、更有慈悲心的特質，便可能化為我們的新基調。透過對心智的訓練，我們能夠扭轉我們的預設模式，讓它在我們的生命中變得更具整合性。

貪戀與依附

前面曾經提過，科學研究已經證實，心智鍛鍊能夠鬆開DMN內部緊密聯繫的神經連結，另外一些研究也顯示，冥想練習能夠降低大腦中垂直分布的獎賞系統的強度——獎賞系統從腦幹（你的掌心）起，向上包含了邊緣系統（你的大拇指），直到皮質層（你握拳的四指）。獎賞系統強度降低，行為層次的渴求會隨之減輕，而這種改變確實能為我們的生活提升改善健康和促進幸福的機會。這些大腦區域會分泌一種叫做多巴胺（dopamine）的神經傳導物質。當多巴胺釋放進入這個系統時，我們便感覺自己獲得獎賞。這個受到多巴胺調節的系統，能決定哪些事物會令我們感覺獲得獎賞。因此，當某個活動刺激獎賞系統噴發出這種神經傳導物質時，我們便會感受到：「這個感覺很棒——讓我再來一次，獲得更多這種感覺。」不消說，黑巧克力總是能讓我腦中的多巴胺大量噴發。而如果我們能夠做點什麼，減緩這種噴發的強度——倒不是說要讓多巴胺完全消失在生活中，只是降低它，讓它在大腦中釋放的速度稍慢一些——那麼，我們便能夠變得較不那麼沉迷，也不那麼容易衝動行事，而減少對物質或行為上癮的可能性。這種多巴胺釋放方式的轉變，有助於我們擺脫對實際上可能對我們無益的事情的過度投入。

深入去看其中的重要性的話，可以發現，獎賞系統運作方式的改變，若是再加上一個更擴展的輪心中的覺察，會使我們得到一個更大的心理空間和彈性的神經功能，幫助我們有能力區分「**喜歡**某件事物，但仍然可以選擇要或不要」與「**想要**或**需要**某事物，而陷入了對它的渴求或執著」這兩者的不同。即便是在獎賞系統之內，負責調節**喜歡**與**想要**這兩個歷程的區域，似乎也有著細微的不同。當我看見一片巧克力，也覺察到自己對它的喜好時，我能夠決定要不要吃下它。我清楚知道自己對某件事物的喜愛，就算我並不擁有那件事物。我有能力選擇自己的行為。反之，倘若我無法區分喜歡跟想要，如果它們在我腦中混成一團，再加上一個高度活躍的獎賞系統，以及有限的進入輪心覺察的能力，那麼，我喜歡的東西（巧克力），就會變成我想要的東西，而我也將無法繼續有意識地管控自己的行為。

在某些圈子裡，人們將這種渴求形容成「對某個人事物產生依附」，然而，我個人則傾向於避免這樣的說法。因為在我的專業背景，即依附關係的研究領域中，依附（attachment）一詞指的是親子間的情感聯繫。所以讓我們改以**貪戀**（*clinging*）一詞，來表示這種受到某個人事物吸引（就算它是一件對你沒有好處的事物）而無法放手的狀態。喜歡上某個人事物、在享受它時湧現感激之情，以及想要某個人事物、沉溺在它所引發的渴求和貪戀，當我們無法區分上述這兩者時，很容易會落入成癮行為或欠缺感的陷阱中。彷彿沒有了那樣人事物，我們便是一個不完整的人。而科學上的初步研究顯示，心智鍛鍊能使獎賞迴路釋放多巴胺的強度降低，隨之而來的，是**一個更開放的心胸、輕鬆的幸福感，與自然而然減輕的貪戀**。信不信由你：真正做主的人是你，不是你的獎賞迴路。想像你生活在這個地球上，心中充滿了完整、圓滿的感受，而不是充斥著貪戀和不足感。你會為了自己所享有的事物感到感激，而不是渴求著你所缺少的東西。這才是真正帶來改變的改變。

這裡我想指出一個重點是，那些令我們貪戀的事物——例如巧克力之於我，或是一段明知對方對自己無益、依然貪戀不已的不健康的關係——可能還包含了思考模式，以及我們與內在自我連結的方式。一個人確實有可能貪戀於分離的自我感，被關注於自身的思緒所占據，並對此成癮。就如同所有其他那些吞噬我們的、令我們一心陷溺於其中而無法自拔的事物一樣，這類的渴求和上癮，似乎都受到了大腦中的多巴胺獎賞迴路所左右。簡單地說，研究顯示，對自我的執迷使人上癮的程度，跟任何其他令人成癮的物質不相上下——它確確實實會激發我們的獎賞系統。光是看看當前人們對社群媒體的貪戀，就足夠使我們清楚地看見這一點。我們不得不感到驚奇，人們為了在社群媒體上向他人展示自己，所投入的時間和精力之多，到了足以讓社群媒體冠上 DMN 媒體平台這個稱號。我們的 OATS 基礎迴路被社群媒體激發，即使我們會發現自己因此變得焦躁又感覺不完整，但若是無法在社群媒體上留下跟他人一樣圓滿又美妙的紀錄，並且得到認同，就覺得自己彷彿缺少了什麼。深怕自己錯失了什麼，這種恐懼甚至有它自己專屬的縮詞：FOMO（Fear of missing out，通常譯為錯失恐懼症）。而傷感的是，那些上傳到網站上的圖片，即便多半呈現出一股積極美好的景象，大多數的時候卻絕非現實。觀看這些圖像的受眾們，經常無法看穿這種幻象，將之與自己的現實生活對照，並在這種無止盡的比較當中，徒增了許多認為自己不足的欠缺感。

在數位的世界裡，我們的 OATS 迴路已經活躍到有如脫韁野馬。在這樣的框架下，獎賞系統供應給我們的是這樣的設定：每一次我們上傳了一張自己的超讚美照，自我關注導致的多巴胺分泌便讓我們短暫地感受到「這種感覺真不錯」的衝擊，而我們對自我關注的上癮也隨之增強。無怪乎人們就連開車的時候都要查看手機。我們不得不去想像，那種永遠未完成、永遠不完整、永遠不夠的感覺，是如何大大地強化了由 DMN 所主導的心神盤據狀態，令人深陷自己永遠比不上他人的憂慮中。根據安東尼歐．達馬吉歐所提議的，這些感覺的存在，是為了促成恆定狀態——它的目的終究是為了存活與興盛。我們是社會性的生物，這是我們存在的基本面向之一，若是考量到這一個層面，那麼預設模式網路在社群媒體的世界中，帶著緊迫感去關注他人與自我一舉，其實無可厚非。只能說我們的 OATS 歷程在數位的世界裡正以超光速的方式失控地發展。單是去應對社群媒體對我們生活造成的改變——當然，肯定還有許多其他造成社會改變的理由——現在的我們，比以往任何一個時刻，都更迫切需要去培養出一種更加整合的存在方式，在生活中感受到更完整、更真實的自我，與意義深刻的連結。

假如我們的自我感被定義為一個唱獨角戲的玩家、一個孤島般的心靈，那麼，令人傷感的現實是，這種缺乏整合、只有內在心智，而關係心智卻付之闕如的生活方式，將使一個人傾向於落入躁動不安、不完整的感受，甚至在社群媒體上那些看似正面積極的誘惑出現之前，就已經開始產生了失落感。

在腦神經的層面，鬆開預設模式網路緊密的內部連結，就某部分而言，就等於是在掙脫這種單一焦點的自我關注。這牽涉到降低獎賞系統的反應，以及減緩DMN各部位過於緊密交織的情況。這或許是冥想練習中經常描述的，轉化一個人預先的基調特質背後的機制，分離的自我感開始鬆動，一種更能與世界連結的存在方式開始浮現——更能夠自在地身處在自己的皮相之內。

開始練習輪框第三區與第四區之後，也許你會發現，這種分離的自我感鬆動的現象，隨著時間一點一滴地展開。不過這不是一件你需要去努力讓它發生，或擔心它有沒有發生的事，也不是在說你的自我會就此蒸發。從很多覺察之輪練習者身上所聽到的描述，實際上的感受更像是，自我變得更有連結感、更擴展，超越了皮相之內的內在心智，成為某個更廣大整體的一部分。

這裡，我們看見了一個主客觀相接的強力介面。從主觀上來說，不斷地有人描述他們經驗到歸屬於一個更廣大整體的擴張感，覺察到自己是一個相互連結的網絡中的一分子。這種更寬闊的我是誰的感受，蘊含著深刻的意義感與連結感。針對這種擴展的主觀自我感所觀察到的模式，是一項重要的實徵發現，能夠與因心智鍛鍊造成大腦變化的客觀發現彼此對應。

令人感受到擴展和連結的自我感，這種主觀心理經驗背後的機制，也許正是來自DMN鬆開了原本緊密的內部連結。原本緊密連結的DMN網路，則是過度與他人區隔、只關注自身的自我感的神經機制。而如我們所見，焦慮與憂鬱症，在神經生理的層面，似乎與過度孤立運作的預設模式網路有關，因此，這種只關注自身的自我感的鬆動，稱得上是一種好消息。就連實驗室裡的研究都呈現出，當老鼠生活在孤立之中時，牠們會選擇刺激多巴胺分泌的物質（例如古柯鹼）勝過水和食物——然後因此身亡。而擁有社會連結的老鼠，則會選擇水和食物，避開古柯鹼。真是令人驚奇。別忘了我們哺乳動物是高度社會性的動物。因此，以人類這樣複雜的社會性動物來說，有DMN這種能夠在我們的腦袋瓜裡製造出過度區隔（至少就當代的文化而言）的大腦迴路，導致歸屬感喪失，可不是一件小事。人類大腦輕易就能製造出孤立的自我認同這種脆弱的心理狀態，讓自己生活在由心理所建構，並受到神經生理制約的與世隔絕狀態中，這也許正是當代社會中的人類，受苦的最大根源。

我們是社會性的存在體。很快地我們也會看到，將注意力專注在他人的內在心理狀態，也會是我們意識經驗的來源之一。由此說來，對他人心智的覺察，或許先於我們對自己內在心智與心理狀態的覺察。當大腦汲取了我們與更大的社會相分離這樣的訊息時，我們的身分認同和覺察的根基便會窄化。而當我們進行慈悲心的練習時，則會得到相反的情況。研究人員觀測大腦的放電模式時發現，當人們專注在與他人間的連結和關愛時，會激發出大量的伽瑪波。伽瑪波這種神經電子訊號模式，是當大腦分散各處的區域間彼此平衡、互相協調時——亦即大腦處在整合狀態時——才會產生的腦波模式。研究也發現，當大腦處在非參照型慈悲、善良與愛的狀態時，所產生的伽瑪波是最強烈的。透過練習培養善良的意圖、集中的注意力和開放的覺察，可以幫助我們創造更整合、更有連結和意義的生命。上述關於伽瑪波的發現，也許是能夠用以說明這個現象的機制之一。也就是說，覺察之輪能夠擴展我們的自我感，也使得我們的生理大腦——還有我們的社會自我——變得更加整合。

輪框第四區與關係心智

讓我們將焦點轉向輪框第四區。再一次，我們可以試著去問：與他人產生連結的感受，以及與他人分離的孤單感受，它們背後的機制是什麼？分離的自我感開始鬆動，這句話又是什麼意思？我們常常聽見的主觀經驗描述：「成為更廣大整體的一部分」，從心智運作、大腦運作和我們的關係世界這幾個面向來看的話，到底意味著什麼？若是就心智的根本機制這個角度而言，讓自己去覺察到連結，並且抱持善良的意圖和慈悲的關懷，這個舉動的意涵又是什麼？

前面曾經探討過，當我們在輪框第四區，讓自己去感受我們與親朋好友之間的連結時，我們覺察到的，可能會是能量流動的感受，也有可能會激發出建構性的記憶，或想像性的關係連結。

十九世紀的英國科學家麥可．法拉第（Michael Faraday）指出，儘管肉眼並不可見，但電磁場是貨真價實的存在。我親愛的老朋友約翰．歐唐納修（John O’Donohue）總愛自稱是神祕主義者，而他對此的定義是：一個相信看不見的真實的人。曾經集愛爾蘭天主教神父、哲學家、詩人等身分於一身的約翰，認為這個世間充滿了各種交錯縱橫的連結，只不過無法用肉眼直接看見而已，但那些相互連結是頗為真實的存在。他驟然離世前出版了一本遺作，書名叫作《祝福你我之間的空白》（*To Bless the Space Between Us*）。那份「你我之間的空白」，也許就是我們一直以來所探討的，心智的關係面向。

如果我說，此刻的我感受得到自己與約翰之間的連結，這難道僅僅是我對於這段關係、對我們共享過的經歷的回憶（某種我透過大腦神經元放電模式這個機制進行的心智建構）？還是它其實不只如此——它會不會同時也是我在這個當下，透過管道模式感知到的感受，而非建構？我所認識、所愛的人，過去曾經相遇過的人，甚至是和我共享著這個星球的所有眾生，當我感覺著自己與他們之間的連結時，它就只是某種出自生理大腦或身體的建構、某種我自己的內在心智所打造的事物嗎？

還是我感覺到的是某種能量場，如同法拉第所說的，某種貨真價實、只是肉眼看不見的場域？這種連結感，是因為我的管道接收到了某種發生在此時此地的刺激、導入了某種當下正在發生的流動？還是一種心智建構，由記憶和想像力在大腦中激發的神經元訊號所組成？

儘管當時多數的人都不相信麥可．法拉第，但如今我們大多數電子產品的建造基礎，都仰賴在這個法拉第堅稱為真的電磁場上，而法拉第同時代的人們卻多半懷疑它的存在。我們能夠以波的形式來研究能量，而這種能量的顯化形式，可以長距離地傳輸。曾經有一回，我務農的岳父，尼爾．威爾區（Neil Welch）（他的肉身如今已仙逝多年），透過我的智慧型手機，和他的孫子艾力克斯（Alex）視訊聊天，當我看著這一幕時，心中不禁讚嘆，怎麼這樣一個小盒子，就能讓他和孫子談天說地，還能看見對方？無論他是在隔壁房間，還是走遍天涯海角（不管他當時身在何方），這對我和尼爾來說，都是一個值得驚嘆的奇蹟。假如同樣的情景發生在幾百年前，尼爾和我大概會一起被綑綁在木樁上接受火刑，因為我們展示了危險的黑魔法。不過今天，我們只要付一點點月租費就可以擁有這個魔法了。

能量以許多不同的形式、從許多不同的地點出現，有些離我們很近、有些與我們相隔甚遠，並且不斷改變著它們的 CLIFF 特徵。能量可以來自非常、非常遙遠的地方。陽光就是一個例子，星光則是另一個。當我們透過眼睛的感光細胞接收到光線時，我們不會激動地說：「噢，你感覺到的光線能量只是你的想像；它來自你大腦中的記憶！」基本上我們都已經接受，我們的感覺器官是用來衡量現實的可靠標準。然而，尼爾和我可以運用我們的視覺和聽覺器官跟艾力克斯對話、看見他、與他連結，背後卻是一個更深的機制，讓智慧型手機可以將背景中看不見的電磁波，轉譯成能被我們所接收的光線和聲音。我們的心智會不會也是同樣的情況？當我們感受到自己與超越皮膚界線之外，那個更廣大的世界之間的連結感時，會不會其實是因為存在著某種管道，讓這份感受流入，而我們只是單純地接收到它？

當我在觀看聯合國的會議直播，了解聯合國的二〇二〇年全球健康策略規劃時，我感受得到議場上多位講者彼此之間的連結，也感受得到自己與這個世界未來的健康之間的連結。我的女兒就在其中的某一間會議室裡實習，而我能夠想像，在這種全球性的場合裡工作，她心中會是什麼樣的感受。難道這只是我個人的想像？或者我也真的感覺到了某些她身在其中的經歷？能量能夠形成一股力量在空間中流動，無論是以光線、聲音或電的形式，它的流動方式我們稍後會再詳細探討。我們同時也知道，能量可以超越空間的限制，以量子物理學家稱之為**糾纏**（***entanglement***）的方式互相配對。空間上的分隔並不會削弱它們之間的相互聯繫。這種能量配對模式，或者說糾纏，如今已是我們所生活的宇宙中，得到證實的一個面向。它不是一股力量在流動；它是能量之間一份不被空間距離改變的關係。我可不是在說，這就證明了我們之間的連結是以這樣的方式發生，也不是在說我們的心智一個又一個地偵測著來自別的心智的非空間性的影響，只能說我們還不知道，因為對於我們精神生命的本質，科學界迄今尚未得出一個明確建立的觀點。無論我們是以何種方式感受到那份連結，都邀請你試著去思索，曾經在自己和他人或大自然的關係中，感受到某種連結的方式，因為它也許能反映出，你是如何透過感受遠方的能量波動，來接收這道輸入，或許——只是或許——這甚至能反映出，你與其他人，或是更廣大的世界之間的「量子糾纏」。

某一次我參與了一個量子物理學智囊團，會議上的第一個講者，他的第一張投影片上寫著：「我們已經透過科學的方式，證實了這個世界是深刻地交織連結在一起的；問題在於，人類的頭腦到底出了什麼毛病，才會覺得它不是如此？」說得真是沒錯。為什麼我們的大腦要告訴我們，我們不是互相連結的？這明明不是事實呀。

物理學家卡洛．羅威利（Carlo Rovelli）指出：「物理學為人類開了一扇窗，我透過那道窗口，我們能望向遙遠的遠方。而我們所見，從來不曾停止驚豔我們。我們從中意識到，自己充滿了成見，我們對這個世界的直觀想像是偏頗的、狹隘的、不足的。地球既不是平的，也不是靜止的。隨著我們的眼界越來越寬、越來越清晰，我們眼前的世界也不停地在改變。」*

或許，存在跟物理學家所研究的世界，同一個世界裡的心智，同樣也擁有很多特徵，是不被我們當前的思考框架納入考慮範圍的。倘若我們能夠敞開心胸看待新的可能性，去歡迎那些現下的我們甚至想像不到的可能性，或許我們才更適合，也能更周全地去思考，在我們的主觀生命經驗、我們的交互連結，以及我們如何變得覺察這件事的本質，它們背後的心智運作機制。

羅威利接著說：「在這裡，一切的最前沿，超越了知識的邊界，科學甚至變得更加美麗了——熾熱地閃耀於初生的構想、直覺和企圖心的冶煉場之中。它屬於那些未被踏上便遭遺棄的道路，屬於熱情。它在努力之中，努力去想像出，那些未曾被想像的。」†

我們能夠感受得到連結，也就是輪框第四區的專注焦點，很可能是透過許多不同的機制，才感受得到這種主觀經驗。讓我們暫且抱持一個開放的心態，畢竟科學對於能量的觀點，也許可以、也許不能應用在我們認為「心智是一種能量的突現性質，與令我們能夠感受到連結感的潛在機制」這個觀點上。只能說，在這個當下，以科學角度來看的話，我們對輪框第四區、關係連結的感知背後的機制可能是什麼，尚未有清楚的答案。

* Carlo Rovelli, *Seven Brief Lessons on Physics* (New York: Riverhead Books, 2014), 49.

† Carlo Rovelli, *Seven Brief Lessons on Physics* (New York: Riverhead Books, 2014), 49.

科學的觀點告訴我們，我們生活在肉體之中，而我們所居住的肉體，具有一套有限的神經模式，我們透過它去感知現實、覺察到感受，甚至構想出現實本身的性質。這句話所呈現的意義是，我們所感受到的，跟我們認為自己所是的，出自它們誕生於肉體這個特性，因而是十分受限的。現實並不在乎我們是否真的了解它的基本機制——那些機制的存在，獨立於我們對它的覺察。然而，若是我們採取科學的立場，去假設存在著一個超越我們原始感知與理解的現實，那我們便能開放地去理解那個現實的不同面向，並且透過一種開放與接受性的心態，更全然地欣賞它。具有科學觀並不代表什麼都知道；它代表的是一種謙遜，承認我們的限制，追隨我們的好奇心，好讓我們在增長、深化、擴展感知與知曉的能力這條道路上，學習到更多。

兩位在我工作領域上的夥伴，彼得．聖吉（Peter Senge）、奧圖．夏默（Otto Scharmer），他們在麻省理工學院從事系統科學領域的研究。多年來，他們持續地探索**關係場域**（*relational fields*）的本質，以及這些社會系統如何影響人們彼此互動的方式。當一個關係場域支持有同理心的連結、激勵成員間的合作與創造力，這樣的場域便稱為**生成性社會場域**（*generative social fields*）在我與這兩位夥伴一起進行的工作中，我們的願景是，透過對這些相互連結方式的研究，去促成一個更健康、更整合的世界。這些關係場域底層所蘊含的實際機制，此時的我們尚未破解。然而我們透過覺察之輪對心智的內在本質和關係本質所進行的探索，若是能夠與這些研究相結合，那麼這個對能量的概念，包含了所謂看不見的場域，以及整合的基礎過程，便可以說是得到了一個實際的應用方式，照亮了一條道路，幫助我們走向一個能夠創造出更多生成性社會場域的世界。

透過心智鍛鍊培育出整合大腦

經過覺察之輪第一區、第二區集中注意力的訓練，我們已經活化了身體各部位的能量，以及頭部、腸道和心臟區域的大腦，這些大腦和能量與資訊流如何流入我們的覺察有關。這些注意力練習，在生理大腦的層面上，對應到的是額頭內的前額葉，以你的掌中大腦模型來看的話，是四指的指甲到第一節指關節附近的區域。前額葉這些部位與前扣帶迴（anterior cingulate）——在你由大拇指代表的邊緣系統內——協同運作，而透過維持注意力、運用顯著性迴路（這包含了腦島）留意到分心、接著重新導向注意力這樣的練習，它們之間有可能增長出更多連結。

科學研究已經顯示出，全面性的心智鍛鍊會造成數個大腦神經區域的改變。其一是前額葉皮質各個面向的成長，而這支持了心智鍛鍊能增強能量和資訊流的調節能力，促進注意力、情緒調節能力的論點。前額葉區域廣泛地與皮質層、邊緣系統、腦幹、身體本身，以及交互連結的社會整體相連。從這樣的神經整合中誕生的調節能力，有助於塑造我們的情感、注意力、思考、關係和品德。這些都屬於所謂的執行功能的一部分，而且它們都誕生於整合。

另外一個會隨著心智鍛鍊而改變的區域是邊緣系統。練習會促使海馬迴成長。海馬迴扮演的角色是將分散四處的大腦區域串連起來的神經節點，支持記憶處理歷程，也與情緒調節相關。某些研究也顯示出，當杏仁核（amygdala）過度地與其他部位區隔，脹大的杏仁核容易引發反射性的情緒反應，而隨著冥想練習，脹大的杏仁核會開始縮小。

第三個會隨著心智練習而成長的區域是胼胝體，它搭起了連結左右腦半球的橋梁。除了上述這些生理大腦變得更加整合的徵兆之外，第四項發現是從一種運用新的方法觀看大腦整合的研究中浮現的。前面曾經提過的「人腦連接組計畫」，運用了尖端科技來展示整個大腦不同區域彼此串連的方式，顯現出心智練習能夠使大腦不同部位相互連結的程度加深。這種更具整合性的神經成長，一部分也能在和預設模式網路相關的研究發現中看見，亦即我們前面曾經討論過的，原本過度與其他大腦區域分隔、孤立的預設模式網路，開始鬆開其內部緊密的連結。就連針對頭部大腦與心臟大腦（心臟周圍的神經元網絡）關聯所進行的研究，也顯現出更多具功能性的連結，尤其是那些專注培養善念的慈悲心訓練，造成連結增長的情況更是卓著。

在專門的禪修者身上進行的慈悲心研究顯示出，他們腦中的電子訊號呈現高度整合的狀態——這不只是他們清醒時的基礎狀態，甚至連入睡時也是如此。前面也曾提過，伽瑪波是大腦不同區域互相串連、彼此協調時才會產生的腦波。這項關於伽瑪波與慈悲心的研究發現，支持了以下這個概念：善意祝禱文背後一個可能的機制是，它們促進了腦神經的整合狀態。

既然整合是調節健康的基礎，我們可以想見，冥想練習對大腦造成的作用，在於它如何地促進了整合的增長。而我們從一開始便已經看見，覺察之輪囊括了心智訓練的三大支柱，能同時鍛鍊集中的注意力、開放的覺察與善良的意圖，因此，在將來的研究中，我們相信也會在受試者身上，看見相應的神經成長和整合。

現在，我們的探索來到了開放地覺察時的經驗。當我們練習集中注意力時，覺察到自己正在覺察的內容，有助於放下分心、重新導向注意力，不過，開放地監督這種純然接受性的覺察狀態，跟顯著性監督和重新導向不是同一回事。就某個層面來說，讓輪框上的任何事物自然浮現，然後單純地安住在輪心裡去覺察它，顯然是一種整合的譬喻形式，它同時區隔且串連起所知與知曉。但是，在這個譬喻的背後，可能的機制是什麼？儘管並沒有一種單一的腦神經訊號模式可以用來代表正念狀態，因為在任何給定的焦點下，對輪框焦點的覺察，總是會導致大量的神經元放電，但是我們可以問，單純地對任何浮現的事物敞開，所牽涉到的究竟是什麼——什麼才是純粹的覺察背後真正的機制？

若是以機械性的術語來表示，假如輪框上的焦點代表能量和資訊流的形式，那麼，輪心本身倒底**是什麼**？當我們集中輻條的焦點化注意力，去覺察輪框上的焦點時，輪心和輪框是如何串連起來的？截至目前為止，當我們在探討輪框和輻條背後可能的機制時，都能完美地吻合我們對於能量的概念。然而輪心的機制又是什麼？**如果**純粹的覺察與能量流動有關，那麼輪心的知曉——覺察這個經驗本身——以及使能量流入輪心的焦點化注意力輻條，實際上是從哪裡升起的？**升起**（*arising*）甚至是一個正確的字眼嗎？

覺察背後的心智機制究竟是什麼？為了回答這些令人著迷也很實際的問題，讓我們進入下一個章節，更深地潛入有關大腦的科學發現，將焦點專注在能量本身的特性上吧。

大腦中的整合與焦點化注意力輻條

覺察是如何升起的？從哪裡升起？

現在，我們來到了這個問題上：我們是如何對能量和資訊的模式，也就是意識中的所知變得有所覺察的？注意力的輻條（焦點化的注意力）實際上是如何讓輪框上的能量模式進入到輪心中的知曉？所謂的「覺察」和焦點化注意力，在這樣的主觀經驗背後，可能的心智機制是什麼？假如主觀經驗是我們在覺察之中，對於自己的生命所感覺到的質地，那麼這個覺察實際上是什麼？輻條和輪心這個譬喻，所象徵的機制是什麼？

若是想要回應這些關於覺察背後的機制的根本問題，如我們所見，最簡單的回答是：至今我們仍然沒有一個終極的定論。我們是有一些臆測或想法沒錯，至於最終的答案，沒有。

覺察似乎涉及到大腦中不同區域的串連。從這個基礎上產出的關於意識的觀點，叫做**資訊整合理論**（*integrated information theory*），該理論認為，需要一定程度的大腦整合——大腦中不同區域的串連——覺察才能浮現。舉例來說，當我們聽見一個聲音，並且覺察到那個聲音的感覺質地，從而知道自己聽見聲音的那個當下，大腦中一系列的區域已經達成了一定程度的協調。然而，這種程度的整合為什麼能夠、又是如何決定我們主觀的覺察，我們並不清楚。

實際上，我們並不真的知道，它們之間的因果順序是否是單向的——就像大多數人認為的，是大腦創造了精神體驗。這是一個需要被質疑的假設，嗯，當然，要以一個開放的心態。

就算心智需要大腦才能存在，我們仍然可以想見，心智如何以發起號令使大腦跟隨的方式，去驅使大腦運作。

這些練習讓我們知道，透過意圖、運用注意力，我們可以發展我們的覺察——心智的每一個面向——讓大腦用新的方式被啟動，改變並強化它的物理結構。「注意力所及之處，神經元便會發射訊息流，神經元間的連結隨之成長」，這個概念的基礎，便是這種運用心智去訓練大腦的能力。**注意力和覺察這兩種心理歷程，使心智能夠以整合的方式去形塑大腦，而這種方式又會反過來強化心智本身。**

運用意識，我們便能以有益的方式來塑造大腦的結構。心智和大腦，儘管它們互相連動，但兩者並不相等。明白了這個常常被忽視的觀點之後，我們便能理解那些奠基在科學研究上，運用心智改變大腦的練習步驟。心智需要身體嗎？以科學的觀點來看，大多數人會認為答案是肯定的。然而這就代表心智和生理大腦這兩者是相等的嗎？一點也不。這甚至不代表心智是受限於大腦或身體的，這一點在我們前面探討關係心智時已經看見了。

這裡並不是要說，心智是獨立於大腦或身體而存在的。我們只是想指出一件事：心智並不是大腦放電模式的被動產物。心智的主觀經驗並不等同於神經元放電，即便最後科學證明它完全仰賴於神經元放電。心智能夠按照自己的意願去主導神經元放電。

然而「覺察」這種心智經驗、知道自己的主觀經驗的這種能力、這種意識，它背後的機制究竟是什麼？它又是如何跟大腦產生關聯的？

綜覽各家對意識的看法，這個光譜上包含了許多不同的觀點，諸如：心智和意識只存在於顱骨之內，是生理大腦的一種功能；意識和心智是完全具身化的，體現在整個身體，而不僅僅是大腦；意識和心智延伸至文化之中，也體現在我們的社會連結裡；或者像是有神論的觀點，認為意識是一種宇宙性的過程，與一切萬物，或是更高的力量、神性相連。光譜上的這些論點，都各有堅定的支持者，我們無意在這裡解決這些分歧，但想提醒的是，對於心智和意識的本質為何，學界依然眾說紛紜，爭論仍在持續之中。

一些接受過科學訓練的當代思想家與作者，例如尼爾．堤斯（Neil Theise）、拉瑞．多賽（Larry Dossey）、狄帕克．喬布拉（Deepak Chopra）這幾位醫師，以及神經科學家魯道夫・譚茲（Rudy Tanzi）、物理學家米納斯・卡法托斯（Menas Kafatos），他們都紛紛指出，意識不只限於大腦或身體。卡法托斯和堤斯等人，都談起了**泛心論**（*panpsychism*），意指一切萬物都具有心靈。在這樣的觀點下，意識是從宇宙中升起，而非從生理大腦或僅僅從身體中出現的。在佛教的觀點中，有一個普世的背景意識，隱含在一切萬物之中，形塑著我們的生活方式，並透過輪迴來重複我們的生命。這個更大的意識，是現實固有的構造。還有一些相關的觀點，是許多古老智慧傳統，與基督教、猶太教、印度教、伊斯蘭教等宗教系統裡共通的觀點，在他們的信仰核心中，認為存在著全知全能、無所不在的上帝或天神。

卡爾・榮格（Carl Jung）曾經在他的著作中指出，有一個集體無意識，以我們看不見的方式，將所有人結合在一起。前面提過的已逝愛爾蘭天主教神父約翰・歐唐納修，他也深深根植於凱爾特神祕主義，認為這個世界充滿了看不見的力量，形塑著我們光輝且奧祕的每一天。現實這個看不見的特質，推動了十九世紀的法拉第提出電磁場理論，從一開始遭人反對，到現在得到普世的接受，即使我們都看不見那股能量的波動。在我跟約翰一起行遍全美和愛爾蘭，共同旅行和教學的經驗中，我們總是不禁感到好奇、同時也感到驚嘆，因為腦神經科學與靈性對意識的觀點，竟然存在著如此多的一致性。可惜的是，他走得太突然，我甚至來不及好好地跟他說明，我接下來要與你們一起探討的論點，那是一座也許能夠將靈性與科學銜接起來的橋梁。如果約翰還活在世上，我相信他一定也會樂於加入這趟旅程——而我們就會像愛爾蘭人說的那樣，「had the craic」（大玩一場），笑笑鬧鬧地共享一段美好的時光。

在本書中，我們不會解決意識存在在**哪裡**這個問題。也不會解決心智來自於哪裡這個問題——無論是從腦袋裡、從身體裡、從人與人之間或是從宇宙中——雖然說它是一個尚未找到答案（但很重要）的問題。暫且待在這種不知道心智從何而來的不確定性中，這件事本身，說不定就是對心智真正本質的理解過程的一部分。畢竟，我們是在運用心智去了解心智，這是一趟值得用一生去冒險的旅程，過程也許收穫豐富，但不見得能找到答案。終究，我們這種物種的學名，叫做晚期智人（*Homo sapiens sapiens*）——意思是知道自己知道的人。探索心智真正的本質（而每一次當我們練習覺察之輪時都會體驗到這個本質），能為我們的生命帶來絕大的幫助，就算我們對於它的起源並沒有一個終極的答案、就算這趟旅程會引發我們更多的問題，讓我們對自己是誰？為什麼來到這裡？感到更加地好奇。

在進入下一個章節，探討輪心的可能機制之前，讓我們先以開放的心胸記住一件事，你即將得到的，是你自己個人的直接體驗，無論是你在閱讀這些文字概念的時候，或是當你繼續深入練習覺察之輪的時候。你跟我可以來來回回拋出想法——我將想法拋入這些書頁中，你則從書上將想法拋入你的腦中，並且在往下閱讀時再抛回來。在你接收了這些概念，讓它們沖刷過你的內在，並且規律練習覺察之輪的過程中，這些經驗展開的方式，將能夠幫助你去感受、體會和經驗，哪一些部分對你而言是有幫助的（或是沒有），是否支持了你，更加明白心智的本質，並且打開對生命的覺察。

我的一位正在修心靈哲學學位的愛爾蘭學生，最近接到他指導教授的建議，要求他將論文的命題範圍縮小一點，改得「讓論述更容易實現」一點。後來他們決定，把他和我都在探討中的主題（心智是什麼），改成了「生命的意義」。當我們聊到指導教授這個實用的建議時，我們一起笑了出來，原來心智是什麼這個問題，比定義生命的意義還要更加困難！

儘管我們尚未百分之百了解，科學家口中的「意識在神經生理層面的對應」（neural correlates of consciousness）究竟是什麼，但是探索我們目前已知的，或是那些已經成立的理論，仍然有助於我們去約略掌握覺察之輪背後的神經機制。關於心智的主觀性與神經的客觀性，哲學家大衛．查爾莫斯（David Chalmers）把神經元放電的物質經驗，究竟是如何化為有意識的主觀心理經驗這個問題，稱作「難題」（hard problem）。某些科學家認為查爾莫斯的觀點不甚有用，因為他們認為神經生理層面的對應區域或現象，就是製造出主觀心理經驗的唯一產地——對他們而言，別說難題了，是連問題都沒有，彷彿意識就只來自於大腦活動。例如在安東尼歐．達馬吉歐眼中，我們意識的基礎感覺質地——也就是我們的感覺——不過就是我們所覺察到的身體狀態。並不存在著所謂的難題，只存在著一個這樣的現實，就是我們活在一個不斷驅使自己達成恆定狀態的身體裡。

一如本書開場引述奧立佛．溫德爾．霍姆斯（Oliver Wendell Holmes）的那句名言：「一個曾經延展至新觀念裡的心智，絕對不會退回到它原本所屬的維度。」別忘了考慮一點是，心智的意識可以讓大腦改變它的結構和功能。了解心智與大腦如何互動，能夠替我們做好準備，讓自己接收新觀念，並且務實地應用它。透過霍姆斯這句話的激勵，讓我們伸展心智和覺察——就像本書一開頭所說的，讓裝水的容器變大——接下來，我們將會探索一些有關精神意識經驗如何與大腦的神經生理相對應的理論，以便讓我們進一步利用這些觀點去改善我們的生活。不過就算我們真的在大腦中找到了所有神經生理層面的對應關聯、所有當我們經驗到覺察時的神經活動模式，我們就真的能夠了解這些神經訊號是如何「變成意識」的了嗎？還是我們依然不會有答案？在所有關於人類生命的知識領域之中，這一份巨大的未知，既美妙又令人著迷。基於這個理由，在我們探索過幾個與大腦和意識有關的概念之後，轉向另一種形式的科學——能量科學本身——來嘗試解決覺察的機制這個問題，說不定能得到一些幫助。

「大腦如何創造出意識？」這個線性的問題，甚至也許不是一個正確的問題。

為什麼呢？一方面來說，即使意識的經驗也許只是一項屬於**全身性歷程**的突現性質，在整個身體處理能量和資訊流時浮現，那麼它便不能被侷限為大腦中的神經元放電。就算我們有掃描儀器監測著顱骨內的神經活動，這些只聚焦在頭部的研究（縱然可以理解），也許遺漏了儀器掃描的範圍之外，其餘身體部位也正不可或缺地參與著以身體為基礎的意識活動。如此一來，這樣的研究便錯失了一個使意識從中浮現的更大身體系統。而對於那些認為覺察涉及到又比這個更大的系統的科學家們而言，光是身體甚至不足以提供一切我們所需要的條件，去了解意識的整個機制。

在這趟旅程繼續前進之前，先讓我們試著對一切抱持著開放的心胸。

同時，讓我們也盡量與科學保持一致，但避免受到它的侷限。這句話的意思是說，即使在這個當下，科學針對某個給定的議題說了這個或那個，並不代表它所說的就是最終的答案或絕對的真理。我們還要謹記在心，互相對應（correlation）也不等於因果關係（causation）。就算科學揭示出某些觀察發現，也不代表它們就是某事的來源——以意識為例，就算科學發現了數個與意識活動相對應的大腦活動，並不代表那些大腦活動就是意識的來源。也不要忘記，我們的信念（我們的心理模型之一），會選擇性地過濾我們覺察到什麼，無論是透過對經驗的意義進行詮釋的方式，或是透過我們如何合理化親身經驗的方式。這些心理模型可能建立於某種自我感，這種自我感認定自己知道世界是什麼、自己是什麼、該期待什麼，以及該如何以這種自我的世界觀生存下去。而光是出於這個理由，我們就很可能會固守於自我的觀點，否則我們的自我便會暗中感到自己的存亡受威脅——而我想這也是為什麼某些人（但不是太多人），在觸碰到心智的本質，尤其是意識的本質這類問題時，會迸發出濃厚的火藥味。且讓我們運用這些熱切的火花照亮前方的道路，但不要讓它燒毀了我們彼此合作和融會貫通的能力——讓我們在各自的追求中，找到一個共通的立場。

覺察與資訊的整合

對於大腦功能與意識經驗之間的對應，存在著許多精彩的假說。接下來我們會檢視一些與覺察之輪相關的概念，並持續嘗試找到覺察之輪與這些概念之間的連結。

有一個受到朱利歐·托諾尼（Giulio Tononi）、傑拉德·愛德蒙（Gerald Edelman）、克里斯多福·柯霍（Christof Koch）等科學家撰文表達支持的觀點是，大腦不同區域的神經元達到某種程度的同步活動，加上它們彼此之間互相串連的方式，造成了我們的意識經驗。這被稱為意識的資訊整合理論。呼應這個理論的科學家，舉例來說，賈德森·布魯爾曾經研究過所謂「不費力的覺察」（effortless awareness），它類似於「開放的覺察」與「開放的監督過程」，而賈德森發現，這種狀態發生於某種程度的神經整合。

意識有許多不同型態，各自被冠上了不同的名字，並且對應到特定的神經活動。舉例來說，假如某個人因中風傷及腦幹區域，那麼他很可能陷入昏迷狀態。在大腦中，通常我們會將意識的基本面向對應到頭部深處的腦幹（掌中模型的掌心部位）。我們的基礎意識（清醒狀態）有賴於腦幹的整合。另外一個例子，則是**對內在體感的覺察**，像是我們都有過的「肚子裡的直覺」或是「內心深處的感受」，在那樣的感受中，「知道」是伴隨著不同身體部位的感覺發生的。科學家曾經監測過受試者的這類意識經驗，並測量了特定的腦部區域，例如我們曾經提及的前腦島。當你沿著掌中模型的手掌區域向上移動到代表邊緣系統的大拇指，與覆蓋其上代表前額葉區域的四指，你便會找到跟這個與身體內部狀態的覺察相對應的神經區域。承前所述，由邊緣系統、前額葉、腦島這個區域連線所創造出來的神經訊號映繪圖，支援這一類的身體表徵發生在覺察中。我們將此一過程稱為感覺。然而，意識還擁有各種豐富多樣的形式和色彩，不可能全部從大腦活動的層面來測量——因此我們在大腦中尋找的是較廣泛的模式，幫助人們大致掌握與覺察這個主觀經驗相關的基本神經活動。而我們找到的其中一個模式，便是神經整合——將不同部位串連在一起的過程。

繼續往大腦上方，看到在掌中模型以你的四根手指代表的皮質層；許多不同的理論都指出，皮質層發展出了比其他腦區更高的複雜度。

透過一系列大腦區域的活動，例如背外側前額葉皮質（dorsolateral prefrontal cortex，前額葉靠近外側的頂部區域，跟你掌中模型的四指指根相對應），以及將邊緣系統和皮質區橋接起來的前扣帶迴皮質（anterior cingulate cortex，你的大拇指跟包覆的四指接觸的地方），這些區域的活動對應的是「心智的黑板」，也就是工作記憶，好讓各種資訊可以在意識中被反思、整理，然後得到進一步的處理。還有更多位於中線附近的腦區，例如內側前額葉皮質（以你掌中模型四指中間的兩根手指代表），與預設模式網路中的其他部位，像是前面也討論過的後扣帶迴皮質，則參與了我們對自己或他人的內在心裡狀態的覺察，亦即某種後設覺察（meta-awareness），讓我們能夠覺察到覺察本身、向內自省，以及進行心智理論。

當我們導引注意力，聚焦在自己的內在狀態時，科學界將這種自我認知的經驗稱作「自主意識」（autonoetic consciousness）。這種**自我認知覺察**（*self-knowing awareness*）涉及到對內在的洞察，或是精神性的時光旅行——將過去、現在、未來串連起來。中線區域的DMN活動便是如此對應到我們的「自我感」，並牽涉到我們對自己生命的自傳性敘述。

這種以大腦活動為基礎，認為複雜的資訊在大腦中經過整合後，方使得意識得以用某種方式浮現的觀點，與我們的覺察之輪練習經驗不謀而合。我們將注意力在

大腦與掌中大腦模型

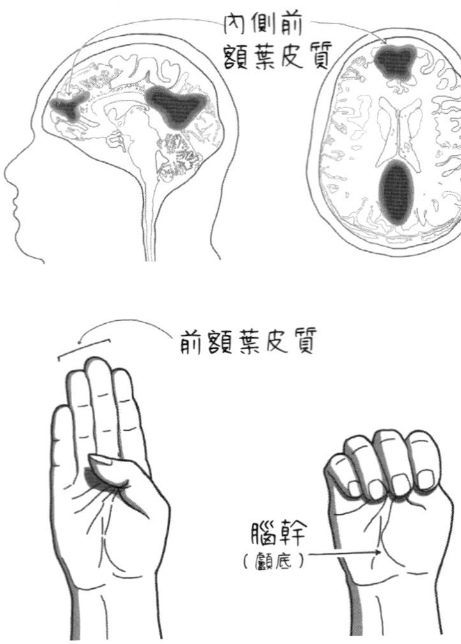

輪框上移動，系統性地引導焦點化注意力輻條，整合了所謂的能量模式，而這正是上述觀點所認為的，資訊整合背後的機制。覺察之輪與這些科學發現相符，甚至延伸它們，因為我們直言不諱地指出，資訊其實是一種能量模式。當然，某些數學家或物理學家可能會持相反的看法，認為宇宙是由資訊所構成，而能量是從這些資訊中出現。但是如果我們仔細地去觀察那些和**能量與資訊**相關的概念，無論是哪個陣營，能量先於資訊派的，或是資訊先於能量派的，最後都會發現，他們的觀點終將會合在一起。他們也都同意，事物會不斷改變，而這正是**流動**（*flow*）一詞所蘊含的意義。

好的，能量與資訊流是覺察之輪背後的機制，到目前為止，我們確保了我們所提出的這個觀點，依然跟科學的原則保持一致。那麼接下來，我們便可以再加入這個概念：覺察的基礎，也許正是整合。

注意力，意識，與社會大腦

能量與資訊流的整合，這個觀點還受到了另一個以大腦為基礎的理論的支持。該理論立基於資訊整合的觀點，並將它更進一步延伸向社會領域。我們可以用以下的方式去理解這個延伸的觀點：人類的進化方向，是受到我們的社會性所主宰的。人類學家莎拉．赫迪（Sarah Hrdy），便曾在她的著作中談及**異親教養**（*alloparenting*）的現象，指出人類這種哺乳動物，具有一種不尋常的特徵，即人類會去分攤他人的（allo）的養育（parenting）工作。這在我們演化上的意義是，人類這種物種的存活和興盛，取決於看向他人，弄清楚對方的注意力焦點所在、意圖為何、我們能否信賴對方，好將我們最為珍貴的資源：子女，交給別人照顧。就行為的層面來看，這使得我們在本質上就是互助合作的。同時也使得我們都成為了「讀心者」（mind readers），因為我們需要去擷取他人的訊號、注意他們的表達、姿態和行為，並詮釋他們的意圖、注意力、動機等等心理狀態。為了保護我們的嬰孩，並確保我們所選擇的代理父母能夠把孩子照顧好，我們必須要有能力去提出一些基本問題，並試圖找到答案。這個潛在的照顧者，目前心智運作的情況如何？我們能信任這個人嗎？而為了要答出這個使我們的基因得以存續下去的關鍵答案，我們的大腦需要配備這種神經功能，好去感知另一個人的注意力、意圖甚至覺察等等心理狀態。這個觀點顯示出，我們感知到心智的能力，始於一個導向他人的活動——而非導向我們的內在自我。心智理論（theory of mind）、心智化（mentalization）、心智敏感度（mind-mindedness）、心理覺識（psychological mindedness），甚至是第七感（mindsight），上述這些概念所指涉的，全都是有關我們能否繪製出心智地圖的能力——既畫出自己的，也畫出他人的。

那麼，第七感所帶來的洞察力和共情力，最初的根源也許來自於了解他人心智的需求，因而發展出共情的技能，接著學會集中這項能力，以便將他人的心智映繪到我們的內在。而第七感的第三個面向：整合，對於覺察來說也許是必要的根基，甚至也可能是善良與慈悲心的必要根基，由此可見，我們的社會性和意識經驗，也許是由類似的材料所織就的，也就是第七感所呈現的三個面向——洞察、共情，和整合。

就物種演化的角度來看，這種社會大腦（social brain）的觀點告訴我們，我們是先有了共情力，隨後才得到洞察力。這個順序也符合我們依附關係理論裡的個體發展觀點，亦即，嬰兒與照顧者之間的溝通，是嬰兒最初得知自己內在狀態的一面鏡子。我們是從照顧者對我們的反應，才學會看見自己的。這種讓我們感覺到自己是誰、學會如何認識「自己」的人際根源，是一項重要的關鍵，幫助我們去想像，社交世界可能以何種方式嵌入了我們的大腦結構，甚至是最早開始發展、負責調節自我感的預設模式網路。換句話說，我們的社交生活——家庭中與文化脈絡中的——會直接形塑與自我相關的神經結構的成長方式。

當我們談到，依附關係中的經驗會形塑我們的自我感時，這個歷程在神經生理層面的對應，是指能量與資訊流共享的過程——也就是我們的關係——如何刺激第七感迴路（包括DMN）活動與成長，而這些迴路，形塑了我們的自我感與對他人的感受。

神經科學家麥可・葛拉齊亞諾（Michael Graziano）建立了一個從社會性的角度來看待大腦的理論模型。他對於社會大腦和意識起源的觀點，可以與我們對覺察之輪的探索相呼應。簡單來說，他的觀點是，人類在演化的過程中，需要知道別人**集中注意力**的狀態如何，以便決定是否能夠信任對方的精神狀態：她能夠將注意力專注在我們的孩子身上，把孩子保護好嗎？當我們的社會發展建立在這種共同協作的特性上時，社會的結構演變得越發複雜，互助合作變成了生存下去至關重大的關鍵需求，不只在育兒的層面。我們與他人溝通自己的需求、讀取對方的訊號、確認對方心智狀態的方式，可能會成為一件生死攸關的大事。對於社會性物種來說，達到恆定狀態的條件是映繪心智的能力。部落裡的某個成員能不能專心警戒，留心周圍虎視眈眈的老虎，讓這次的集體狩獵，成功幫助部落裡的每個人都存活下去？我們自己有沒有辦法讀懂對方的訊號，好知道什麼時候該逃難找掩護？映繪出他人注意力焦點的能力，對我們的生存具有重大的價值。

當我們映繪他人的注意力焦點時，動用的是大腦的哪個部位？我們運用的是**顳頂交界區**（*temporoparietal junction*），簡稱TPJ，它是大腦皮質的顳葉和頂葉的交界區域。與TPJ交流的另一個區域是**顳上溝**（*superior temporal sulcus*），簡稱STS，這也是心智理論的一個重要區域，它是顳葉上的一條腦溝，位置就在前額太陽穴的旁邊。用掌中大腦模型來看的話，這個區域位於你四指的第二和第三個指關節之間。TPJ和某些顳葉部位，被認為是DMN的非中線部位之一，而且它們直接牽涉到我們對自己和他人心理狀態的感受。

神經科學家們認為這些區域是構成社會大腦迴路的重要部位，同時間，醫學界也發現到，倘若這些區域受損，意識的許多面向也會受到破壞。這顯示出，TPJ

和STS是意識對應到神經生理層面的重要組件。當然，一如我們曾經討論過的，其他的腦部區域對於意識的調節也十分重要。

你不需要將這些大腦部位的名詞暫存在你的工作記憶，甚至不需要下定決心讓它們被儲藏進你的長期記憶，不過，要是你想當一個「腦神經科學宅」的話，它們的專業名稱在這裡：**背外側前額葉皮質**（*dorsolateral prefrontal cortex*），簡稱dlPFC，它是主要的執行功能網路的要角之一；**前扣帶迴皮質**，簡稱ACC，這個部位與前腦島一起，都屬於顯著性網路的一部分。這些區域與DMN最前端的部位相鄰，當科學家探討焦點化注意力，了解我們的注意力如何在覺察中形成時，它們是經常被研究的區域。TPJ和STS，這兩個社會大腦中較遙遠的區域，和前額中線區域的內側前額葉皮質（mPFC）密切合作，作為預設模式網路的一部分，負責映繪他人的心智（以掌中大腦模型來看的話，內側前額葉皮質位於中間兩指的兩片指甲之間）。別忘了mPFC是DMN的重要基礎部位，它是預設模式網路最前方的中線區域節點，會與後方的節點**後扣帶迴**（PCC）串連。

所有這些名稱和縮寫可能會搞得你暈頭轉向，但在它們背後，我們即將要探討的概念倒是十分雅緻，因此儘管這些神經科學的資料看上去很複雜，且讓我們來看看，科學家是如何應用它們，創造出精彩的理論。麥可．葛拉齊亞諾運用這些發現，提出了一個**注意力基模理論**（*attention schema theory*）來討論意識的起源。這個理論的核心概念是，覺察本身其實是資訊。當我們在為覺察創造出表徵時，其實是在替注意力建構一個符號表徵，用以再現我們付出注意力的歷程——我們注意力所專注的客體，以及對該客體假定的覺察內容。換句話說，關於覺察的資訊——注意力的焦點與被注意的客體——只是一項推論；它推論的是，他人的覺察可能是什麼樣的情況。我們永遠不可能真正知道另一個人的主觀經驗；我們只能對他的覺察建構出一種想像。替他人的注意力焦點和推斷出的覺察建構出符號表徵，這樣的能力於是被我們的大腦運用在自己身上，為自己內在的覺察經驗進行同樣方式的推論。以這種直觀的方式，這項理論認為，覺察只不過是一則資訊：真正的覺察並不存在；實際上發生的，是對於覺察的推論。「真正的覺察並不存在」，我知道這聽起來也許很古怪，因此，讓我來談談自身對這個獨到的理論的見解。

當我們看著另一個人時，我們會運用自己大腦中的神經機制進行映繪——大腦中的再現——描繪出我們對那個人的心智內部、也許正在發生什麼樣的精神狀態的想像。如此一來，我們便能藉由TPJ和STS，以及內側前額葉等區域所製作出的映繪圖，建構出一種「他人是具有意識經驗的」的感受。這些都屬於我所謂的**共鳴迴路**（*resonance circuitry*）的一部分——共鳴迴路是大腦中一組相互連結的區域，使得我們能夠感受得到他人的感受、映繪他人的心理狀態、擁有第七感。有趣的是，當我們進行正念冥想練習時，這一組共鳴迴路也會變得活躍，這顯示出，我們「調頻對準自己的內在」，與「調頻對齊他人的內在」這兩種動作都會涉及到的社會迴路，似乎也正是我們目前所討論的，與意識相關的迴路的一部分。

這裡所要傳達的重點是，我們取得內在洞察力時所動用的社會大腦神經機制，和我們產生共情力，以進入他人內心的神經機制，其實是相似的。

也許你也已經覺察到了一個有趣的發現。無論是資訊整合理論或是社會大腦的觀點，他們談論的內容，都是關於焦點化注意力——關於注意力的客體成為意識的一部分這件事。這些都是非常精彩的理論，能夠與覺察之輪的經驗連結，甚至可能直接說明了注意力的輻條如何連結輪框的機制——意指我們將注意力聚焦在某個對象上，接著，以某種方式，它出現在我們的覺察之中的機制。這麼看來，我們的注意力輻條這個譬喻，也許蘊含著這樣的機制，能夠指涉出，大腦中與注意力焦點和覺察相關的社會迴路與其他腦區裡，能量流達成整合的程度。這些是有用的潛在機制，也許能幫助我們更深入地洞察輻條。

然而，讓注意力能夠把能量和資訊流引導「進入」其中的那個覺察，究竟是什麼？真的存在著一個所謂的「進入」覺察的過程嗎？當我們嘗試去思索覺察背後的機制時，將覺察本身譬喻為一個輪子的輪心，像是一個容器，可大可小，會透過焦點化注意力輻條這個管道接收輪框上的元素，這種譬喻方式，會不會具有誤導性？且讓我們潛入意識科學的更深處，看看這趟剖析覺察本質的旅程，會走向何方。

知曉的輪心，與純粹的覺察背後，可能的大腦機制

讓我們立基在資訊整合理論與社會大腦的意識理論（consciousness of the social brain）這兩種以大腦為基礎的理論上，看看它們如何呼應我們對覺察之輪的反思和探索。在覺察之輪的練習中，我們的注意力從來自身體五官的感官流動、移動到身體內部的內在體感、到心理活動，接著到關係性的連結。這個從外在到內在再到關係之間的流動，和這些以大腦為基礎的意識觀點是相互並行的。對於意識經驗是如何產生的，資訊整合理論支持區隔與串連——整合的基礎——這個概念。而我們也可以從社會大腦的意識理論對覺察起源的觀點看出，我們社會性的現實感與內在的自我認同感，這兩者是如何深刻地交織在一起的。

令人意想不到的是，儘管穩穩扎根於大腦的模型建構機制，但這個談論社會大腦在意識中所扮演的角色的觀點，卻強烈地展示出，心智同時是關係性與具身化的。麥可．葛拉齊亞諾引人入勝的論點，暗指出了我們的社會關係，對我們的意識經驗可能造成的影響。例如，他在下面這段話中，說明了他對意識在大腦死亡之後仍能存活的觀點：

> 如果意識是資訊，是一個由大腦這組硬體所具體示現的巨大資訊模型，那麼，

它事實上可以在身體死亡之後繼續存活。畢竟在理論上，資訊可以從一個裝置移動到另一個裝置。這裡的諷刺之處在於，唯物主義式的觀點不但沒有減少心靈超越死亡而存在的可能性，反倒是讓它變得更加可能。因此，注意力基模理論，這個完全唯物主義式的理論，非但沒有踐踏死後依然存在這種前景，相反地，它還認為心靈在身體死亡之後仍繼續存活這件事，早就以極其普遍的方式發生了。人與人互相認識、為對方建構模型，資訊便透過語言和觀察，在大腦和大腦之間傳輸。*

當我們感受到另一個人在我們之內、當我們感受到與自己熟悉的人之間的連結時，我們也許就是在自己的大腦神經機制中，感受著對方心智的神經訊號模型。這也許就是我們和親密的人之間的連結感背後，更深一層的運作機制。

到目前為止，我們已經看見，就連覺察之輪這種「內在的」、「個人的」練習，也會動用到「社會性的」、「共享的」神經迴路。意識也許是建立在深刻而廣泛的社會過程上，即便我們認為它是一種純粹私人性的經驗。

當進行到輪框第三區時，我們練習的是對任何升起的事物保持敞開。在這一區的練習中，有可能你感覺到自己被各種湧現的事物轟炸，也有可能，你感受到的是

* Michael Graziano, *Consciousness and the Social Brain* (Oxford: Oxford University Press, 2013), 222.

一種空曠感，幾乎沒有任何東西進入覺察的輪心。介於兩個心理活動之間的空白，也許為你提供了一個對「純粹的」覺察之本質（以輪心這個譬喻來代表）的瞥見。

為了經驗到對覺察本身的覺察，我們有好幾種不同的圖像譬喻方式，幫助我們探索這個經驗，像是對折注意力的輻條，讓它回頭對準輪心；或是讓輻條朝輪心往回縮；或是乾脆直接待在輪心的覺察之內，不伸出輻條。我們將這個步驟稱為「輪心中的輪心」，也回顧過許多關於這個步驟的常見的回饋，指出它令練習者經驗到了一種擴展的狀態、時間感消失，以及與更廣大的整體相連的感受。我們該如何去理解，這些練習後的經驗描述？

如果從背後的機制這個角度來看的話，所謂變得寬廣、擴展的覺察，這種「輪心中的輪心」的經驗，實際上的意義是什麼？心智轉換進入一種亙古永恆的無時間感，隱藏在這種現象背後的基礎是什麼？許多人告訴我，他們經驗到與他人之間，以及與身體界線之外的事物之間的連結感。還有許多人說，他們就只是覺得自己充滿了喜悅和愛。這些普遍共通的回饋，到底意味著什麼？如果世界各地的練習者，對輪心中的輪心的體驗如此一致，那麼，輪心這個譬喻，在「意識是如何產生的」這個問題上，讓我們明白到的是什麼？覺察本身真正的機制，究竟是什麼？

如果用資訊整合理論的角度來看的話，我們也許可以這樣說：當沒有任何注意力焦點放在輪框上時，我們在整合的，是廣大的可能性，而不是某個被注意力焦點鎖定的單一焦點。換句話說，如果將不同的元素串連在一起——整合——是讓我們產生覺察的必備條件的話，那麼，在沒有特定注意力焦點的情況下，輪心中的輪心這個經驗，也許是在將無限的可能性串連在一起，而這正是開闊感和永恆感升起之處。

而提出對注意力本身進行映繪的社會大腦意識理論，他們對於輪心中的輪心這個練習步驟，或許也會有相似的看法。從他們的角度，我們或許可以說，當我們為「沒有特定焦點的注意力」，亦即「沒有特定的輪框焦點、沒有特定的神經元放電模式的注意力」建立注意力模型時，這也許可以算得上是一種**對無限的映繪**（*mapping of infinity*）。換句話說，如果某一種特定的神經元放電模式——輪框上的一點——是注意力焦點所在之處的話（覺察之輪大部分的練習內容都是如此），那麼，當我們去映繪那個注意力時，便會得到一個非常特定的主觀經驗，進入覺察之中。要取得這種對**某件事物**的覺察，我們所做的是，將注意力的輻條指向輪框，以取得這種焦點化注意力的經驗。然而，當我們把輻條對折，啟動輪心中的輪心的經驗時，我們則是在對一種非對象化的注意力建立模型，在這種開放的覺察狀態下，我們注意力所投注的對象，是尚未顯化的**可能性**。這種對覺察的覺察——我正在試著運用社會大腦和注意力基模理論的論點——也許是一個針對非對象化的焦點所映繪出的注意力模型，而它帶給人一種開闊感。換句話說，不同於映繪「有特定焦點的注意力」，當我們映繪的是「對僅只是可能性的注意力」時，在那個片刻所產生的注意力資訊模型，會帶給人一種無限的感受。

神經科學家理查．戴維森針對冥想練習和大腦放電所進行的研究，也許能夠提供一些額外的線索，說明為何資訊整合理論與注意力基模理論的觀點，能夠在我們爬梳有關開放性覺察的研究資料，與探索覺察和輪心本質的過程中，得到支持。他和丹尼爾．高曼，這兩位冥想研究領域的領軍人物，在他們共同的著作中，他們談到了開放的覺察與善良的意圖這類型訓練的核心可能是什麼，而且說不定，在稱之為「瑜伽士」這類長期靜心冥想的人身上，我們能夠找到接受性覺察在神經生理層面的實際對應：

所有瑜伽士都散發出強烈的伽瑪振盪（gamma oscillations），不只是在修行安住當下和慈悲心的期間，還在第一次測量、禪修完全沒有開始之前！這個令人振奮的頻率模式，就出現在腦電圖裡面標注著「高振幅」（high-amplitude）的伽瑪波區，這是最強烈、最密集的腦波形式。在他們開始禪修之前，這種伽瑪波在基線測量的期間持續了長達一分鐘之久。*

為了讓讀者們體會到伽瑪波在我們日常生活中的感受，高曼和戴維森提供了這個小練習：

伽瑪波，是所有腦波中最快的腦波，當大腦不同區域一起和諧地激發時，才會產生。就像是靈光一閃，心中謎團的不同元素，「喀」地一聲組合在一起，得到了洞見的瞬間。為了讓你感受一下這個「喀一聲」的瞬間，試試看這個字謎：「有哪一個單字，可以同時加到 sauce，pine，crab 這三個單字上，讓它們都變成複合字？」當你的心中湧現答案的那瞬間，便是你的大腦短暫製造出獨特的伽瑪波的瞬間。†

那種洞見迸發的瞬間，是我們對某件事物浮現於覺察之中的主觀經驗，它與我們所知的大腦高度整合時產生的「伽瑪波噴發」有關。可以說，這種整合狀態，便是輪框上的某個元素與輪心產生連結時的神經機制。當大腦的神經元放電彼此協調一致時——當它達到某種程度的複雜度時——便可能產生伽瑪波，我們於是得到覺察或意識這類主觀經驗——就像是當你發現，上面那個問題的答案是 *apple*（**蘋果**）的那個瞬間。（說明：apple 可以同時加在 sacue／醬料，pine／松樹，carb／螃蟹這三個單字上，創造出 applesauce／蘋果醬，pineapple／鳳梨，crabapple／酸蘋果這三個複合字。）高曼和戴維森又舉了下面這個例子來進一步說明：

* Daniel Goleman and Richard J. Davidson, *Altered Traits* (New York: Penguin Ran- dom House, 2017), 232.

† Ibid.

另外一個誘發出短暫伽瑪波的例子是，想像你一口咬下熟透多汁的桃子，這時，你的大腦便把你過去儲存在枕葉、顳葉、體覺、腦島、嗅覺皮質（olfactory cortices）等不同區域的記憶全部提取出來，在那個瞬間將畫面、氣味、滋味、感覺和聲音組合成一個單一經驗。在那個極短的瞬間，從這些皮質區發出的伽瑪波都在完美地同步振盪。*

這符合了資訊整合理論的觀點，或許也呼應了注意力基模理論的觀點，在該論點中，當我們聚焦注意力，使桃子的記憶出現在覺察中的瞬間，會牽涉到各種不同的神經元放電模式，而我們會為這個注意力聚焦的過程建立起模型。

這幫助我們看見，當我們對某個事物產生覺察，也就是覺察到注意力的輻條如何將輪框與輪心連結在一起時，腦神經的同步性。再次重申，**焦點化注意力的輻條，代表的也許是一種神經整合的狀態**。那純粹的覺察、輪心中的輪心這種經驗呢？具有接受性、開放的覺察本身，它如何對應在大腦的層面？

這裡有一段來自戴維森團隊實驗室，對數個瑜伽士，包含詠給明就仁波切（Mingyur Rinpoche）進行研究之後所發表的獨特洞見，而這些洞見或許也和我們的探索有關：

瑜伽士與控制組的受試者身上所散發出的伽瑪波強度，有著巨大的差異：平均而言，瑜伽士在基線測量期間的伽瑪振盪，強度比起控制組高出二十五倍。我們只能推想這種情形反映出的意識狀態：詠給明就仁波切這樣的瑜伽士，不是只有在禪修時，而是在日常生活中也長期處於一種開放而豐富的覺知狀態。受試的瑜伽士們自己也形容，那是一種廣袤又寬闊的體驗，彷彿所有的感官都全然敞開，進入圓滿豐美的全景體驗。†

「廣袤又寬闊」這樣的主觀經驗描述，也常常從覺察之輪的練習者身上，在他們練習輪心中的輪心、體驗到什麼是覺察到覺察本身（即使很短）時聽到，就算他們是沒有接觸過冥想的新手。覺察之輪工作坊學員們的主觀描述，也十分符合高曼與戴維森書中所提到的，五百多年前的文獻紀錄：「如同十四世紀西藏法本中形容的……是純一、清淨的覺性；是無住之智慧，任運而自然光明；是無所緣，無所執取而明淨；是無所緣，無所執取而明淨；是無量無邊，廣大如虛空的明現；六根自然安住任坦然……」††

* Goleman and Davidson, *Altered Traits*, 232.

† Goleman and Davidson, *Altered Traits*, 233.

†† Ibid., 234, quoting from Third Dzogchen Rinpoche, trans. Cortland Dahl, *Great Perfection, Volume II: Separation and Breakthrough* (Ithaca, NY: Snow Lion Publications, 2008), 181.

這種廣袤無邊的覺知，在大腦中對應的也許是高度的整合狀態，一如高曼與戴維森的總結：「一般人的伽瑪振盪為時甚短，而且只出現在獨立的神經區域，瑜伽士則完全不同。這些禪修大師們散發出非常強烈的伽瑪波，在整個大腦中同步振盪，而這種現象竟與任何特定的心理活動都無關。這是前所未見的。」*

前面曾經提過，神經精神病學家賈德森．布魯爾和他的團隊們，也從一系列的冥想練習中，發現類似的大腦電子訊號模式，並將它稱之為「不費力的覺察」——一種當任何事物升起時，覺察到它的升起的狀態。

在強納森．納許（Jonathan Nash）與安德魯．紐伯格（Andrew Newberg）對冥想練習的評論中，他們認為，可以用這樣的方式來形容這種開放的覺察：

> 要為這種擴展的狀態作出定義是更加具有挑戰性的，因為它暗指出了影響和認知的缺席——一種沒有任何現象學式內容的空無狀態。而這種空無的概念早已出現在許多不同靈性／宗教傳統的語義建構中，例如：巴利文的 nirodhasamapatti、梵文的三摩地（Samadhi）、日文的三托歷（satori），與藏文的大圓滿（dzogchen）。然而，由於難以捕捉其精髓，試圖將這類無法言喻、非概念性的意識狀態翻譯成英文的嘗試，不得不淪為一種掙扎。由此一來，許多不同的詞彙，根據其文化／宗教信念系統、語言觀點，及其對冥想的本體論看法，已逐漸演變。相關的例子不勝枚

舉，像是：神性意識（God Consciousness）、基督意識（Christ Consciousness）、佛陀意識（Buddha Consciousness）、宇宙意識（cosmic consciousness）、純粹意識（pure consciousness）、真我（true-Self）、非我（non-Self）、NDA（Non-Dual Awareness，非二元覺知），大一體存在（absolute unitary being）；還有其他的字眼，像是：無形無相、虛空、空性、與無分別的『存在』或『如是』」。†

科學家們在已經進行集中的注意力、開放的覺察、善良的意圖這類心智練習超過一萬小時的「冥想專家」身上所進行的研究，既有趣又十分有益，幫助我們釐清密集的練習是如何改變了大腦。不過只要能夠在練習的時候短暫接觸，即使只是最基本的練習也有可能創造出類似的腦部激發狀態。這些研究有助於闡明心智的本質，以及它與大腦的整合性功能之間的關係。儘管我們大多數人都無法投入上千、上萬小時在正統的冥想練習上，然而，我們可以試著去了解它背後潛在的根本機制，好幫助我們確實鍛鍊自己，逐漸培養出一個更開放的覺察狀態。這正是覺察之

* Ibid., 234.

† Jonathan D. Nash and Andrew Newberg, "Toward a Unifying Taxonomy and Definition of Meditation," *Frontiers in Psychology 20*, November 20, 2013, 4, 806, https://doi.org/10.3389/fpsyg.2013.00806.

輪試著在你的日常生活中，為你提供的道路。

比方說，或許你會在練習覺察之輪，學會如何辨別出輪心時，接觸到純粹的覺察。而一旦你學會了將輪心與輪框區分開來，也學到了進入輪心中的輪心的技巧，一種你從未想像過的自由和清晰，也許就等在你的前方。有沒有可能，隨著持續不斷的練習，我們終究會接觸到，潛藏在反覆出現的輪框模式下方，我們每個人天生都擁有的無垠的覺察？

這裡，對於意識如何對應在大腦的神經生理層面，我們可以作出的一般性陳述是：覺察似乎與大腦的整合有關。而這個觀點，與當代最前沿、探討冥想如何影響神經功能的科學研究中，那些令人興奮的發現符合一致，同時也能呼應資訊整合理論以及社會大腦的意識理論。

在接下來的篇章中，我們將探討的一些概念，便是立足於這些以大腦為基礎的意識觀點，但不受其侷限。我們會對某些覺察之輪潛在的機制進行思索，而這些思索，將引領我們進入對能量和訊息流這個概念本身的探索。也許你會發現，這些探索充滿了驚喜，也可能為你帶來解放。

能量的本質，心智的能量

科學，能量，與經驗

如果說，心智是從能量流之中浮現的，那麼盡可能地了解能量，將能夠幫助我們更深入地了解心智和覺察。然而，能量是什麼？

鑽研能量的主要科學領域，是物理學。想像當我收到一封邀請函，去參加一場為期七天、聚集了一百五十位科學家，其中大多數是物理學家和數學家，主題是科學與靈性的研討會時，當時我的心中有多麼興奮。我專業方面的背景是科學訓練，對於正統的靈性教育，鮮少有直接的體驗。在當時，我的同事約翰．歐唐納修已經過世，我從他身上學到的宗教和靈性教導，以及它們與科學之間的種種關聯，也跟著戛然而止。因此當我在研討會上，被一大群物理學家所環繞時，我抓緊了每一個機會，去探索心中積存已久的關於意識、覺察之輪和心智的疑問，不厭其煩地對每個人提出這個基本的問題：能量是什麼？我猜想在那群科學家眼中，我一定很像是一張跳針的唱片，或是一個走進糖果店裡的孩子，精力充沛又滿懷熱忱地緊咬著這個問題不放。

我發現，那些在用餐的時候、走路的時候和正式的會議場合上所得到的種種回應都十分精彩有趣，因此我會將其中一些相關的概念與意涵，摘要整理在接下來的篇章之中。雖然我討論的對象是物理學家，不是心理學家，但是對我而言，那些討論的內容，照亮了我們看見心智機制的可能性，也開啟了一個新的方式，幫助我們去思考人們所提出的那些覺察之輪練習心得。覺察的本質是什麼？意識的本質是什麼？整個輪心究竟意味著什麼？這些我揣懷在心中、攜帶到那個研討會會場裡的疑問，在物理學的啟發之下，答案以一種我原本想像不到的方式，逐漸開始變得清晰起來。

但仍希望各位讀者記得，接下來我將向各位提出的理論框架，是從我跟一群數學家、物理學家們的討論之中浮現的，它符合科學原則，但不受限於科學。也就是說，這項關於意識本質的論述，立基於物理學、數學與其他科學領域的專家們所告訴我的，他們所「知道」的現實，即便那些概念並沒有被他們運用在探索心智這個主題上。我並不希望錯誤地傳達物理學或任何其他相關領域的看法，或是暗示各位這些想法已經被傳統的科學界所接納或採用。目前並非如此。我們接下來所要探討的，是關於能量的科學，這個物理學所專注研究的領域，或許能夠幫助闡明心智的本質，並且將這些觀點應用在我們對覺察之輪的種種討論，以及你個人第一手的，對於心智的主觀經驗上。請留意，上面這一段話的關鍵字是：**或許**。

這套想法好幾年前便已經浮現，後來我開始在工作坊、課堂演講和書籍中傳授它，也將它應用在臨床治療以及我個人身上。這些年來，我發現這套理論框架可以適用在各種每個人似乎都遭遇過的經驗上。它很可能是正確的，也可能不是。好幾個願意花時間聆聽我這套想法的物理學家們，都為它所展現的可能性感到振奮，包括那些同時專精於量子物理學和冥想的專家們。

此外我們也見到，許許多多來自不同傳統，教導人們運用靈性與深思的工作者們，也都覺得這套想法與他們原有的觀點十分契合。在這裡，我所謂的「**深思**」（*contemplative*），指的是深刻的內在反思。而**靈性**（*Spiritual*）一詞，雖然存在著各式各樣的用法，但通常指的是人類的一種基本動力，渴望活出一個充滿連結與意義的生命，一如我們前面曾經說過的。「意義」在這裡指的是，什麼對於一個人是有目的感和重要性的。「連結」則是對歸屬感的經驗，一種歸屬於一個大於肉身所定義的自我的整體的經驗。而我們接下來要探討的概念，將會以一種動人的方式，使我們更加理解到什麼是意義和連結。

有意思的是，這套理論框架似乎也能夠和那些曾經與我深入談論過他們內在精神世界的家人、朋友、案主們呼應。我平時很喜歡閱讀自傳性的陳述，而同樣地，這些反思的話語，常常也與這套理論框架相符。約翰·歐唐納修的詩作啟發我甚深，因此我也發現，透過這套框架，我們可以用一種全新的視角，去感受許多作家對於人類精神世界的詩意照見。

當然，上述提到這套模型適用種種人類經驗的觀察，有可能只是巧合，甚至可能是一個確認偏誤（confirmation bias）的實例，是我自己的頭腦在為它的信念辯護，讓我只覺察到能夠證明我想相信的論點的詮釋和發現，扭曲我的感知，去肯定我想要以為的真實。也就是說，這套理論框架有可能是不準確的。你需要自己親身去驗證，它是否與你個人的經歷相符。

然而，我又一再地從人們身上聽到同樣的心得，那些曾經與我一起討論過這套理論框架的人，多半認為這加深了他們對覺察之輪與生命本身的認識。這套觀點似乎同時符合了科學、主觀性與靈性，說不定，它有機會成為一座橋梁，銜接起這三種經驗和理解現實的方式，幫助人們在生活中找到這三者的交集。

試著用開放與挑戰的眼光，親身體驗這些概念，你可以捨棄對你而言行不通的部分，留住行得通的部分，並持續發展它們。這是一套也許對你來說有用的理論框架，但也可能沒用。請試著收下它，在生活中試驗它，然後看看會發生什麼事。

我擁有一顆好質疑的頭腦——我甚至會質疑我自己提出的問題。因此當我們繼續這個話題之前，先記住這一點也許會有點用處：無論你有多少懷疑，我大概都懷疑過，而且只會更多。即使如此，我們都還是可以主動地暫時擱置這些懷疑，試著去看看這個關於心智的新視角之中，會不會其實有些道理和實用之處。就算我的心中對某件事充滿了熱忱——好比說這套理論框架——但我總是有一套自己的懷疑標準。時時保持著一定程度的質疑是一種健康的態度，但要避免讓不安阻礙了我們的成長。正如同某位睿智的教授曾經給過我的建議：唯有抱持著犯錯的勇氣，我們的洞察與體會，才有進步的可能。

所以，我說的這個理論模型到底是什麼？這個框架如何與你練習覺察之輪的過程對應，無論是在概念上或實際經驗上？在下一段旅程中，這所有的問題都會得到回應。準備好了嗎？讓我們前進吧。

自然界的能量

我們生活在至少兩種不同層級的現實中。我們在其中一個層級——大型物體的層級——所體驗到的能量是各種力，例如重力、壓力，或加速度。當你騎自行車的時候，你運用身體的能量去踩踏自行車踏板，感覺到重力將你拉向地面的同時，加速度則帶著你奔馳過街道，直到你跳下自行車，感覺到雙腳踏在人行道上的壓力。這是你生活中所熟悉的，充滿能量的世界。

同時間，你也生活在現實的另一個層級——超級微小實體的層級，例如電子或光子。不同於你的自行車或腳下的人行道，你的肉眼看不見電子或光子，但一個充滿電能和光能的世界，無時無刻包圍著你。

我們出生在一個大的身體裡，「大」在這裡的意思是，它遠比一粒電子或光子大得多。我們已經習慣以這種「大身體」的角度來思考能量，例如那些讓我們可以運用來工作和移動的力。甚至是身體功能消耗能量的方式，我們吃下食物，並吸入富含氧氣的空氣，以利用食物中的能量。如我們所見，能量無所不在。

可是，能量是**什麼**？

這就是我在研討會上反覆地對那些科學家友人們提出的問題。他們說，能量不是一個「東西」；它是一個名稱，用來代表現實一個普遍被接受的一般性面向。

好，那我會問，這個「一般性面向」又是什麼？頻率、強度、位置、結構，這所有各種不同表現形式顯化出來的能量，它們之間的共通性是什麼？透過能量的CLIFF變因，是什麼在被顯化？**到頭來，能量究竟是什麼？**

你應該想像得到，我對他們發出的疑問裡面也飽含了能量。

噢，問到最後，他們其中的幾個人會這麼告訴我：總而言之，**能量就是從可能性到確定性的移動**。就這樣。

等等，你剛剛說了什麼？

從可能性到確定性的移動，他們這句話基本的意思是，能量是一種**從潛能，到潛能被實現的移動**。能量，就是可能性的實現。

這短短的一句話，讓我的腦筋天旋地轉，而且我猜，說不定你也是。且讓我們暫停一下，細細反思「可能性轉化成確定性」這項廣義的陳述。

從物理學的其中一個分支，「量子力學」的角度來看，宇宙中有一個潛在的「量子真空」（quantum vacuum），或者說「潛能之海」（sea of potential）——它是一個用來描述現實的數學空間，代表了一切可能成真的可能性。換句話說，現實具有某個面向——稱為「數學空間」（mathematical space）——它是一種描述方式，用來描述世上一切可能會成真的潛能的存放之處；那就是它們所在的地方。這個空間稱之為潛能之海，你可以將它看成是一片大海，所有可能會實現的確定性全都漂浮在那片海洋中。任何可能成真的事物，都是從這一片海洋、這個量子真空中浮現的。

對於不熟悉量子物理學的人來說，這段話也許會聽起來很怪異；對厭惡數學的人來說，這些話可能令他們避之唯恐不及。這多年來，在和我的同事以及這條道路上的旅伴們一起逐步超越這最初的恐懼之後，我可以向你保證，只要付出些許耐心，最初這些令你感到陌生又奇怪的概念，將會變得令人興奮、熟悉，甚至實用。

在我們旅途的這個階段、在這個對現實的分析層次，我們現在要嘗試去理解的概念，對許多人來說，一開始很難弄懂，甚至無法對它產生任何初步的感覺。因為我們居住在一個相對大型的物體中——我們的身體，也用它與其他的大型物體互動，例如其他身體、汽車、建築物——我們很習慣用絕對的方式去思考物品，包含能量，而不習慣以機率的角度看待事情。如果我說中了你的感受，要知道，你並不孤單。事實上，大型物體的運作，至少在表面上，是受到一組物理原則的規範，而它們比起那些掌管著微小事物互動方式的物理原則們，看起來理所當然許多。這裡所謂的大型物體有時候被稱為「**巨觀態**」（*macrostates*），微小事物則被稱為「**微觀態**」（*microstates*）。微觀態包含了電子與光子。巨觀態則是指我們的身體、汽車，建築物等等。

大型物體的世界的運作法則，是所謂「古典物理學」所致力研究的焦點，它是由三百五十年前的艾薩克．牛頓爵士（Sir Isaac Newton）所提出，因此這些掌管大型物體的法則，通常也被稱為「牛頓力學」。這些掌管大型物體（事實上是由超級多微觀態所集合而成的巨觀態）的法則，例如加速度定律和萬有引力定律，對於我們所生活的這個大型物體世界十分有用，所以我們才能搭乘飛機或駕駛汽車，並讓機械工程師打造出具有機翼、輪胎和煞車的系統，好讓飛機飛上天空，或停止一輛汽車，或用安全帶繫住我們的身體，盡可能保護我們的安全。這些都是基於牛頓力學所產生的工程學。我的父親是一名機械工程師，專門設計直升機和汽車，他的整個職業基礎，都建築在這個世界公認的牛頓古典物理學上。在巨觀態彼此之間的互動中，存在著一組能量表現的規則，這組規則決定了一種功能上的確定性，所以，我們才能夠坐在客機或直升機裡飛到半空中，即使是在風雨交加的情況下，也不會掉下來（但願如此）。或是，當我們踩下煞車時，可以讓汽車完全地停止下來。牛頓以數學方程式的方式整理出這些定律，而它們持續發揮作用直到今天，讓我們飛上天空，或在紅燈之前停下。這是一種美妙的感覺，是我們巨觀世界的生活經驗裡，一種通常可靠的確定性。

另一方面，比起肉眼輕易就能看到的巨觀態物體，量子力學處理的則是一個更深、更細微的層面（事實證明量子法則也適用於巨觀態，只不過在這個尺度上，它更加難以被察覺出來）。量子物理學大約誕生於一個世紀以前，它探討的是宇宙機率的本質，而不是牛頓或古典物理學家探討的巨觀狀態表面上明顯的確定性。量子是一種衡量經驗的單位，是互動的基礎——因此，從量子的角度來看，生命與現實，其實就是一連串基於**機率的變化**，持續開展的互動，這一論點即使聽來狂野，但已得到堅實的科學驗證。物理學家亞特．霍布森（Art Hobson）曾說過，量子是「一捆，或某個定量的場能量，它高度統合成一體，具空間擴展性。量子這個名稱源自於『數量』（quantity）一詞。每一個量子都是場域之中的一個波（一個擾動）。包含的例子有：光子、電子、原子和分子」。*

簡單地說，量子物理學基於可能性和機率所產生的觀點，呈現的是現實「如動

* Art Hobson, *Tales of the Quantum* (New York: Oxford University Press, 2017), xi.

詞一般」（verblike）的性質；而古典物理學則專注於這個世界的物體彼此互動時「如名詞一般」（nounlike）的確定性。有一些同行曾經問我，為什麼要去量子物理學的領域裡找關於心智的答案——為什麼不專心研究大腦就好？由於經常聽聞許多講者運用各種量子物理學的術語，卻沒有太多實徵性的確切科學證據支持，這往往加深了他們的顧慮。他們說，以神祕的量子物理學之名，很多瘋狂的事情會廣為流傳。就連本行的物理學家們在某些議題上也充斥著火熱的爭論。霍布森的看法是這樣的：「至少從古希臘時代開始，哲人們就想要知道宇宙終極的成分是什麼了。構成現實的東西是什麼？它是如何運作的？……原子也好，一切其他的事物也好，都是由更基本、更神祕的東西組成的，也就是被捆綁成『量子』的『場』（fields）。」接著他引述了量子物理學界兩大巨擘之間的互動，尼爾斯．波耳（Niels Bohr）對沃爾夫岡．包立（Wolfgang Pauli）一場演說的回應：「『你我都同意，你的理論是瘋狂的。而我們之間唯一的分歧之處在於，你的理論是否瘋狂到有可能是正確的』。大自然的創造力遠遠勝過人類的想像力，而微觀的世界絕非尼爾斯．波耳或任何其他人能猜想得到的。量子物理學確實很不正常，而有些人因為它的怪異，便老早否定了它的某些部分，但是，光是奇怪這一點，是不足以作為否定一個科學理論的理由的。」*

某些經過多次嚴謹實徵研究所建立起來的量子概念，或許有助於我們探索心智與覺察之輪的機制。我們會盡可能在符合科學範疇的情況下運用這些概念，但在需要的時刻，我們也會讓想像力以科學為墊腳石，搭出科學和覺察之輪之間的橋梁。也就是說，我們也許能從科學對能量本質的看法中——宇宙的微觀過程——擷取出一些洞見，幫助我們更加明白人類的精神世界。

我們轉向量子科學的觀點，並不是為了傳達一些瘋狂的知識，不必要將事情複雜化。一如哲學家賈迪許．哈蒂罕加迪（Jagdish Hattiangadi）所說：「我們訴諸量子力學，並非出於它的權威性。它並不是因為波耳的權威才成立的論點。研究它是有意義的，因為它身處於物理學本身所欲探討的最基礎層次。」†

讓我列舉出實徵科學看待能量的四項原則，在接下來的整個旅程中，我們會持續地探索並應用這些原則。量子物理學邀請我們去檢驗以下幾點：

1 現實的機率性質。

2 測量與觀察對機率的潛在影響力。

3 現實的關係性質、量子糾纏，及其非局域性的（nonlocal）影響力。

* Hobson, *Tales of the Quantum*, xiii.

† Jagdish Hattiangadi, "The Emergence of Minds in Space and Time," in *The Mind As a Scientific Object*, C. E. Erneling and D. M. Johnson, eds. (New York: Oxford University Press, 2005), 86.

4「時間箭頭」（arrow of time）或變化的方向性，可能只會在現實的巨觀態層面顯現。

如果本書接下來的走向令你感到擔憂，讓我從一個備受爭議、經常引發許多情緒反應的重點開始。這是上述四個題旨之中，我們會先行簡單檢視的一點——有關於「觀察會對能量的機率產生影響力」的這個問題。

它會引發擔憂的緣故，在於某些人會引用這個效果，斬釘截鐵地聲稱，量子物理學「已經證明了」是意識創造了現實。然而在物理學界，這個推論是受到高度爭議的。爭議之處在於，如何詮釋一個已經廣為接受、沒有爭議的科學發現——亦即當電子通過一片雙縫金屬屏障時，人為的觀察會影響觀測的結果。某些人認為，「觀察」這個舉動會導致「波函數坍塌」，意思是說這會使電子出現粒子（一個確定性）的行為表現，而不是以波（一組機率）的方式行進。你也許還記得高中時在學校的物理課裡學到過這個實驗發現。而這個實驗發現的爭議之處，並不在於有人做出了不同的實驗結果，而是在於如何賦予這個結果意義——為什麼「觀察」這個動作會與一組機率轉變成一個單一確定性這個現象產生關聯？我們又該如何詮釋它的意義？

一個被稱為正統哥本哈根詮釋（Copenhagen interpretation）的論點指出，觀察行為會改變機率函數，然而這只是眾家說法中的一種。別的觀點則認為，觀察其實不過是在宇宙浩瀚的大量現實中進行選擇，或者，根本沒有所謂的波或粒子，存在的是其他想像量子本質的方式。然而選擇是如何發生的、這種現實的基本單位確切是什麼，而觀察到底又是如何影響它們的，目前答案並不清楚。還有一些人認為，問題出在測量方式，而不是意識的影響力。量子理論創始人的嫡傳弟子亨利．史戴普（Henry Stapp），則是將心理活動影響我們在物質世界所觀察到的現象，這個來自正統哥本哈根詮釋的一般性概念，向前推進了一步，他指出，除了由意識所創造的觀察活動，我們心理狀態中的「意圖」成分，也會對機率函數造成影響。史戴普先生，這位量子物理學界的泰斗，他清澈的思維與對信念的熱情，深深震撼了我。或許你也能夠感受得到，他將人類意識置放於宇宙從機率化為確定性這個開展過程的核心，這個可能的詮釋是多麼地富有魅力——它甚至可能是準確的。然而科學界對這項重大議題仍存在著激烈的爭議，我們會尊重這些爭論，朝可能的方向探索，而不武斷地做出結論。

倘若哥本哈根詮釋是成立的，或者史戴普將意圖與覺察納入影響因子這個迷人的延伸觀點是正確的，在我眼中，它們所透露的是，觀察改變的是機率函數——它並不會創造出那個電子；它只不過是「要求」那個電子波動的機率分布，從一系列的可能性之中浮現，化為一個確定性。換句話說，覺察也許會改變微觀態的機率，但不會創造出量子本身。但光是**如此**，就已經精彩絕倫了。以下是劇透警告：在本書中，我們將不會解決任何有關雙縫實驗詮釋方法的爭端，我們會在我們的探索過程中，擁抱這些爭議，尊重科學家們所提出的不同理由與看法，並且對注意力、覺察和意圖**有可能**形塑了可能性化為確定性的過程這個論點，抱持著最起碼的開放態度。

也許你已經開始感受到，為什麼轉向量子科學的觀點，與我們對覺察之輪的探索其實是頗有關聯的。覺察之輪有助於鍛鍊這三大支柱：集中的注意力、開放的覺察與善良的意圖，而這些心理技巧很有可能直接影響到，可能性變成確定性的過程——這個過程就是所謂的能量流真正的意義。

在接下來的旅程中，我們會將這個仍有爭議的概念放在心中，考慮到心智的注意力、覺察和意圖**有可能會**改變機率——也有可能不會。再次提醒，當我們在這些得到科學實證，但讓人腦急轉彎的微觀世界科學觀點，與我們練習覺察之輪時獲得的主觀經驗之間，試著搭起一座橋梁的同時，別忘了保持開放的心胸，尊重懷疑，試著明辨該如何對科學進行詮釋，並謹慎地將它應用在我們對主觀經驗的理解上。

這裡有一個重大的挑戰是，我們是一種擁有大型的、巨觀態身體的生命體。沒錯，我們確實是生活在**身體**裡。這很棒。身體是一件值得好好照顧與珍惜的事。但同時間，我們也擁有**心智**。只不過心智某些面向的能量流動屬性，有時候是受到巨觀態、身體尺寸的原則所決定（像是當我們感受到拂過臉頰的微風，或是沉浸在夕陽的餘暉中時），但有時**也會**受到微觀態的基本法則、能量場中的量子，比如電子和光子所決定（像是當我們讓自己沉浸在情緒、思想、記憶、幻想——甚至是覺察本身時）。在機率的微觀世界之中，我們的心智，並不受到被確定性主宰的、巨觀態身體的存在層面所約束，它能夠自由地去體驗各種比身體更加浩瀚、更靈活的現實。將機率與可能性轉化為確定性，是我們精神世界本質的其中一個面向，若是我們能擁抱上述這個可能性，你將會看到，它也許能夠為我們提供一個更直接的觀點，幫助我們理解覺察背後的心智機制。

另外一個來自於量子物理學領域，至為根本也深具挑戰性的概念，是現實的關係性質（relational nature）。集物理學家、哲學家與醫師於一身的米歇爾・比特伯爾（Michel Bitbol）如此解釋：「某些解釋必須以關係的角度，而不是以絕對屬性的角度來給出，在理解到這一點的當下，科學便向前跨出了重大的一步……波耳曾經說過，這些量子概念看上去確實都很古怪，為了讓它們看起來不奇怪一點，也許我們必須改變理解事情的觀念。他的意思是，我們必須將我們理解世界的觀念，轉變成理解我們與世界之間的關係的觀念。」*

覺察之輪練習，邀請每個人在自己的主觀沉浸中，去直接經驗能量流這種種不同面向。某位人士在練習過覺察之輪，體驗到巨觀態的確定性與微觀世界的可能性

* Hasenkamp and White, eds., *The Monastery and the Microscope*, 54–55.

（尤其是在輪心中的輪心步驟時）這兩者所帶來的不同感受之後，邀請我到英國，在艾薩克．牛頓爵士的出生地舉辦覺察之輪工作坊。我們一行人聚集在當初啟發牛頓提出萬有引力定律的那棵蘋果樹下。在那個薄霧籠罩的六月午後，沒有任何一顆蘋果掉在我們頭上。在他出生時的居所，也是當他還在劍橋大學就讀，卻因鼠疫爆發而不得不返回的那個家中，牆面上寫著一句他的話：「我算得出天體的運行，卻算不出人類的瘋狂。」有沒有一個可能性，是因為人類心智就某方面來說，是以量子機率函數的方式運作，而那是牛頓的時代尚未意識到的觀點？當我帶領學員練習覺察之輪，並且在練習結束後，與他們討論從輪框到輪心主觀感受到的經驗轉換時，我們就像是在提供一個跨越時空的連結，用以表達對牛頓爵士的感激，感謝他對人類偉大的貢獻，並且邀請他加入這個新的層級，對現實的本質進入更深度的探索。能量的機制，也許正是我們心智和覺察經驗的核心關鍵，而在我們企圖更深一層地去釐清它的過程中，我們將會需要同時擁抱古典與量子，這兩種不同「層級」的現實。

物理學家雅各布．比亞蒙特（Jacob Biamonte）提出了他關於量子複雜網路的理論，他指出，我們可以將更高層級的複雜性（古典層級）視為低層級組成成分（量子層級）的突現現象（emergent phenomenon）。因此，這兩個層級並非各自獨立，而是相互依存的。就算在我們的經驗之中，它們感覺上是彼此分別的，而且通常我們在生活中更加容易覺察到古典層級，但這兩個層級都為我們所用，並互相影響對方。比亞蒙特說道：「關於突現（emergence），最老生常談，而且說得上是最重要的一個例子，就是為什麼我們周圍的景象看上去如此符合古典物理學的描述，但我們所生活的這個世界，實際上的本質卻是量子的。」*

我們的現實表面上看似分成兩個層級，有古典與量子、巨觀與微觀之別，記住這個有趣的科學觀點之後，我們便能夠開啟以下這個對現實的討論，亦即，我們主觀上所經驗到的不斷湧現的心智，也許恰恰反映出我們自身時時刻刻的突現，其所帶有的巨觀和微觀的分層特性。在我們探討如何深入輪心的本質時，我們主要的關注焦點將放在量子的第一原則與第二原則，也就是能量的機率性質、我們如何覺察到它，以及我們的心智對量子的潛在影響力。

量子物理學的第三項發現，是先前提過的量子糾纏。量子糾纏已經是一個我們這個世界**經過科學證實**的現象。它意指的是，微觀態可以互相配對——例如將兩個電子互相配對——產生配對關係之後，它們能互相影響對方，而且不受到空間分隔的阻礙。舉例來說，假如一對配對的電子，其中一顆以順時針方向旋轉，另一顆以

* Carinne Piekema, “Six Degrees to the Emergence of Reality,” Fqxi.org, January 1, 2015, https://fqxi.org/community/articles/display/197.

互補的逆時針方向旋轉，那麼當我們使其中一顆電子用新的方向旋轉，和它糾纏的另一顆電子也會開始用互補的反方向旋轉。這種現象可以發生在兩顆電子彼此相鄰時，也可以發生在距離遙遠的情況下。空間上的分隔並不會改變糾纏配對關係——在這個例子中，關係以互補的旋轉方向來呈現。這便是量子糾纏奇怪但真實的特性，科學家稱它為**非局域性**（*nonlocality*）。

在古典的牛頓物理學觀點中，兩個在空間上分離的巨觀態——例如相距千里之遙的你的身體與朋友的身體——會自然產生一種空間感，區隔開兩個大型物體對彼此的影響力。然而量子糾纏研究則發現，兩個相糾纏的微觀態，並不會因為空間上的距離而阻礙它們關係中的影響力。當然，兩個好朋友和兩個配對的電子不是同一回事——糾纏的理論也許無法應用在這兩個朋友的心智上；也或者，其實是可以應用的，如果說他們的心智也具有量子的微觀態能量特徵的話。

配對的電子無論相隔多遠，都能夠影響彼此。我知道這聽起來很奇怪，但是在我們所生活的這個宇宙裡，這已經被證明是真的了。物理學家阿伯納．奚模尼（Abner Shimony）甚至稱它為「遠距離的熱情」（passion at a distance）。愛因斯坦則稱之為「鬼魅般的遠距動作」（spooky action at a distance），因為在他的觀點中，糾纏意味著必然存在某種超高速移動的能量。然而無論距離多麼遙遠，量子糾纏現象幾乎是同時立即發生的，比光速還快，因此，如果那真的是因為能量移動而產生的現象，就違背了愛因斯坦其中一個最知名的理論——這個宇宙中沒有任何事物移動得比光速快。不過這個光速最快的理論至今仍是為人所接受的。量子的這種屬性，與能量的**移動**無關；而是纏結的關係不受物理距離的影響。我知道、我知道——這真的很奇怪，如果以古典的巨觀角度來說的話，這真是詭異到了極點，看起來根本是不可能的事。量子糾纏，以它對經典所展露的挑戰性，促使我們放開一切對空間的概念，無論在巨觀或微觀的層級，都開放地重新看待我們對現實這個面向的原有定義。而一如它給我們帶來的衝擊，刺激我們去思考從未想像過的事，它同時也已經被科學驗證，是如假包換的，即便是從物質的角度來看也是——畢竟，說到底，物質其實是壓縮的能量，高度壓縮在一起的微觀態能量集結形成了濃密的巨觀態，而我們將這樣的巨觀態稱之為物質，正如愛因斯坦最著名的公式所表達的：能量等於質量乘以光速的平方。

這個已證實為真的微觀態糾纏是不是我們心智狀態的一部分，我們並不知道——我們也不會在這趟旅程中回答這個問題。量子物理學家亞瑟．扎炯克曾說：「在一個極細微的層面，仍然隱藏著某種連結，或者我們所說的糾纏，或量子整體性（quantum holism）。事物表面上看起來是分離的，這就某個層面來說並沒有錯，然而在一個更細微的層面中，它們彼此之間是交互相連的……我們可以開始這麼思考，每一個曾經和另一個粒子互動過的粒子，便擁有了與那個粒子的連結，而那樣的連結會持續向外傳播，越傳越遠，開枝散葉。因此，站在一個合乎邏輯的立場，去假定宇宙的許多、許多部分以我們難以想像的方式連結在一起，這麼想是有道理的。在某些簡單的條件下，我們事實上是能夠以實驗的方式來呈現出這種連結性的。」＊

有時候我們會聽某些人談起，他們準確地感應到親密的家人朋友心理狀態的經驗，即使他們不在彼此的身邊。而這也許（再次強調，只是說**也許**，這個詞會是我們這趟探問與追索的旅程上，經常用到的操作型用語）意味著，在某些關係中，我們的心智有時候確實會展露出量子糾纏這種能量屬性。有鑑於量子糾纏以及非局域性都已經得到科學證實，而如果心智是從能量中產生的，那麼，在一段十分親密、心心相印的關係中，卻**沒有**量子糾纏的經驗的話，不是反而說不過去嗎？

接下來要討論的第四個原則，是我們經驗時間的方式。對某些人而言，進入輪心中的輪心這個步驟時，給他們帶來截然不同的感覺，因為他們會經歷一種無時間感。這與聚焦在輪框上時，會經驗到事情隨著時序來來去去，有著過去與未來的感受十分不同。由於太多練習過覺察之輪的人曾經描述過這種經驗上的對比，這自然而然引發了一個疑問：這種輪框與輪心的對比，能為我們提供什麼樣的洞見，幫助我們釐清這種常見的主觀經驗背後的機制？該如何解釋這種對時間的主觀感受變化？量子物理學對於改變的方向性的看法，也許可以在我們思考心智與時間的問題時，提供一個大的圖像，以嶄新又實用的角度，幫助我們更深入地了解覺察之輪帶來的經驗。

某些物理學家指稱，我們所認為的「流動的時間」，也許並不存在。實際上存在的，是「**時間箭頭**」。這個詞描述的是變化發生的方向。在我們的大型身體中，我們過的是一種依循牛頓定律的具有確定性的生活，屬於巨觀態的層級，我們的經驗開展方式像箭頭的指向一樣具有時序性。如果一個雞蛋被打破了，我們無法讓雞蛋逆轉回原貌。這便是時間箭頭。但是，如果你使一個電子朝任意方向旋轉，無論它之前往哪個方向旋轉，它都可以自由地改變方向，所謂的「之前與之後」——改變的方向性——在現實的微觀態層級，也許並不存在。

或許，當我們進入輪心中的輪心，安住在覺察中時，我們所經驗到的，就是一種沒有箭頭、不具有變化方向性的量子層級狀態。如果我們所謂的「時間流動」這種心理層面對時間的體驗，實際上是一種對變化的覺察，那麼在牛頓物理學、有箭頭指向層級的心理經驗，就會具有時間感，而在量子的、無箭頭指向的層級，就不會有時間感。如此看來，輪心和輪框所呈現的各種面向，透露出的也許就是某些能量的微觀態或巨觀態組成，這解釋了為什麼某些主觀心理經驗是沒有箭頭指向的，

* Hasenkamp and White, eds., *The Monastery and the Microscope*, 35.

彷彿身處永恆的當下，失去了時間感，而另一些主觀經驗卻有清楚的箭頭指向，感受得到時間的流動，串連起所謂的過去、現在和未來。

在接下來的篇幅中，我們要深入探索的最後一項量子物理學的基本發現，是關於能量的機率性質。前面曾經提到，廣義來看，我們大抵可以將能量描述成一種從可能性到確定性的移動。這項來自量子物理學的概念，基本上主張的是，能量是從潛能之海，這個稱為量子真空的數學空間中浮現的。我們不需要解開任何的數學方程式，或是迷失在複雜的數字當中，也能夠想像得出，能量是如何在機率的光譜中，沿著所謂的機率分布曲線移動，從開闊浩瀚的可能性，移向狹窄特定的確定性。

為了從潛能之海中創造出一個確定性，能量必須從量子真空中流出。

重要的一點是，為了對我與那些物理學家友人們的討論細節表示敬重，我必須聲明，根據其中某些物理學家的說法，能量本身也許並不存在於潛能之海這個量子真空之中。或許可以這麼說，將潛能之海中的可能性**轉化**成確定性需要能量，因此能量從那個數學空間中「升起」（arises）。有時，這股能量流攜帶了象徵性意義，我們便稱它為資訊流。另外一些物理學家則認為，宇宙是由資訊所構成的，而能量來自於資訊。我們可以這樣想像這個觀點：構成潛能之海的，是一切可能存在的、我們稱之為資訊的符號結構。於是，量子真空，**這個多樣性的產地**，便可以說是一切可能存在的資訊的來源。以這樣的觀點來看，能量是從資訊的潛能之海中出現的，而它的能量開展模式，使得潛在的資訊變成確定的訊息。而本書中常用的「能量與資訊流」一詞，則尊重了雙方的看法，無論是以能量優先，或是資訊優先，並且也展現出能量與資訊最終相互交織的特性，這事實上也是我們日常生活中的實際經驗。

既然我們所身處的現實，更多是與互動有關，而不只是與固定的實體有關，這整個宇宙更像是一個動詞，而不是一個名詞，因此，能量與資訊是**流動的**——它們不停地變化、發展、移動，它們是一組持續演化的互動能量場域，構成了我們稱之為現實的世界。

在這個當下，且讓你我都用我們巨觀態的身體做一個深呼吸吧。是的，我們居住在一具肉身裡，能量在這個巨觀層級的現實中流動。它是真實的，也非常的重要。當你按下自行車的手剎車時，你知道它會停下。除此之外，能量也會以微觀態的方式流動，因此，檢視現實的量子本質，更直接地去探索微觀態的屬性，也許對我們更加習以為常的巨觀態現實感知方式來說，是一個重要的額外觀點。今天，當我騎在自行車上，思考著你和我會如何討論這個話題時，我心中充滿了感激，感謝古典的、巨觀態的世界，讓我在時間與空間中穿梭，也感謝量子的、微觀態的世界，因為我的想像力和覺察，也許就是從它之中升起的。這正是此時此刻，我想要邀請你一起來做的事情是，在深深吸氣的同時，一起擁抱這兩個層級的現實，讓古典的巨觀世界與量子的微觀世界同時得到尊重與歡迎，並帶著這樣的感受，繼續踏上我們接下來的旅程。

對某些人而言，聚焦在能量或現實的量子屬性這類看似虛幻不實的事物，讓他們覺得非常不科學。然而，請讓我向你保證，在我們用自己巨觀態的、浪漫的身體牽起別人的手，或凝視別人的雙眼時所感受到的宏偉能量之外，在你運用巨觀態的感知系統看見或聽到這些字句所帶來的能量之外，還存在著另外一種形式的能量，不像你平時觸碰、看或聽到的能量那樣具體或熟悉。因此，當你敞開心胸，去接觸這種微觀層級的現實時，確實可能會覺得有些陌生。而對另一些人來說，將能量描述成「從可能性到確定性的移動」都顯得有點不堪負荷——他們掌握不住這個概念，它看不到、嘗不到、觸摸不到，感覺就是，嗯，太詭異了、太「虛無縹緲」了，一點都不實用。也許在這些人眼中，這種描述甚至顯得不科學。

那些認為專注在能量上或微觀層級的現實就等於失去了科學基礎的人，其實就像是在斷言，物理學不是科學。但請放心，能量確實是一個科學概念，這已經是這個宇宙公認的現實。過去一世紀以來，科學界對於宇宙的量子屬性的探討，已經為我們這個充滿能量（還有資訊）的世界，揭開了許多雖然令人意外，但得到實證的面向。如果說心智也是這個宇宙的一部分，是自然的一部分，那麼，去探尋心智與能量的本質之間的關聯，我想也是一件很自然的事。

在某些人眼中，讓對能量本質的探索，成為對心智本質的探索的一部分，令事情變得過於抽象，或者說……不自然。事實上，這樣的舉動確實引發了我某些同行的明顯不悅。為什麼不專心搞好覺察之輪的冥想練習就好？為什麼不專注探討意識的神經對應區塊就好，幹嘛去追究什麼神經訊號模式背後的機制？心智鍛鍊造成神經整合、展現出神經可塑性改變大腦的威力，這些精彩的發現，不就夠我們神經科學家忙的了嗎？為什麼還要打破砂鍋問到底？

是出於我個人的親身經驗，讓我看見一些對大多數人而言都還很新穎、不熟悉的視野，才促使我作出這個決定，去深入探索這些關於能量的科學概念，並且在這裡將它與各位分享。接觸這些新的角度，起初也許會感到不舒服，然而，只要一點點的努力和新的學習，這些概念終將變得容易親近、具實用性，甚至帶來樂趣。

前面也提過，路易．巴斯德曾說，機會是留給準備好的人。我們在這條探索能量機制的路上走得越深，越能夠幫助你準備好自己，應對生命隨時可能丟給你的機會。深入探究微觀態能量流的機率性質，也會增強覺察之輪的練習功效，支持你創造生活中的健康與幸福。

所以，讓我們繼續前進，如果你覺得有需要，請放慢速度緩步前行，但帶著一顆積極進取的心，在我們一步步走向健康的旅程上，以這個動人又實用（但願如此）的視角，去審視心智、覺察之輪與生命。

能量的機率性質

讓我來舉一個例子，但願這能讓「能量是從可能性到確定性的移動」這個抽象的概念，盡可能變得更平易近人一些。現在，我會提筆寫下一個單字。只是打個比方，假設在我們共通的語言中，總共有一百萬個單字，那麼你知道我會寫下哪一個單字的機率是多少？答對了，是一百萬分之一。讓我們來看看這要如何用圖表來呈現。

接下來的圖表，你可以將它看成是某種地圖，圖表下方區域用來表示可能性的最大值（一百萬個單字）。你從這個存放著所有可能被選中的單字之池、單字的潛能之海中，知道我要寫出哪一個單字的機率是「1／可能性最大值」，在這個例子中，就是一百萬分之一。

因此，在這個當下，你知道的機率幾乎等於零，標示成圖表縱軸上「趨近於零」的數值位置，這條縱軸以數學的語言來說的話叫做Y軸。我們可以稱Y軸為**機率分布曲線**，它涵蓋了所有機率的分布範圍，從零或趨近於零，一直到百分之百。請留意，Y軸最底部的機率是零或趨近於零，頂端的機率則是百分之百。我們會將最底端的點稱為「趨近於零」，是因為雖然你不大可能知道，我會從這個巨量的單字之池中挑選出哪一個單字，但機率也不完全等於零。這一刻，這個你不知道，而我也什麼都還沒說的片刻，是我們目前在鐘錶時間（clock-time）裡所處的位置，意思是時間計量如何指出「現在」這個暫時位置的方式。這個你我共享的時間位置，我們以X軸來表示，我們可以稱X軸為「鐘錶時間」，或者為了方便起見，簡稱「時間」即可，雖然我們將來會看到，就連時間本身也有很精彩的故事，也許並不像我們以為的，是某種會流動的事物。當我們沿著X軸由左往右移動時，呈現的是事物如何「隨著時間開展」——簡單地說，就是指它如何隨著鐘錶時間改變，或者不改變。在這個當下，你知道我會寫下哪一個單字的機率，對應在X軸上的「現在」這個時間點，而對應在用以表現機率分布的Y軸，則是在數值趨近於零的位置。請參考插圖，看我們如何將它標示成圖表上的一個點——我們將它命名為A點——在時間的這一刻，A點對應的是最低的機率，落在機率值「趨近於零」的位置（畢竟一百萬分之一雖然很接近零，但不是零）。

目前為止，在這個二維圖表上的一點——我們所標示的那一點——包含了兩個面向：能量所在的時間點（X軸），與能量在機率分布曲線上所在的位置（Y軸）。也就是說，圖表上的一個點——此時我們有的就是A點——會指出兩件事：時間和機率。

現在，假設我從這個最大值一百萬個單字的可能性中，選出了**海洋**（*ocean*）這個單字。這一刻，我們在X時間軸上往右移動了一點點，並且在表示機率分布曲線的Y軸上對應到一〇〇%的位置，標出新的A-1點。現在的機率是百分之

從趨近於零到 100% 的機率圖

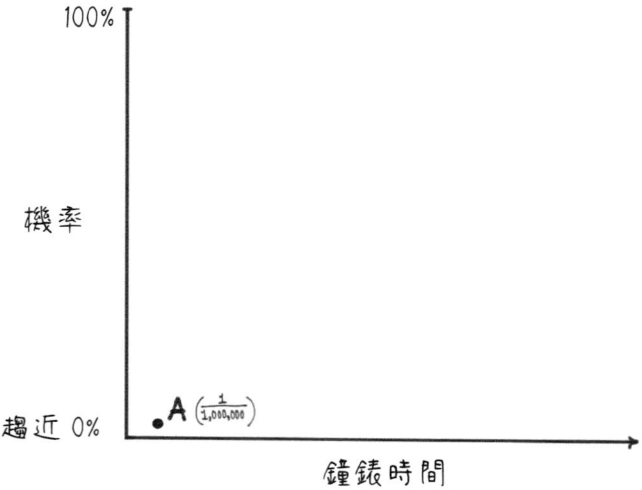

一百，因為在這個時間點，我們已經從蘊藏最大可能性的單字之池中，提取出了一個特定的單字「海洋」，因此這個單字已經從原本的可能性，實現成了「確定性」，變成唯一的、百分之百確定的單字。在A-1點上，你擁有百分之百的確定性，你知道是這個單字，因為你已經讀到了我寫出的單字：**海洋**。

在這一刻，你知道正確單字的機率，在Y軸上升至百分之百。因為你已經知道是哪一個單字了。

這裡你應該看得出來，就某種角度來說，機率與確定性其實是相同的能量狀態或條件。機率百分之百，等於確定性的最大值。機率趨近於零，等於確定性的最小值。如果最大

從趨近於零到 100% 的機率圖

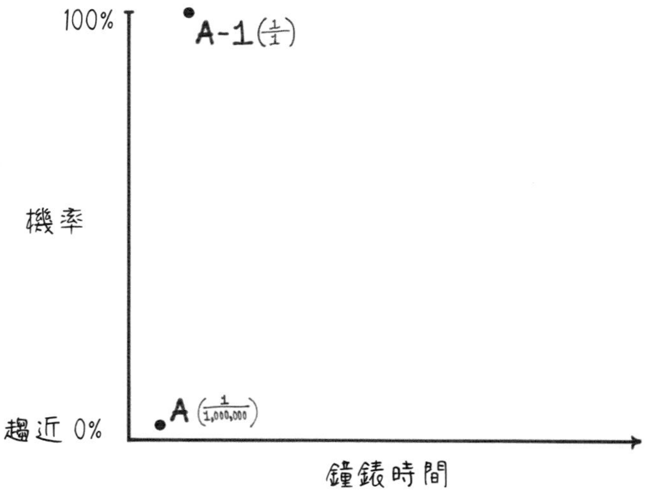

值是一百萬個單字，而我還沒有說出或寫下那個單字，那麼，你知道那個字的確定性就是最小值。它不能說是零，不過一百萬分之一非常接近零，所以我們用趨近於零這個詞來表示。你可能也已經注意到，機率和確定性的最小值，等於可能性的最大值。在沒有任何一個單字被選出之前，確定性是最小的，同時間，在圖表上的同一點，它等於可能性的最大值、完全開放的潛能。

從能量的面向來看的話，假如有一個在暗中觀察著這一切的傢伙，用開放的態度看著你我的互動，那麼這個暗中觀察的人會感覺到，宇宙中剛剛發生了一次使可能性變成確定性的移動。我說出或寫下一個單字，然後讓你接收到那個單字，需要發生某種流動、某種改變、某種開展。**在我們的宇宙中，這種從可能性到確定性的移動，就叫做能量**。從暗中觀察者的角度來說，他所感覺到的，就是能量流。

是能量讓我說出或寫下海洋這個單字；是能量讓你接收到海洋這個單字。**從潛能到實現的移動，就是能量**。這裡我們所要提出的論點是，能量也是主觀經驗的基礎特質——是我們精神生活的本質。

在這個例子中，你跟我共享同一種具有文字的語言，在這個共享語言中，我們假設總共有一百萬個可共享的潛在語言符號。在這場互動中，能量流從你我的關係、我們共享的文化裡的詞彙庫所蘊含的最大可能性，流向**我的內在正在發生的某事**，而那個內在發生激發了一個神經元放電模式，形成海洋這個符號表徵。接著我生理大腦的電化學模式製造出電化學訊號，它從我的語言中樞流向掌管表達的神經區域。然後，那些神經區域將電化學能量從神經元往下輸送至我的聲帶肌肉，聲帶肌肉因此得到了張力所帶來的動能，以及橫膈膜運動將空氣從肺部推出的動作。具有動能的空氣移動穿過振動的聲帶，使空氣以聲音的方式振動，讓單字被說出來。如果我是用寫的，那麼能量便是從我的生理大腦流向手臂肌肉，讓我的手和手指頭打出那個單字。接著，你便會接收到聲波或空氣振動，藉由你耳內的聽覺神經，透過聲音的能量產生聽覺，將電化學能量訊號，向上送入你生理大腦裡的聽覺和語言中樞。或者你會接收到從書頁或螢幕光源反射出來的光子模式，進入你的眼睛，再由你眼球壁最內層的視網膜，將那道能量模式連同它所有的CLIFF特徵，近一步轉換成電化學能量模式，輸送至你生理大腦的視覺編碼中心，再傳送至你的語言區域，接著，**出於某種原因，你感知到「海洋」這個單字，成為你心中的主觀經驗**。

這一切全都是能量流。我們便是如此一起從可能性移動到了確定性。

那件發生在我內在的某事，是我的內在心智；在你的主觀經驗裡面感知到的那個單字，是**你的**內在心智。而那股你我共享的能量——你我共享的，從可能性到確定性的移動——是我們的關係心智。

讓我們更深入地說明這個圖表的意義。

如果我打算只選開頭是O的單字，那麼，你知道是哪一個單字的機率將大於一百萬分之一——暫且假設這個機率是一萬分之一好了。此時，我們在圖表上將這個機率標記在比趨近於零更高一點的位置，稱作B點。接著當我說出或寫下**鴕鳥**（*ostrich*）這個單字時，我們便從比A點高的B點移動到了百分之百確定的B-1點。

或者，假設我心裡設定了我只會從水體的名稱中作選擇——例如：**海洋**、**湖泊**、**池塘**、**水窪**、**江**、**河**、**溪**，等等——並假設詞彙庫裡大約只有三十個這類的單字，現在，你知道我會選哪一個單字的機率又更高了——三十分之一——而我們會將這一刻，標記在Y軸更上方的位置。這個位置代表的是一個比起詞彙庫裡全部的

從趨近於零到 100% 的機率圖

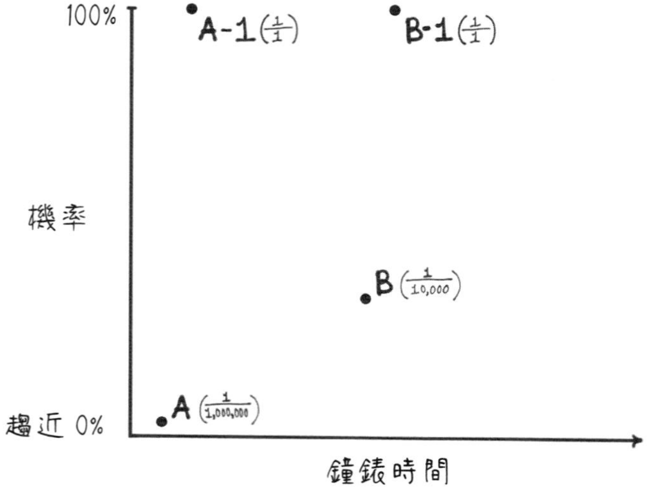

單字，一個可能選項數量較少的位置，也就是說，這個數量較小的單字子集所在的位置，是一個「**機率較高**」的位置，而最終的確定性，會來自於子集。在這樣的條件下，當我從中選出某個單字時——假設我選的是**海**（*sea*）這個單字——你又會再一次從那個機率較高的位置，沿著Y軸向上移動。換句話說，這三十個與水體有關的單字，只是詞彙庫全部單字中的一組子集合，它的在Y軸上的機率位置比起趨近於零高上許多，也更靠近頂端的百分之百確定性。

A點的移動，是從可能性最大的位置，移動到確定性，而B點的移動，則是從一個機率較高的位置，

從趨近於零到 100% 的機率圖

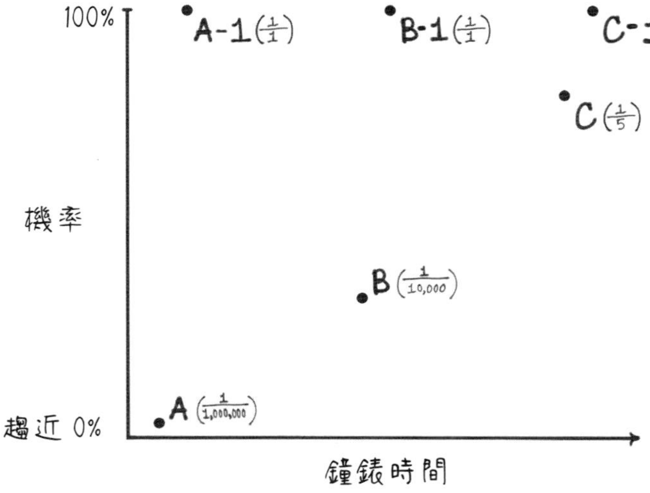

移動到確定性。為了確保大家都能弄清楚這種移動方式，讓我們再舉兩個例子。假設我設定自己要從四或五大洋的名稱中選擇其中一個，你知道我會說出哪個單字的機率又更高了，變成四分之一，或五分之一（這取決於我們的定義裡是否包含南極洲附近的南冰洋，它在某些國家是被認同的）。一旦我說出了印度洋這個詞之後，你將會從原先的較高機率位置（在這個例子中的機率是五分之一，在圖表上標示為C點，一個遠高於趨近於零的位置），移動至百分之百確定的C－1點。

又如果我問你，「右」或「左」這兩個字，我將會說出哪一個時，因為可能的選擇只有兩個，你知道我會說出哪一個單字的機率將會上升至二分之一，也就是百分之五十——一個在Y軸上更高的點。這個上升的機率，會被標記在圖表上的更高點，但不會高到百分之百確定的位置，要等到我說出或寫下「左」這個字時，我們才會從圖表上這個機率的新高點，再次向上移動到機率的最大值，百分之百確定的位置。

從圖表上，沿著X軸展現的事件演變，與Y軸上的不同位置所表示的機率變化，我們看出了**能量是如何流動的**。我們的圖表，就是以這種方式，視覺化地描繪出時間軸上每時每刻的移動，隨著能量機率變因的改變，潛能化為現實，Y軸上標記的機率位置也呈現出一連串相應的變化。

在這個圖表上，我們已經標記出了每一點的機率值，從最初A點的百萬分之一，到B點的一萬分之一，到C點的五分之一。你可以運用自己的想像力，在圖表上標記出，當我設定要選的單字與水體有關時的落點（機率是三十分之一）。或者是想像，當我設定要選的單字是表示方向的「左」或「右」時，應該標記在圖表上的哪一個位置（機率是二分之一）。我刻意不在圖表上標出這兩點，好讓你可以運用自己心智的視覺想像力，在圖表上標記出這兩個位置，如此一來，你便能親身體會到，能量如何從你所閱讀的內容，流向你的想像力——然後將這個圖像畫在這本書的圖表上（如果你選擇這麼做的話）。

每一個誕生出最終的確定性，包含了不同數量可能性的起點——從可能性數量最大的A點，到數量逐漸縮減成不同程度的其他子集合，例如B點或C點——都可以被視為是一個平台，而從這個平台，能量從可能性轉變成確定的現實，成為A-1點、B-1點和C-1點。若是繼續延伸這個圖表，我們會看到，這些讓能量從可能性變成確定性的起點平台，也許在我們的生命中扮演著重要的角色。這些例子帶給我們一個重要的概念，而這個概念將會幫助我們發掘覺察之輪背後的機制。有時候，這種從可能性到確定性的流動，它的起點可能是一個可能性選項最大化的位置，例如A點。另一些時候，這種流動則源自某個選項有限的位置，例如B點或C點。

現在，既然我們能夠用圖表的方式，表現出「從可能性選項最大的起點（機率趨近於零）移動到確定性」，或「從其他帶有不同範圍的有限選項的子集合起點（機率較高）移動到確定性」的這種移動，這便表示了，我們或許能夠利用這張圖表，視覺化地展示出「從潛能化為現實」的能量流動。

現在，如果我們將原本二維的圖表，加上第三條與書頁方向垂直的軸線，讓它變成一張三維的圖表，那麼我們會得到一個三維的視角，幫助我們更立體地去想像圖表上的這幾個位置。第三條軸線表示的是多樣性（Diversity），我們稱它為Z軸，它代表的是，在給定的時間點上，可能存在的選項的多樣性。如果Z軸上標示的多樣性範圍狹窄，意味著選項稀少，若沿著Z軸向外延伸出寬廣的多樣性，便意

3-P 圖表

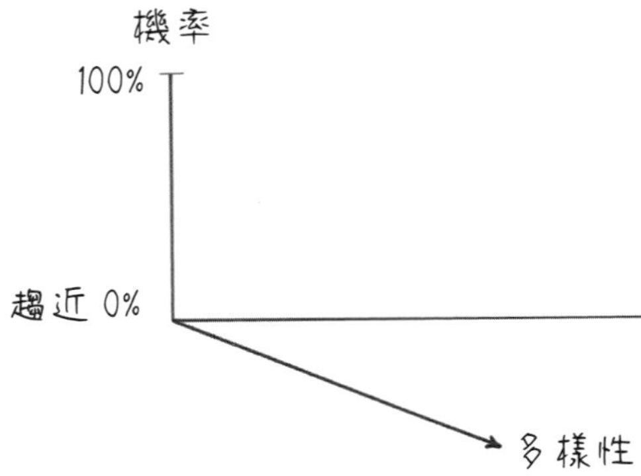

味著豐富的選項。

有了這張基本的三維圖表，我們便可以來看看，表示機率的Y軸的底部（也就是確定性最低之處），如何以幾何平面方式來表示。這個平面的一邊是代表時間的X軸，另一邊是代表多樣性的Z軸。看看下一頁插圖，你便能夠想像X軸與Z軸如何創造出一個梯形的**平面**。

如果我們現在畫出那個平面，你會看見，它代表了全部可能存在的選項所在的位置。也就是例子A中，一百萬個單字的所在之處。無論我們探索的是什麼樣的事物，如果存在著可能選項的最大值，那便代表著知道某一個特定選項的機率是趨近於零，也就是圖表上機率最小的位置。請再次留意，機率最小、確定性最低的位置，等同於可能性最大、潛能最高的位置。在這個圖表上，這個囊括了所有選項、潛能最高的位置，我將它命名為**可能性平原**（*plane of*

3-P 圖表

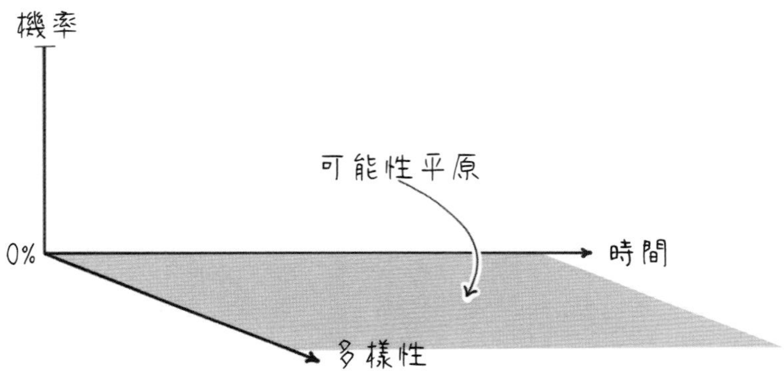

possibility）。

在下一頁插圖中，除了可能性平原之外，我也將提供一些其他的名稱，用來描述我們剛才討論過的機率位置。在這一張三維能量機率描述圖上，我為不同位置命名的方法，簡述如下：

1 確定性最高的位置稱為「確定性**尖峰點**」（*peak of actuality*）。這是當某個可能性從潛能實現為確定的現實時的位置。

2 我們可以將這些機率提升，但尚未化為確定現實的位置，命名為較高機率**高原**（*plateaus of enhanced probability*）。這是當機率還沒有達到尖峰、實現為百分之百的確定性，卻也不是位於 Y 軸底部的可能性平原、機率趨近於零的位置時。換句話說，**高原所標示的是一組有可能成為尖峰點的選項子集合**，因此，高原這個位置所代表的，有點類似某種機率跳台，而尖峰點可能從中浮現。

3 機率最低的位置，也是涵納了所有可能實現的選項、潛能最高的位置，便是我們的可能性平原。

3-P 圖表

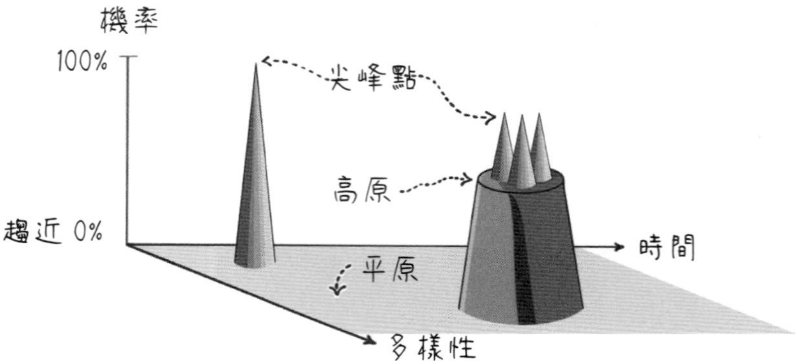

為了促成我們之間共同的理解，現在，我們可以透過這張圖表，視覺化地看見，**能量從平原或高原到尖峰點的移動**；亦即，能量從完全開放的可能性，或者從較高的機率位置，移動至百分之百實現的確定性的整個過程。這便是**能量流**一詞的意義之一。這張圖表就是我們用以視覺化地呈現「從可能性到確定性的移動」的嘗試。也就是說，這個圖表的設計是以「能量是從可能性到確定性的移動」這則概念為基礎，並且以「高原」這個表示方式來提醒各位，能量可能還會流經一系列不同的機率值。在這個圖表上，我們可以看見，有時候尖峰點是直接從平原產生的，另外一些時候則是從高原產生的。

如此一來，**平原**（*Plane*），**高原**（*Plateau*），**尖峰點**（*Peak*），這三個名詞將會是我們圖像化地描述能量流時的基本術語。因此，我會將這個圖表命名為3－P圖，而這整個理論框架，則稱之為3－P理論。

這個3－P圖的用意，是想要以圖像的方式，在物理學對能量的觀點，與人們練習覺察之輪過程中持續浮現的主觀經驗之間，建立起某些一致性，或者說共同立場。回憶起當初第一次聽見這個物理學對能量的觀點時，我思考過，假如這條找尋一致性的路走不通，那麼，也許我很快就得拋棄「心智是能量的一種突現性質」這個想法，或者必須要大幅修改這個論點。但是如果這個在各種不同對現實和能量本質的觀點之間尋找共同立場的做法成功了，它真的有助於我們釐清，練習覺察之輪之後得到的第一手觀察背後潛藏的機制的話，那麼或許我們至少可以算是走在正確的道路上。現在讓我們繼續往下走，更具體地去探索，如何為這個3－P式的理論途徑找到更有效的利用，以便幫助我們更深入地了解，覺察之輪帶給我們的經驗。

描繪能量流的3－P圖表

現在，有了這張3－P圖表之後，我們得以圖像化地表現出機率的變化。讓我們藉此來看看，「能量是從可能性到確定性的移動」這個觀點，是不是能夠直接與我們對心智，以及對覺察之輪的主觀經驗互相對應。

這張圖表上有三種座標值，類似於我們想要在空間中標示出某個物體的位置時的三維座標圖。而在我們的圖表中，我們所要標示的對象，是一種能量的變數（variable），這裡我們會直接將它命名為機率變數（variable of probability）。垂直的 Y 軸可以稱為能量分布曲線，我們透過它標示出從趨近於零到百分之百的機率值。現在我們可以放下剛才「你知道我可能在想哪一個單字的機率」這個例子中的種種細節，將這張圖表看成一個更一般性的能量描述方式——或是對心智和覺察之輪的描述方式，這個部分我們很快會談到。

我們的圖表勾勒出機率、時間與多樣性這三種座標值。**機率值**的範圍從最低的趨近於零（平原），到最高的百分之百（尖峰點）。而我們從前面的例子中看到，**時間**實際上意味著**改變**，因此，這個座標值以「鐘錶時間」來表示，用以呈現隨著「鐘錶上的時間」（我們對時間的計量方式）的推移，事情如何開展。**多樣性**是指在一個給定的座標點上，存在著多少個可能的選項，數量從零個選項，到無限多個選項。當我們在這個三維圖表上標記出一個點時，即能呈現出上述三種變數的座標值。也就是說，這張三維圖表上的一個點，可以對應出 Y 軸上的機率值、X 軸上的時間點，與 Z 軸上的多樣性。當能量隨著鐘錶時間的推移而變化時，我們是沿著X軸移動。在這張圖表上，以一個座標點沿著圖表上的X軸和Y軸移動的過程，呈現出不同時間點上的機率變化，這是一種用來思考能量變化的簡單方法，也是此處的討論內容中所要強調的方法。

圖表上的第三條軸線，代表的是在某個給定的時間點上，可能存在的多樣性數量，範圍從窄小到極大。而在任何給定的時間點上，可能存在的選項也許非常多樣，因此一個對應在Z軸上的座標值，也許不會是一個單一的點，也有可能是一個寬廣的範圍。也就是說，Z軸所標示的，並不是某一個特定的選項，而更接近於在一個給定的能量狀態下，有多少選項是可能存在的。

根據定義，可能性平原位於機率趨近於零之處，上面充滿了接近無限多種潛能，因此，可能性平原擁有多樣性的最大值。可能性平原具有二維的平面特徵，而定義出這個平面其中一維的Z軸，寬度是無限寬（以圖像方式呈現的無限多種可能選項），也別忘了，定義出這個平面另一維的X軸（時間軸），同樣延伸向無窮盡的遠方，暗示著永恆。這意味著，可能性平原這個數學空間既是無限的，也是永恆的——延伸向時間和多樣性的最大值。而如同前面曾經說明過的，這個機率值最低的位置，等同於潛能值最高的位置。趨近於零的機率，實質上等於無限的可能性。因此，我們可以將這個平面稱作**開放的可能性平原**。以數學術語的角度來看的話，這個可能性平原代表的是無窮盡的永恆狀態（時間的最大值）、無限性（多樣性的最大值），與開放的潛能（可能性的最大值）。

在這個圖表中，我們可以將能量流看成是最大可能性的平原與最高機率值的尖峰點之間的移動。

如果以物理學的術語來形容的話，與可能性平原類似的描述是「潛能之海」，這個詞是當我在某次會議上，把這個圖表的概念模型展示給量子物理學家亞瑟．扎炯克時，他所提出來的。而他說出「潛能之海」這個詞時，甚至不知道我們前面舉過的「**海洋**」的例子！但或許更有可能的是，是亞瑟對我提到了潛能之海、我女兒做的是跟海洋保育相關的工作，加上我跟家人才剛剛在海邊舉辦完生日派對——所有這些跟海有關的經驗，嵌入了我的記憶之中（這件事本身在我們的生理大腦內就是一個機率過程），以至於比起其他單字，我更容易受到觸發，而寫下或說出**海洋**這個單字。在這個案例中，你可以映繪出我的心智狀態內產生了某些觸發、某些現成的反應、某個較高的機率（我們現在可以將它稱為高原），而使我更傾向於選擇與海有關的單字。

這個增強的機率，或者說提升的確定性，就是我們的較高機率高原，而這個高原的誕生，來自於過去的時間裡，那些不同的、又彼此交織的經歷，形塑了我的心智在選擇單字那個瞬間的能量狀態。也許是因為我大腦的某種特定能量狀態，或是身體的特定能量狀態，又或是某個既包含了大腦、身體的能量狀態，也包含了我與這個世界的關係的能量狀態（包括我與亞瑟之間的關係，以及此時此刻，與你之間的關係）。能量狀態——無論它以何種方式顯化其自身——與機率有關。而現在，我們能夠以圖表的方式，將它呈現出來了。

可能性平原、潛能之海，這一類包含了一切可能性的機率空間，物理學家們也會談論類似的概念，他們稱之為**量子真空**。如前所述，為了持續地確保我們沒有脫離科學的軌道，我們必須記得，對某些科學家而言，這個量子真空本身並非能量，它是**能量起源之處**。也就是說，量子真空，在我們的圖表上稱為可能性平原的這片潛能之海，它並不是能量，而只是宇宙的一個基礎，或者說數學空間，它包含了一切可能性，而能量則從中出現。我們會盡可能謹慎地使用這些術語，因此，當我們指出平原上的某個機率點時，指的是能量出現之處，而不是能量本身。當能量流動時，它從可能性平原中浮現，變化成確定性，也就是3-P圖表上的尖峰點。同時，我們也認為，能量流也會變化成較高機率高原。能量發生於它從量子真空浮現的瞬間。

回歸到我們的主題本身，我們只要將量子真空或潛能之海並不等於能量本身這個概念，當作是背景資訊即可，不需要太過擔憂可能性平原不是能量本身，而只是能量來源的這種分野。我們主要的用意只在於，用科學知識為你的頭腦打下基礎，然後進一步將這些科學知識延伸至可應用的層面，以便更深入地了解我們的主觀經驗。就算可能性平原並非能量本身，而只是能量所來之處（一個機率空間），但它和能量有關，這點絕對是毋庸置疑的。

或許，是身體裡的神經過程，運用了這些能量的機率移動，直接塑造出了我們心智的主觀經驗，以及我們與這個世界的關係的體驗。這裡我們所要探索的最根本的概念是，將能量視為一種移動，起點是潛能之海，朝著實現的方向移動，最後成為確定性的這個觀點。

附帶一提，可能性平原只有透過能量的流動，才會顯化成確定性（actuality）此一概念，並不是在說，量子真空並非一個確定的**實存**。我們會採取**確定化**（*actualization*），或者說某事**被確定**（*actualized*）、**被激發**（*activated*），或是**被實現**（realized）這一類的用詞，只是單純意味著「從某個潛能中顯化出形式」。雖然**實現**（*realization*）一詞隱含著「某個想法或潛能在沒有實現之前，都不是真實的」這樣的意涵。但可能性是真實的。也就是說，**能量是一種從無形到有形的運動，它從一個包含著一切可能性的場域中升起，顯化出形式，而那個潛能場域，是一切形式的浮現之處**——它們被啟動、被實現、被確定。潛能顯化為現實。可能性變成確定性。無形變成有形。

這是一種以物理學的角度，來說明能量如何在我們所身處的這個世界中流動的看法。它也許令人感覺神祕、空靈，甚至有如魔法一般。然而它確實是物理學在看待能量和我們的宇宙時，它的觀點背後的數學模型。無形的潛能之海、量子真空，它也許不是能量本身，不過它確實是宇宙具有的一個真實面向，並且被認為是一切能量的起源之處。

運用可能性平原、高原、尖峰點，繪製心智地圖

不知道你是否體會過，當你任由心智無拘無束地漫遊時，那種無形化為有形，源源不絕地湧現的感受？在覺察之輪中，當我們練習開放的覺察時，也許我們都曾覺察到，確定性像是泡泡一樣，從可能性平原不斷冒出的過程。那個所謂的平原，並不是真的存在在某個地方的物理空間，而是像我們討論過的，是一個用以描述潛能的數學空間，一個一切可能成真的，由此化為現實的空間。我知道數學空間這個概念對許多人而言十分陌生，甚至奇怪，不過藉由這個方式，我們方得以說明宇宙的機制，以及能量在我們的世界中，是一個真實的過程，而這個過程可能是從此數學空間中浮現的。人們常說到的，心理活動「像泡泡一樣冒了出來」的這種主觀感受，也許透露出的正是可能性如何化為確定性、無形如何化為有形此一過程背後的機制——而這正是物理學對能量如何流動的描述。

可能性所蘊藏的潛能是真實的，只不過它是無形無相的。

從可能性平原上升起的，是確定性的實現。平原中的，以及或許也蘊含在高原

中的潛能雖然尚未實現，不代表它們就不真實或不重要，只代表它們正位於能量移動過程中的不同位置罷了。

3-P式的理論框架，擴展了「能量是從可能性到確定性的移動」此一概念，在「機率趨近於零、最大潛能值的平原」與「百分之百確定實現的尖峰點」這兩個光譜上的極端之間，納入更多不同範圍的機率。倘若對心靈的縝密觀察與對宇宙的嚴謹科學研究，這兩者之中都存在著真理，難道我們不會希望在這兩個通常各自獨立的領域中，為它們找到某些一致性嗎？科學與主觀之間，難道沒有共通點嗎？「從可能性到機率，再到確定性的移動」這種對能量的觀點，會如何對應到你練習覺察之輪的主觀經驗？

假如心智確實是能量流的突現過程，而且能量不只透過結構、位置、強度、頻率和形式這幾個CLIFF變因（我們所熟悉的古典牛頓物理學、巨觀層級的變因）產生改變，而也會透過它的機率與多樣性數值（更傾向於發生在量子、微觀層級的經驗）來產生改變的話，那麼，我們理應能夠將心智的許多面向，以及練習覺察之輪的主觀經驗，藉由這張3-P圖表，具體地描繪出來。現在讓我們一起來回顧覺察之輪的練習經驗，看看精神層面的經驗，會如何對應到3-P圖表上。

一個**尖峰點**代表的可能是一個想法（thought）。當許多潛在的認知過程將能量轉化成逐漸展開的資訊時，其中的某個過程也許會顯化成一個特定的想法，成為能

心智狀態 3-P 圖

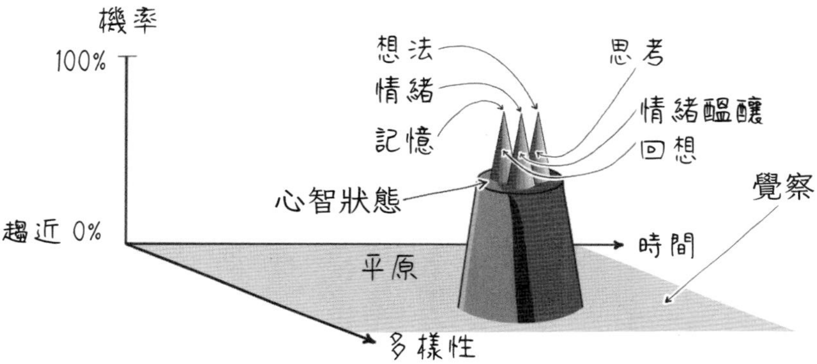

夠被覺察到的念頭。亦即，一個特定的想法，從許多可能存在的想法之中浮現，出現在現實之中。

在尖峰點下方、高原上方之間的區域，我們可以稱之為**次尖峰區**（*sub-peak position*），這個區域所代表的，也許是思考（thinking）。我們也許可以將它看成是一個代表認知過程的**錐體**、一個功能性的錐形煙囪，讓名為「思考」的這股開展中的能量可以流經它，然後逐漸窄化、集中，最後聚焦成一個單一的想法。

同樣的道理，一個尖峰點代表的可能是一個記憶（memory），而次峰區代表的就是回想（remembering）。我們可以再次想像那種畫面：一個錐體從次鋒區朝尖峰點的方向上升，能量流經這個錐形煙囪的過程中，層層疊疊的回憶被形塑、轉換，直到聚焦成尖峰點的一段特定記憶；若是多樣性非常高，尖峰點也有可能是一組同時被激發的記憶。

還是同樣的道理，尖峰點也可能是一種情緒，那麼次峰區代表的就是情緒的醞釀過程。

情緒是一組複雜的過程，情緒之中所飽含的感覺誕生於我們的整個身體，它們與處理思考和記憶的神經歷程彼此互動，從而形成那個當下的情緒歷程。換句話說，雖然我們對情緒、想法、記憶這類心理經驗有著各自的稱呼，似乎暗示著它們互相獨立的特性，但事實上，它們也許是密不可分、緊緊交纏成一個「情緒—想法—記憶」這類的團塊的。當我們覺察到這種精細複雜的主觀感覺狀態時，我們可以將它看成是某些可能存在的感覺，湧現成一個確定的狀態，像泡泡一樣，穿越圖表所示的錐形煙囪，朝著情緒、想法、記憶之類的頂峰點往上冒。

現在，我們有了如下的概念：覺察之輪輪框各區域上的焦點，也許可以對應到3－P圖的尖峰點與次峰區。在這個圖表上，潛能或可能性，透過認知錐形煙囪的導引，化成確定的現實。雖然說「想法—記憶—情緒」這三種輪框上的元素總是以交織成一團的方式出現，但是為了參照方便，我們會採用單數意義的尖峰點來進行討論，讓一個尖峰點／次峰區只表示一種意義，例如「想法／思考」、「記憶／回想」，或「情緒／情緒醞釀」。換句話說，這裡我們所要提出的論點是，3－P圖表上的尖峰點加上次峰區這塊區域，對應的也許正是覺察之輪的輪框區域。

當覺察之輪遇上 3-P 圖

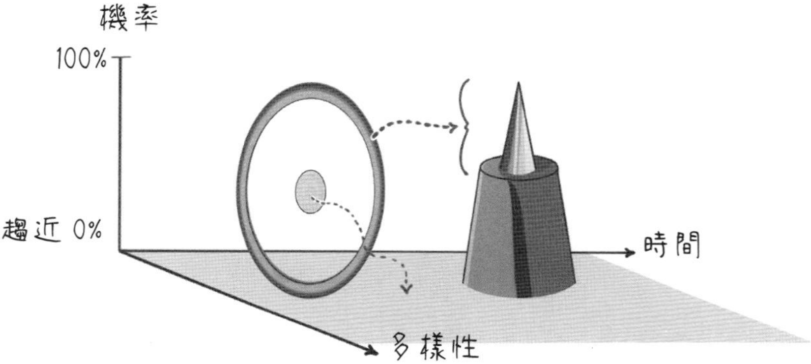

在尖峰點下方的，是一個機率高於平原，但低於尖峰點的區域，就像是正在從「只有 O 開頭的字母」或「五大洋其中一個」之間進行選擇的**心智狀態**。這類型的心智狀態中，包含了「意圖」這項心理過程，而我們已經談到過，意圖會決定能量和資訊流的方向及處理方式。現在，我們能夠看得出來，這樣的心智狀態，對應的是圖表上的**高原**。在一個給定的高原，也就是一個給定的心智狀態下，錐形煙囪朝尖峰點方向上升，它的功用在於導流許多可能性，直到它們之中被選中的少數選項成為確定的現實。

一個心智狀態，指的是一種整體性的能量流動模式，它聯合起意圖、記憶、情緒和行為反應，組成激發這種種心理活動的觸媒，並將這些心理活動捆綁在一起，使得這些心理活動傾向於同時被激發。這就是為什麼我們會說，情緒、想法和記憶這些心理活動通常都是串成一團的。

每一個心智狀態，以及與其相關的心理經驗（例如心情或意圖），都可以在這張3-P圖表上，用較高機率的**高原**形式被表現出來。也許我正好處在一個想聊一聊我剛剛去過的海邊的心情，那片海正存放在我的記憶中，使我設定了意圖，把注意力放在水體上，令選中**海洋**這個單字此一行為輸出的機率，大於其他的可能性。用圖表的方式來呈現這個心理歷程的話，可以標示成一個高原，高原上隆起一個特定的錐體，而這個錐體的尖峰點，即是**海洋**這個單字。

3-P圖上的高原，對應的會是覺察之輪的哪一個部分呢？有時，進入覺察之中的，可能會是某種心智狀態，那麼在此情況下，高原本身所對應的，也許是輪框上的某個元素——某件被注意力輻條串起，因而進入覺察之中的事物。另外一些時候，高原可能很難被察覺到，因為它扮演的是**意識的過濾器**（*filters of consciousness*）的角色，此時它不在覺察範圍之內，並且只允許特定類型的錐體和尖峰出現。這類的過濾器只會允許特定的元素進入覺察之中，藉由焦點化注意力的輻條，決定輪框上的哪一個點可以與輪心連結。透過這樣的方式，高原擔綱起過濾器的角色，決定了哪些選項有機會、哪些選項沒有機會成為我們所覺察到的對象、實現為尖峰點。

還有可能，高原這個過濾器，也會形塑進入我們非意識精神生活的事物，從它所允許的一組非常特定的可能選項的子集中，規範並決定哪些可以實現為尖峰點——即使我們對這整個篩選過程毫無意識。換句話說，可能性變成確定性的過程，不需要覺察也能發生。根據多項不同的研究結果顯示，有很多心理活動——想法、記憶、情緒——主要是發生在我們有意識的經驗範圍之外。如果要用覺察之輪的方式來譬喻的話，可以將這個情況看成是一個輪框上的元素，沒有被注意力輻條連結至輪心的覺察。這種非意識領域的心理活動，該如何以我們的3-P圖表來呈現，它又意味著什麼？這個問題我們稍後再回來討論，讓我們先來看看目前這趟旅程取得了哪些進展。

在我們的3-P圖表上，可能性平原代表的是多樣性的產地，是一切可能性的源頭，是潛能之海、量子真空。從這個潛在的歷程和形式的源頭中浮現的，是我們的高原和尖峰，它們從無形無相的潛能之海、我們所謂的可能性平原之中一躍而起。

可能性平原的存在是真實的，它是一個數學機率空間，雖然它不是古典牛頓物理學所描述的空間，不是我們的具身心智習慣遭遇甚至思考的空間。所謂的認知（Cognition），亦即我們思考的方式，被認為是**具身化**（*embodied*）與**引動性**（*enacted*）的，意思是說，我們處理資訊的方式，是受到我們所棲息的身體，以及我們遊走於世界的方式所形塑的。而由於身體是由龐大數量的微觀態組合而成的巨觀態，它透過五官與其他的巨觀態進行互動，很自然地，我們便和牛頓爵士一樣地用古典物理學的時間和空間角度來思考。然而，在得到實徵證據支持的量子微觀層面，我們這個既具身化又具引動性的心智所思考和感知到的空間和時間，又是截然不同的另一回事。不僅如此，在我們的古典物理學世界中，我們的認知還會延伸進入其他的資訊處理模式，並且**嵌合**（*embedded*）進共享的文化意義系統中。畢竟我們都看得出來，世俗常規（我們對現實的共通概念）是如何約束，同時也增強我們的各種觀念的。嵌合、延伸、引動與具身，這幾個認知理論模型我們都能理解，但是，讓我們來做一個牛頓物理學層級的深呼吸，敞開心胸，暫時超越這些認知理論，踏入一個屬於機率的微觀態觀點，而這樣的觀點，是科學界從量子的層次，看待自然界能量流動的方式。我們的3-P圖表具備了量子的機率概念，現在，我們要試著在這個圖表的架構中，找出覺察之輪的對應之處。

這張圖表上的三種元素——平原、高原、尖峰點——它們的價值在於，我們可以藉由它們的位置所呈現的機率值，來闡明覺察之輪帶給我們的主觀經驗背後，心智的機制。

平原代表的是各種各樣的可能性，是範圍遼闊的多樣性。高原則是一組範圍較小的可能性，從這裡，能夠上升至尖峰點的潛在模式數量是有限的。如果一個高原的高度較高、表面較窄，它所代表的，也許是一個較狹隘的心智狀態。舉例來說，某個心理過濾器，只允許一組數量受限的想法、情緒、記憶、畫面實現為尖峰點。而一個高度較低、表面較寬的高原，表現出的則是一種更開放的心智狀態，然而仍舊存在著一

3-P 圖表

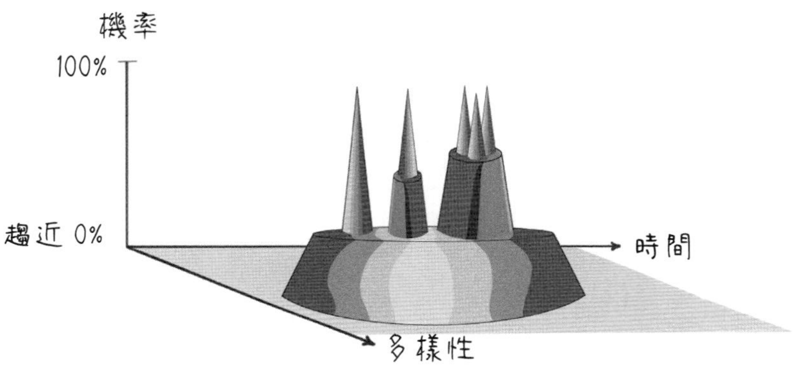

個特定的心智框架，扮演著過濾器的角色，允許一組數量更多但依然有限的心理活動得到成為尖峰點的機會，甚至，它過濾的可能是一組心智狀態，從它身上升起的，是另一組特定的高原。高原所提供的過濾器功能，幫助我們向過去學習，提升當下的效率，以便為即將面臨的未來進行準備。能夠建構出這樣的過濾器，是具有非凡的生存價值的——既有彈性又有適應力的高原，是一種非常實用的心智功能。

一個高度較低的高原，可以是一種圖像化的描述方式，用以描繪出一組心智框架，例如一組自定義的思維模式，像是自認自己是一個與世界分離的個體，或者身處於某個內團體時的自我認同，而這樣的思維模式中嵌合著由一系列特定心智狀態所組成的心理姿態，在圖表上，這一系列的心智狀態可以被標示為特定的高原，其各自的想法上升實現為尖峰點。

我們甚至可以在３－Ｐ圖表上看到，有些尖峰點可以直接從平原上升起，也許這意味著一個全然開放的心智，其中得以實現的可能性，並沒有受到特定的心智框架或心理狀態過濾與侷限。或許，這種直接從可能性平原拔升至尖峰點的經驗，體現的正是「初心」一詞的意涵。有時候，毫無過濾器干擾的心智狀態是一種絕佳的經驗；然而另一些時候，我們則需要過濾器的幫助——例如，當我們開車時，我們的心智需要經過事前準備，過濾可能的反應選項，將數量降到特定的少數選項，如此一來，當情境需要時，我們才能夠迅速反應，即時踩下煞車。也別忘了，這個過濾的發生過程可以是「自動導航」的，我們的覺察不需要參與在其中。某些時候，快速地產生沒有經過意識反思的反應（一個尖峰點），是我們所需要的。

試著回顧你練習覺察之輪的經驗，再看看這張３－Ｐ圖表，你的心中還浮現了哪些覺察之輪的經驗，是可以對照在這張３－Ｐ圖表上的？心智是從能量流中突現的這個觀點，如何能夠與你心中的主觀經驗對應？假如心智機制真的是一個從能量流中突現的過程，而可能性平原又確實是那股能量流的潛在來源，那麼，你能否感覺到你的主觀經驗與它在３－Ｐ圖表上可能呈現的形式之間的連結？

一個包含著特定意圖的想法浮現，進入思考的歷程，接著，突然間浮現在覺察之中，變成一個清晰明確的想法（一個被激發的尖峰點），你感覺得到這些歷程嗎？有時候，思考的歷程不盡然如此明確，你能夠感覺得到這種模糊的思考經驗（次尖

3-P 圖表

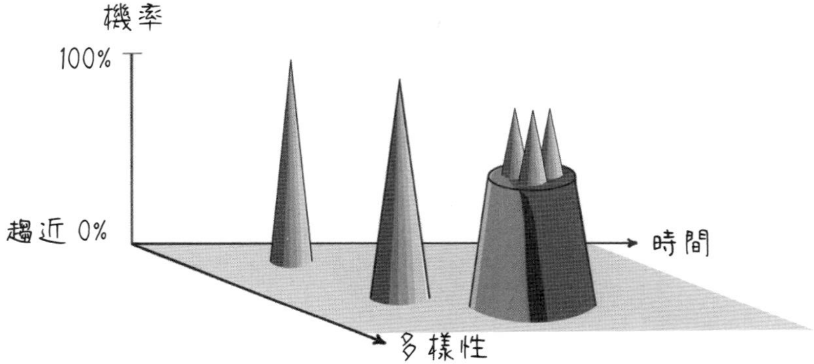

峰區）嗎？對你而言，心情和意圖（高原），帶來的是什麼樣的感覺？這些位於輪框第三區的心理活動，它們在3-P圖表上的位置，也許位於可能性平原的上方，可能是高原、次鋒區，甚至是尖峰點。如此一來，心智的活動、覺察之輪輪框第三區上的各種焦點，便能以3-P圖表的方式來表示了。

那輪框第一區和第二區呢？它們上面的元素也可能化為3-P圖表上的尖峰點。當我們專注在聽覺、視覺、味覺、觸覺和嗅覺時，某個可能性便變成了確定性。當我們攝入這些不同形式的外在能量流，它們會影響我們的感覺受器，與其下游的神經迴路，最終使我們產生感官知覺。當我們將某個給定的感官通道與其他的感官通道聯合起來，並且結合入先前提過的過濾過程（稱之為感知偏誤，perceptual bias），我們便發展出了一套更加複雜的感知覺察，而這個過程用3－P圖來表示的話，就是可能性經過高原過濾，化為尖峰點的圖形。這些平原上方的高原與尖峰點，也能夠與覺察之輪輪框第一區上的焦點對應。

若我們試著去感受身體的狀態，這時，輪框第二區上的元素，便能夠由「從可能性到確定性的移動」中浮現。無論身體的訊號是如何形成、如何轉變，實際上在流動的都是能量——亦即身體狀態從可能性，發展成較高機率的狀態，直到最後化成某個確定性的移動過程。這可以看成是，身體的能量狀態顯化成代表某種一般性身體狀態的高原，或者代表特定感覺的尖峰點，而這些高原和尖峰點，對應到的就是覺察之輪輪框第二區上，我們所覺察到的內在體感。同樣地，輪框第二區上的元素既可能是3－P圖表上的高原，也可能是尖峰點，它們沿著機率分布曲線軸所在的位置，會高於平原。當我們的覺察接收到來自心臟或腸道的訊號時，也許會感受到一種模糊的、躁動的身體感。如果我們去掃描身體的狀態，腸道或心臟的感受也許會變得更清晰，可能會從某個高原移動到尖峰點，這時，我們便能以某種確切的方式感知到，來自心臟或腸道的直覺想要導引我們採取的行為軌道。整體而言，我們的身體狀態可以當作一種實用的行動指南，幫助我們進入內在心智狀態的高原，以便我們運用內在的指南針，用更具有適應力，或者說，更整合的方式，去調節行動的尖峰點。

大體說來，能量狀態可以由所有的CLIFF變因任意混合來組成或呈現，這些變因可以在能量流動的過程，也就是從可能性變成確定性的過程中移動、轉換。CLIFF 變因的組合方式，是極其豐富多樣和複雜的。不過現在，我們可以在結構、位置、強度、頻率和形式這五種所謂的 CLIFF 變因之外，為能量再加入機率和多樣性這兩個變因，作為能量的額外兩種面向。在接下來的討論中，讓我們先將話題聚焦在機率這個變因上。在我們學習如何沿著機率分布曲線圖去敏銳地察覺能量所在位置的過程中，或許我們只能在量子的、微觀態的、反觀自照式的覺察角度中，對能量的機率這一面，得到一份短暫的瞥見。在 3－P 圖表上，我們將機率這個變因的特徵，透過機率分布曲線的垂直位置來表示。

你曾經在身體裡感受過那種「某個什麼即將發生」的感覺嗎？你感受得到那種某個心情開始醞釀、但又尚未成形，比較像是那個片刻的存在狀態的輪廓，更像是某種勢頭、某個傾向的狀態嗎？你的心中，曾經浮現過那種「某事想要發生」的感受嗎？上述的每一種感受，都可能是一股位於高原的能量。高原代表的是上升的可能性、一種觸發，或一種傾向。大抵來說，高原的功能就像一個過濾器，使某些選項比起其他選項更有可能被激發成為尖峰點。這也許就是高原如何作為**觸發過濾器**（*priming filter*）的機制。在這個 3－P 圖表上，我們會簡稱它為**過濾器**，並用它來表示，從平原的廣泛的可能性中，高原只會選擇出某些特定的選項，讓它們實現。而被實現的是什麼呢？是一個特定的身體感受、一個特定的情緒、一個變得清晰的想法——這些就是在那個時間點上，經過了高原的過濾，朝向尖峰點的能量移動。或許，在尖峰點的位置時，我們比較容易覺察得到能量的模式，而當能量位於較低的機率狀態，例如位於高原的位置時，它所呈現的質地則較不突出，不如直接感受到它們時那般清晰。換句話說，比起次峰區的能量過程，或扮演過濾器角色的高原，我們也許更容易感受得到尖峰點。

我們可以想像，在你的身體和大腦中，能量的第六個面向，也就是機率變化這個面向，它在神經層面的機制，是伴隨著神經系統和身體本身的電化學狀態浮現的。舉例來說，某些科學家認為，當我們回想起某個記憶時，神經元會發射一組與過去事件連結的訊號模式，而我們就是透過這種方式，將某個由過去事件所創造的記憶儲存下來的。這組記憶會影響到**未來神經元發射訊號的機率**。過去發生的事件，改變了現在神經元發射訊號的機率——這就是記憶儲存和提取的意涵。這也許意味著，實際上，我們儲存記憶的方式，說不定甚至連思考的方式，都像是一個嵌合在神經系統之中的機率函數。此外，我們的情緒，在所謂的「情境關聯」（state-dependent）歷程中，也會影響思想和記憶開展的可能性——我們所處的情緒狀態，會直接形塑開展中的資訊處理性質。資訊是從能量模式中浮現的，而現在我們可以看見，這個浮現的過程，有部分是受到機率的形塑——生理大腦中的機率，以及我們主觀感受中的機率。由此可見，這個將重點放在機率變因的 3-P 理論框架，看待大腦運作與心智如何浮現的角度，事實上與腦神經科學的觀點十分一致。

此外，我們還擁有一種所謂的「前瞻性記憶」，我們透過觸發自己傾向於採取的行動，來預期即將發生的事。研究者們認為，這些觸發歷程與神經元之間的交互關聯和互動方式的變化有關。這形塑了我們潛在的預期心態，創造了「自我實現的預言」式的經驗，而這是我們的自我感，強化它自身的成形的方式。在前面的章節中，我們曾經說明過，這些自定義，有時候顯得自我限制的歷程——我們精神性的時間旅行和前瞻性思考的一部分——是預設模式網路的功能之一。

這些神經元間的歷程，也許就是當圖表上的高原扮演**意識過濾器**的角色，形塑著我們的自我感以及心智狀態時，所展現的具身化機制。每個人也許都擁有一系列的高原模式，它們以各種方式組織著我們的資訊處理歷程，影響思想、情緒、記憶被我們覺察到的方式。有時，我們可以直接感覺到高原過濾器的存在，但更多時候，我們只能從高原所觸發的心智狀態，以及它們所允許實現的一組限定的尖峰點中，隱約感覺到高原存在的剪影。

意識的過濾器形塑了我們對心智的體驗，而這又反過來形塑了確定性的浮現過程，定義著、有時候也侷限著，我們對「活著」這件事所經驗到的感受。

當我們的過濾器自由又有彈性時，我們可以和世界和諧共處，有效率地推進生活。我們周遭世界與內在世界的需求無時無刻不在變遷，而一組能夠動態地去適應這些變遷的高原，賦予我們一種流動的自我感。這便是「臨在地生活」的意義。而當某一組過濾器變得固著與僵化，或是變得動盪不穩，失去了結構中具連貫性的核心時，這種缺乏整合的高原，可能會導致我們陷入僵硬或混亂的狀態。在這樣的情況下，我們便無法保持臨在，全然地投入在生命之中。

尖峰點、高原和平原——它們是一個機率值連續體的不同部位，標示出我們身體和心智的能量流動時的運作方式。

截至目前，我們已經辨認出，在3-P圖表上，機率值高於平原的高原和尖峰點，可以和覺察之輪輪框上的焦點相對應。這是一個實用又扎實的方法，幫助我們看出3-P圖所呈現的能量機制，如何與覺察之輪這張圖像化的心智地圖對應——尤其是輪框區域。現在，讓我們以覺察之輪的親身練習體驗為基礎，將接下來的討論集中在輪心和輻條上，以便進一步運用這張3-P圖表，幫助我們更深入地理解什麼是覺察，以及何謂臨在地生活。

覺察，輪心，與可能性平原

覺察與可能性平原

在你練習覺察之輪時，一個心理活動與另一個心理活動之間的那片空隙，給你帶來什麼樣的感受？當你進行到輪心中的輪心這個步驟，將注意力的輻條對折，讓它停駐在輪心裡，使你覺察到覺察本身時，你感受到了什麼？在這個單元中，我們要探索的是，如果從 3-P 圖表的觀點來看的話，心智的覺察機制將會如何對應到圖表所示的能量特徵。

當我帶領練習者們進入到覺察之輪輪框第三區時，我會建議他們，允許輪框上的任何心理活動進入他們的覺察之中。有趣的是，許多人會向我反映，他們幾乎沒有或完全沒有覺察到任何心理活動浮現；就算有，頻率和強度也都十分輕微。某個人是這麼描述他的經驗的：感覺就像是浪花在輕輕拍打著覺察的海岸。對某些人來說，這是他們多年以來，第一次感受到心靈的平靜——是輕輕拍打的浪花，而不是洶湧翻騰的海浪。「幾乎沒有任何東西浮現」、「什麼也沒有發生」，而且感覺覺察似乎就存在於「兩個心理活動之間的空隙中」，人們用來描述這種狀態的話語，和那些被用來描述輪心中的輪心、覺察到覺察本身這個步驟的形容是一致的。正如同我們在本書第一部結尾時所討論的，那些常常被提到的形容詞有：開放、擴展、廣大、和平、寧靜、清晰、無限、時間感消失、輕鬆自在、神、愛、喜悅、空闊。還有一些人會形容，他們體驗到一種又空又滿，兩者同時並存的感覺，或是一種全然完整又全然敞開的感受。這些直接沉浸在覺察本身時所得來的經驗，能夠如何啟發我們對心智機制的了解？而它又會如何對應在 3-P 圖表上？

最初，當我開始發現人們對於輪心的經驗描述都十分相似時，我以為這不過是某種偶然，只不過是某種奇怪但是有趣的發現，碰巧發生在我工作的對象身上而已。不過，當我的工作團隊開始回報，他們在他們的案主身上也得到了類似的回饋，以及為數越來越多的工作坊參加者，在對前人的經驗毫不知情的情況下，也說出了幾乎一模一樣的話——無論他們的教育背景、文化，或對冥想有多少經驗——我不禁開始好奇，這些廣泛一致的現象，透露的意涵是什麼？

有時候，你也許會經驗到不同的練習感受；我也有同樣的情形。覺察之輪的練習經驗，每一次都不盡相同。然而，那麼多背景各異又數量龐大的練習者們，竟然都提出了相似的反應——而且也與前面曾經討論過的某些古老的冥想練習十分一致——這不禁令人好奇，這些現象背後的共通機制是什麼？

這些對於覺察之輪的輪心本身、心理活動之間的空隙的主觀經驗描述，還有人們常常提及的那種空闊感，在3-P圖表上，對應到的會不會就是可能性平原？

或許（請在或許二字底下劃一千次底線）——**或許**我們可以說，意識的知曉、我們對覺察本身的主觀經驗，就是來自於可能性平原。

如果這則陳述為真，那麼，這也許是它能為我們帶來的解釋：當我們將輻條對折，去覺察純粹的覺察時，我們之所以會經驗到遼闊感的原因是，我們所感受到的，是無限的可能性——潛能之海——而這就是平原所具有的數學性現實。

這個觀點也許能夠幫助我們解釋，當許多人形容自己同時覺得又空又滿時，他們的覺察裡發生了什麼事。那麼，那麼多人說的又滿又空，究竟是怎麼回事？那是因為，可能性平原上有著滿滿的可能性，卻沒有一絲一毫的確定性。可能性平原沒有形體，卻充滿了無形的潛能。可能性平原既是滿的，也是空的。

形式與確定性，會沿著機率的光譜，浮現在高於平原的位置。能量的流動，使得機率與確定性得以產生；可能性平原代表了一切可能發生，但尚未發生的。而我們的覺察，也許就是源自於這個可能性平原。假如輪框上的所知，在3-P圖表上對應的是高原和尖峰點這些高於平原的位置，那麼，平原本身對應的，也許就是輪心——覺察中的知曉。

讓我們暫停一下，或者好幾下，來仔細地思考一下這個論點。

我們先簡短地回顧一下前面章節探討過的內容，以便使我們的思考更加地扎實。想法、情緒和記憶，對應的也許是尖峰點。思考、情緒醞釀和回想，對應的也許是尖峰點下方的次尖峰區。圓錐區域所擔任的功能，就像一個煙囪一樣，讓某個特定的高原上的可能性，在順著這個錐形煙囪上升的過程中，不斷地限縮——而有的時候，錐體會直接從可能性平原升起。一個意圖、心情，或心智狀態，對應的也可能是高原。這一類的高原則會約束或定義我們所經驗到的思考、情緒醞釀和回想歷程，直到它們產生特定的想法、情緒和記憶。這些高原就像是意識的過濾器，形塑著我們心智中的所知的開展方式，操縱著輪框元素的性質，塑造了我們在輪心中所能覺察到的內容。

而現在，我們要在這套論點裡加進來的新元素是：覺察這個經驗本身，是從可能性平原誕生的。輪心中的知曉，對應的就是可能性平原。想法與思考、情緒與情緒醞釀、記憶與回想，以及心智狀態、意圖、心情等等，這些所知，對應的是平原上方的位置，也就是高原、次鋒區和尖峰點。

純粹意識與大腦的對應

如我們所見，當代的腦神經科學，包含禪修神經學（contemplative neuroscience）這個專門研究禪修、冥想這類練習的分支，它們的研究都發現，當一個人處於遼闊無垠的覺察這種主觀經驗時，他的大腦當下的神經元訊號模式，會呈現出一種高度整合的狀態。

從我們的3-P觀點來看，這種「遼闊、透澈」的感受，會發生在具有開放性和接受性的覺察出現時，這時，能量的機率值落點在可能性平原——一個確定性的機率趨近於零的位置，而前面曾經討論過，這個位置並不代表能量本身，而是能量出現的地方。

主觀經驗、對大腦的實驗測量，以及我們用來描述心智的能量機率論點，當我們將這三條不同的途徑融合在一起之後，我們對於可能性平原如何對應到大腦神經這件事，可能的論點會是什麼？

在前面的章節中，我們曾經探討過，許多以大腦為基礎的科學理論都認為，意識是從**神經元活動的資訊整合**之中出現的。運用腦電圖進行的相關研究也支持這樣的論點，認為我們產生覺察的過程，牽涉到被激發的神經迴路彼此間的整合。而我們又在這樣的觀點之上，加入了能量的觀點，**將神經迴路的整合視為一種將不同能量狀態串連在一起的模式**。若是要評估這種大腦中不同區域和諧地同步發射訊號的神經整合狀態，伽瑪波是其中一種評估方式。現在，讓我們來看看此種神經整合的觀點，如何對應到「可能性平原對應的是覺察本身」這個論點。

這一片在我們的3-P圖表上以可能性平原來表示的潛能之海，能不能被看成是，在那片潛能的數學空間之內，與無限種多樣性的聯繫？換句話說，假如可能性平原代表的，就是物理學概念中的潛能之海，那便意味著在這個量子真空中，存在著無限的潛能——這就是科學給它的定義。若從整合的觀點來看，這個空間則可以被詮釋為一種終極的區隔化——所有可能存在的，都在那裡——同時，也是終極的串連，因為一切全都存在於一個相互連結的機率空間裡。因此，3－P圖表上這些彼此區隔又互相串連的各種潛能，便可以視為是一種巨大程度的整合。

在大腦中，該如何在單一神經能量狀態中測量如此龐大的多樣性和串連？會不會是某種電化學能量表現，能夠反映出終極的區隔與串連這種形式的整合？這種巨大的整合狀態，會不會就是大腦用以調節覺察歷程的方法？

前面曾經談到，伽瑪波是在腦電圖（EEG）中觀測到的模式，表示大腦的電子訊號活動正呈現出一種高度整合的狀態。在針對專業禪修者的研究中，腦神經科學家理查．戴維森發現，伽瑪波與「一種廣袤又寬闊的體驗，彷彿所有的感官都全然敞開，進入圓滿豐美的全景體驗」＊有關。此外，前面也曾提過，腦神經科學這條針對沉思冥想進行研究的新分支裡，其他的研究者們，包括賈德森．布魯爾和他的團隊，也從有經驗的禪修者身上發現到，對任何出現在覺察裡的事物抱持接受性的態度，這種「不費力的覺察」，與大腦網絡的整合有關。

為了在其他以大腦為基礎的科學概念中尋求一致性，例如前面曾經提過的托諾尼和柯霍的資訊整合理論，若嘗試以他們的觀點來看的話，我們是不是可以說成，當大腦達成整合狀態時，它便進入了可能性平原，於是「覺察」這個主觀經驗在這種整合狀態期間浮現？換句話說，這些針對接受性覺察，以及大腦在有意識期間的整合放電模式所進行的腦電圖研究，他們的研究發現，是否恰恰呈現出當時大腦能量狀態的機率位置，就正好是可能性平原？

另一方面，從葛拉齊亞諾所建構的注意力基模理論的角度來看的話，若我們試著為「將注意力放在純粹的覺察本身」這種經驗中的注意力焦點建立模型——也就是為注意力本身繪製一張地圖，我們建造出的，或許會是一個寬廣的注意力基模模型、一張遼闊廣袤的地圖，描繪出當注意力專注在覺察本身時的那種特定狀態。大腦複雜性的整合會創造出覺察。當我們不將注意力放在任何特定的客體上，而是單純地讓注意力放在注意力的基模模型——這個理論對覺察的定義——上面時，會使得模型的模型得到增強，從而增加那個當下的神經整合狀態。

在一般的情境下，這兩種理論所提供的觀點，都是關於焦點化注意力的——覺察到**某個對象**的經驗——而不盡然是關於純粹覺察到覺察本身的經驗。若我們將禪修神經學對整合與遼闊的接受性覺察的觀點，跟這兩種認知神經學對整合與焦點化

* Goleman and Davidson, *Altered Traits*, 232.

注意力的觀點結合起來，是否也許會發現，大腦活動除了讓我們產生對某個對象的覺察，也能產生對純粹的覺察本身的覺察？

在不使討論脫離腦神經科學這個大範圍的前提下，我們來看看腦神經科學家羅道弗·里納斯（Rodolfo Llinás）的觀點。他提出，是一種從大腦深處的丘腦部位發出，往上直達更高層皮質區域，頻率四十赫茲的腦波，使得我們能夠產生覺察的經驗。也就是說他觀察到，出於某種原因，這個每秒四十次的腦波週期，是覺察的重要基礎。很快地我們會回來深入探討這種腦波活動，這裡只想先再次提醒這個常見的觀點：以一種大規模的網路形式，大腦中不同區域彼此間的串連，似乎是大腦如何與意識產生關係的核心關鍵。就我目前所知，這個觀點，以及所有其他以大腦為基礎的研究觀點，對於「覺察」這個主觀經驗是如何與為何發生的，均未提供任何解釋。我們就是沒有答案。甚至，覺察這個主觀經驗是如何與為何會從本書所提出的可能性平原中出現——無論它是發生在生理大腦、全身、關係之中，或是像某些人說的，發生在宇宙之中——我們對於這個問題，一樣沒有答案。

儘管尚不完備，但如果「覺察是來自於可能性平原」這個觀點是正確的，如果它準確地描述出了心智與意識的潛在機制，那麼我們這趟企圖在科學與主觀經驗之間尋求連結的旅程，也許會迎來豐碩的成果，值得我們繼續努力向前探索並付諸實踐。

在下一個章節中，我們會藉由探討「從輪心出發的生活」與「卡在輪框上」這兩種主觀經驗的差別，來更深入地討論「可能性平原對應的是輪心」的這個論點。不同於輪框上的元素，我們對於可能性平原的經驗方式，也許更接近於量子微觀態層級的經驗，而輪框上的元素，則也許更受到牛頓式的古典物理學原則所主宰，包含確定性與時間箭頭等等。這個觀點或許有助於我們理解練習覺察之輪所得到的直接經驗，以及無可限量的潛能、各種可能性的存在、時間箭頭消失，這些得自於輪心的感受，是如何地讓我們的主觀經驗，被從可能性平原升起的一股深刻的自由感所充滿。從無垠的輪心，到輪框的某個特定區域；從可能性平原，到平原上方的高原與尖峰點，這樣的切換或許恰好為我們彰顯出日常生活中，量子層級與古典層級這兩種不同現實間的對比。若想要更完整地理解這種對比，我們便需要對高原的意識過濾器特質有所認識，而這將是我們旅程下一站的主題。

意識的過濾器

意識的過濾器與經驗的組織

我們眼前所遭遇到的問題是，為什麼我們會覺察到能量或訊息的某些片段，卻覺察不到另一些片段？換句話說，為什麼只有某些尖峰點和高原會進入覺察之中，而另外一些尖峰點和高原——非意識中的能量和資訊流——卻不會？這個現象又是如何形成的？

比方說，夢境中的我們是具有某種程度的覺察的，只不過事後我們也許會遺忘它。然而，我們每個人也都有過那種甫從夢境中醒來，仍清晰地記得夢中場景的經驗。如果能當場就把它記錄下來，我們之後也許還有機會回想起夢的內容。神經科學家羅道弗·里納斯曾經寫道，我們的每一種意識狀態，都可以拿來與夢境相比較。西格蒙德·佛洛伊德（Sigmund Freud）也發表過大量與夢境相關的論述，聲稱「夢是通往無意識的康莊大道」。他認為夢是一種「原始意識」（primary consciousness），而我們清醒時的狀態，則被他歸類為「次級意識」（secondary consciousness），在次級意識中，我們對於自己真實感覺和動機的覺察，某種程度上是受到阻礙的。里納斯和佛洛伊德的觀點都暗示了，當我們做夢時，任何原本嚴格的自我劃分，在夢境中似乎都會變得模糊。就彷彿我們同時是觀看者與被觀看者，照見著自己在夢中的行動；在這樣的觀點下，藉由檢視夢境，我們可以發現非常多關於自己，甚至是關於現實的資訊。假如我們能在甦醒時記住夢境的內容，我們便能有意識地運用來自夢境的洞見，不過，即使我們對於夢境——以及非意識層面的精神活動——的存在一無所知，它依然影響著我們。

也許你已經留意到，我所用的詞彙是「**非意識**」（*nonconscious*），而不是「**潛意識**」（*subconscious*）或「**無意識**」（*unconscious*）。我刻意地以這樣的方式寫作，是因為我留意到，這些詞彙在許多領域裡——包含精神分析領域，甚至是流行文化之中——都代表了特定的意涵，而這似乎給大眾建立了一個觀念，彷彿在我們的心智底層，存在著某種統一的結構。事實卻恰恰相反，這些非意識層面的歷程，絕對稱不上有任何統一的結構。因此在我個人的衡量中，**非意識**是一個更貼切的詞彙，畢竟現實上，每一個時刻裡，都發生著各種各樣——甚至可以說是絕大多數——最終完全不會被我們覺察到的心理活動，而**非意識**一詞更能傳遞出這樣的氛圍。每天早晨醒來時，我們通常不會記得自己有沒有做夢，即便已經有大量以睡眠為主題的研究證實了，在睡眠的某些階段裡，大腦活動其實是非常活躍的。我們睡著的時候，大腦是在「忙什麼」？它製造出那麼多神經活動、能量和資訊流，卻要我們在醒來之後「不知不覺」？

還有另一種與夢境相似的體驗，是透過致幻藥物產生的經驗。在這樣的經驗中，我們對自我的定義更加鬆散，可以從更多不同的角度來感知幻覺經驗中的行動。我想人們不會感到意外，在近期許多的研究中，科學家們將受試者服用了裸蓋菇鹼（psilocybin）或MDMA（搖頭丸的主要成分）這類致幻藥物之後的大腦活動，與他們做夢時的某些神經活動特徵進行比較。在這樣的大腦狀態下，下層邊緣系統（包括海馬迴）的整合功能，與某些上層皮質區域之間的緊密連結，會變得鬆懈。在這種一組區域與另一組區域互相脫離的狀態下，也許使得大腦能夠釋放出更大範圍的神經訊號模式。這些實驗結果不禁促使我們開始思考這樣的可能性：日常的「清醒大腦狀態」也許事實上，將我們侷限在一組由特定神經活動所構成，被我們認定為真實的經驗之中。這麼說來，我們的清醒狀態之中，可能包含了一組「意識過濾器」，它巧妙地安排著我們會覺察到的經驗，於是乎使我們相信這是唯一真實的視角。

一如威廉．詹姆斯在他的名著《宗教經驗之種種》（*Varieties of Religious Experience*）中所說的：「我們正常的清醒狀態，也就是所謂的理性意識，只不過是意識的一種特定類型，然而除了這一切之外，被一層薄如蟬翼的面紗隱藏起來的，是各種截然不同形式的意識，我們卻也許終其一生都不曾絲毫懷疑過它們的存在。

但是只要施加些許必要的刺激，在觸手可及之處，那些精神型態便能明確、完整地現形，而它們甚至可能各自擁有自己適合的應用之處。沒有任何一種對宇宙的詮釋是最終的，因為這總無可避免地令其他形式的意識受到漠視。」*

相關的研究指出，將這些誘發原始意識狀態的物質，運用在醫學上罹患疾病，或者受困於焦慮與憂鬱等心理創傷的病患身上，在幾次療程之後，都能在臨床上觀察到持久的改善。這似乎顯示出，將大腦從它慣性的意識過濾器中解放出來，對於某些症狀來說，是具有療效的。這些研究結果意味著，當下的意識改變，以及後續如何長期持續經驗到此種覺察的改變，能夠對一個人的生命產生深遠的正面影響。或許，對於面臨死亡課題，或曾經遭遇嚴重創傷，而卡在僵硬或混亂的失能狀態，正經驗著驚恐與無助感的人而言，為他們提供一個新的方法，使他們的大腦感知到一個更寬闊的現實，能夠深度地撫慰他們，使原本受苦的心智重獲自由。這些研究提醒我們，也許我們能夠藉由理解大腦如何參與在受苦的經驗之中，以及在療癒過程中，那些與意識狀態和自我感相關的神經元放電模式會如何轉變，去釐清心智的機制。

* William James, *Varieties of Religious Experience* (Boston: Harvard University Press original, 1895; CreateSpace Independent Publishing Platform, 2013), 388.

「連接組」（connectome）指的是整個大腦相互連結在一起的迴路，而神經科學家瑟蓮．艾塔索依（Selen Atasoy）與她的團隊指出，我們可以藉由探索連接組可能的運作方式（他們稱之為連接組諧波，connectome harmonic），來理解「擴展意識經驗」所扮演的角色：「換句話說，在失去意識的期間，神經活動會鎖定在一個狹窄的頻率範圍內；反之，在意識清醒的期間，構成神經活動的連接組諧波光譜，頻率範圍則會寬闊許多。而連接組諧波的範圍寬廣時，方有能力激發出通常發生在迷幻狀態下的高度興奮狀態（格列儂〔Glennon〕等作者，一九八四）。因此，如果我們繼續用音樂來比喻的話，意識就好比是一場由管弦樂團所演出的豐富交響樂，而失去意識則像是一首單調的曲目，重複彈奏著為數有限的幾個音符。」＊對我們而言，這裡的問題在於：進入到覺察之輪的輪心，或者說，進入可能性平原，能不能為我們提供一條打開意識的道路，並使可能出現的高原種類變多？如果不能進入輪心或可能性平原，那麼，為數有限的高原便有可能變成造成限制的意識過濾器，約束了我們可能會經驗到什麼樣的尖峰點。

我和許多練習過覺察之輪的人聊過他們的經驗，他們不約而同地描述了一種覺察被打開的感受，這背後潛藏的，也許是某種類似擺脫了意識過濾器的機制。他們談到自己獲得了一種嶄新的自由感，不再受制於憂鬱、焦慮或創傷。另外一種常見的經驗是慢性疼痛減輕。在得到更多接觸可能性平原的機會之後，一組原先將人們侷限在某種欠缺整合的失衡狀態的過濾器——亦即因為創傷性事件而將人們囚禁在痛苦、焦慮、恐懼之中，或者導致憂鬱、無助、絕望狀態的高原——如今也許會開始消融，讓原本受困在由過濾器導致的混亂或僵硬狀態中的人，重獲自由。

如我們所見，假使能夠更加地從可能性平原的層面來生活，拋棄或鬆開某些過濾器——高原——我們的生命也許會發生重大的成長。為了強化我們的心智，使它做好充足的準備去應對生命中的挑戰，讓我們更深入地運用3－P觀點，來探索成長這個課題。首先一起來了解，我們在這裡所提出的「意識過濾器」機制。它的位置高於可能性平原，通常不會被意識到，並且形塑著我們覺察狀態的性質。

這裡，我們暫且先假設，無論我們正處在哪一種意識狀態，輪心就是輪心。用3－P理論的術語來說的話，我們是從可能性平原得到「覺察」這個經驗的，而平原就是平原。如果從大腦機制的角度來看的話，前面兩句話的意思是，「覺察」這個主觀經驗，無論它是怎麼在大腦中被製造出來的，它並不會變動，雖然我們的意識狀態會改變。而人們的夢境經驗普遍顯示出，當我們做夢時，「覺察」的機制並

* Selen Atasoy, Gustavo Deco, Morten L. Kringelback, and Joel Pearson, "Harmonic Brain Modes: A Unifying Framework for Linking Space and Time in Brain Dynamics," *The Neuroscientist, September* 1, 2017, 1–17, doi: 10.1177/1073858417728032.

不會改變，在那個狀態下，發生改變的是意識的過濾器。那麼，一個特定的意識狀態，指的便不是覺察本身的改變，而是指「是什麼形塑了意識的整體經驗」——我們所覺察到的內容，以及那種覺察狀態本身的特徵，這些我們很快會討論到。

過濾器形塑了我們所覺察到的內容，而這個現象又進一步影響了後續的資訊流。這種發展方式有時候像是一條緩緩流動的溪流，有時候又像是一道瀑布，挾帶著強大的威力，能夠把沿途的一切都沖散攪亂。某個給定的意識狀態的品質，是被出現在平原上方的能量模式的性質所塑造的。

這些位於平原上方、建構出意識狀態、組織著我們生命的過濾器，究竟是什麼？我們能否更深入地窺看它的結構，以及它在我們生命中發揮的功能，而不只是驚鴻一瞥？如此一來，或許我們便能從它綿綿不絕的掌控中解脫，讓我們的覺察經驗，不再受到它的侷限？與其在晦澀不明的非意識心智中掙扎著避開這些過濾器，我們能否與它們做朋友，了解它們的真面目、釐清它們在我們意識經驗中所扮演的角色，藉此變得更自由、活得更加圓滿？

關於大腦的科學，又是如何能夠幫助我們看清，這個通常隱藏在覺察表面之下的心智運作過程呢？

「由上而下」、「由下而上」，兩種感知現實的途徑

就某方面來說，這些意識的過濾器，會不會跟將覺察與自我組織串連在一起的基本機制有關？

有一些神經科學家，正努力嘗試運用數學原理來了解大腦運作的複雜性。其中一些研究者也運用了這樣的途徑，去檢視了描述大腦運作的「自由能量原理」（free-energy principle），而提出該理論的卡爾．弗里斯頓（Karl Friston）也曾就這些研究途徑，進行過某些評論。自由能量、恆定狀態、熵，這些概念都曾經得到廣泛而深入的討論。自由能量是「在給定的生成模型中，一種資訊理論的尺度，它劃定或限制（透過大於）了取樣某些數據時產生的意外的邊界或極限」。恆定狀態是「一個開放或封閉系統調節其內部環境，使其能夠在特定限度內維持其狀態的過程」。至於「熵」的定義，則是「從機率分布或密度中取樣出的意外結果的平均值。一個低熵值的密度，意味著平均而言，結果是相對可預測的。因此，熵是一種用來衡量不確定性的尺度。」* 確定性與自我組織是有關聯的。

* Karl Friston, "The Free-Energy Principle: A Unified Brain Theory?" *Nature Reviews Neuroscience* 11, no. 2, 2010, 127–38.

前面曾經探討過，複雜系統具備自我組織這項突現性質，它就像是我在本書的第一部裡提到過的整合之流，和諧地在混亂與僵化這兩種極端之間流動。自我組織這種突現性質，也十分詩意地反映在約翰．歐唐納修的祈願之中：「我願活得像一道河流，讓流水蜿蜒湧現的驚喜，攜帶著我前行。」只要讓自我組織發生，流水自然會照顧它自己。當一個複雜系統內部是自由的，即使在遊走於熟悉與陌生、確定與不確定之間時，它也能自然而然地產生出一種整合性的和諧。對於這樣的狀態，有一種系統觀點將它稱作**臨界狀態**（*criticality*），指的就是這種介於混亂與僵化兩者之間的狀態。一如米契爾．沃德羅普（M. Mitchell Waldrop）所說：「臨界狀態指的是，在停滯與失序之間，那片變動不息的戰場，一個讓複雜系統展現它的生機、自發性和適應性的地方。」* 臨界性就是我們的 FACES 整合之流的數學空間，具備了整合之流的彈性（flexible）、適應力（adaptive）、連貫性（coherent）、活力（energized）和穩定（stable）這幾項 FACES 特性。

或許，可能性平原就是那道擁有最佳化的自我組織特性、和諧的整合之流的誕生之處。

然而，有時候經驗會使我們建構出習得的高原，阻礙了和諧於整合，導致混亂或僵化的尖峰點。一個僵化的尖峰點，有可能沿著水平的時間軸持續存在很長一段時間——製造出高度可預測的、缺乏改變的確定性。又或者，我們也有可能在某個給定的時間點，因為 Z 軸出現了各種導致混亂的多樣性，而碰上混亂的狀態。

在我們成年後的日常生活裡，平常的意識狀態下，大多數的人都已經學會，盡力運用心智的 FACES 整合之流這五個面向，讓自己好好地活在這個世界上。在整合之流和諧的流動之中，我們得以保持彈性、適應力、連貫性、活力和穩定性。而為了達成這種存在狀態，我們需要獲取知識、學習技能，接著將學到的知識和技巧應用在日常經驗上。假如我們無法學會這些能量模式和資訊的符號象徵所建構成的概念和歸納方式，生活中的每一件事將會永遠像是全新的初次體驗，那麼，雖然一切都顯得嶄新和新鮮，但是我們的每一個舉動，都會變得極度缺乏效率。我們會為了路上的每一朵玫瑰不斷地停下腳步，彷彿這是人生中第一次見到、嗅聞到如此美麗的花朵——然後永遠也走不到辦公室或健身房。

此刻我能想像，你的心裡正發出疑問：「丹尼爾，這又有什麼問題呢？」而我也百分之百贊同，你認為人應該要保持初心的這個觀點。

然而現實總是存在著另外一面。舉例來說，前幾天，我上班的途中在街上看到了一隻狗。為了有效率地抵達辦公室，我需要留意到自己看見了一隻狗，或許也會

* M. Mitchell Waldrop, *Complexity: The Emerging Science at the Edge of Order and Chaos* (New York: Simon and Schuster, 1992), 12.

花上短暫片刻欣賞牠的可愛、注意到牠的品種、留心牠有沒有咬人的可能性……接著繼續前往我的辦公地點。持有對這種實體的熟悉度——動物、哺乳動物、已經被馴化的犬科、狗——是一種利用過去學習到的概念和歸納法，來過濾當下經驗的方式。**過濾**——高原——這件事本身並不構成問題，問題在於，我們是它的奴隸，還是主人？

我們可以用「**由上而下**」一詞來描述這種過濾的過程，反之，則可用「**由下而上**」來描述新手的初心狀態。這跟身體解剖學常見的用法不同，在解剖學中，「由上而下」意味著皮質層（掌中大腦模型的四根手指）的活動，對大腦下層結構（你代表邊緣系統的大拇指，和代表腦幹的掌心）產生影響的方式。至於「由下而上」，有時則被用來形容下層大腦結構如何對上層結構產生影響。這樣的用法沒什麼不對。不過在這裡，我們會採取截然不同但同樣有價值的方式來運用這兩個詞彙。

「**由下而上**」指的是，能量和資訊流是新鮮的，它們在我們活在一具身體裡的條件下，受到最低限度的拘束。處在管道狀態，任由感官感覺流過，是一種由下而上的經驗。

反之，「**由上而下**」指的是，我們經驗到的是建構式的資訊表徵，而這些資訊表徵是受過去的經驗所形塑的。以大腦的術語來說，由上而下的「上」，意思是一些由過去的經驗形成、儲存在記憶裡的神經連結，正形塑著當下的能量和資訊流，為我們的未來做好準備。這種由上而下的連結，使得那個當下的大腦放電狀態（這種狀態有時候被稱為**時空配置**，*spatiotemporal configuration*），直接影響整個大腦的功能運作。若再以能量的角度來看的話，由上而下的影響，能夠在任何給定的經驗中，形塑大腦整體的能量狀態。心理建構便是一種常見的由上而下式的生活經驗。

在某個給定的時刻，過去經驗會如何限制大腦產生哪些類型的狀態，對於這個問題，存在著各種不同的說法。但無論最後真正正確的機制是哪一個版本，背後的概念都是類似的：過去經驗所形成的能量模式儲存在記憶之中，當它們受到某個給定的脈絡或經驗激發，這些重新被激發的能量模式——我們可以稱它們為橫跨了全部CLIFF-PD變因光譜的能量狀態（在這裡，PD代表的是**機率**，*probability* 和**多樣性**，*diversity* 的縮寫）——會直接影響當下流入的感官感覺，因此，那些被我們感知、思索，甚至引動了我們行為的內容，是受到了一個由上而下的過濾器所形塑的，讓我們自動地準備好面對，接下來即將發生的情況。

這就是高原所做的事：過濾能量和資訊流。

過濾器會將可能性匯聚成一組特定的能量模式，傳遞出特定的資訊。就連我們用視覺**感知**（*perceive*）到的內容，都比眼睛裡的視網膜**接收**到的內容更加錯綜複雜、受到更多過去的影響。簡言之，**純淨無瑕的感知並不存在**。我們也許可以竭盡所能地接近純粹導管型態的感官感覺，然而一旦我們開始動用感知，我們便開始傾向於承受來自事前機率（prior probabilities）的壓力，它會過濾我們對當下覺察內容的經驗。過濾器是一種由上而下的歷程。

最純粹的感官感覺（Sensation），也許是我們活在一具身體中這個條件下，所能夠取得的最接近於由下而上的經驗形式；感知（perception）與見解（conception）則早已因為由上而下的過濾器（有時稱為基模或心理模型），而受到了過去經驗的影響。

也許正是因為如此，在我們度過青春期，逐漸長大成人之後，生命開始變得沉悶而無聊。我們變得太常讓過去經驗中習得的觀念和歸納方式來過濾我們的生活，而失去了「初心者」的新鮮感，不再看見事物彼此之間的差異。有別於一般聚焦於冥想練習的研究取徑，社會心理學家艾倫．蘭格（Ellen Langer），以個人獨特的方式研究「正念」，並且在她的研究中發現，對於事物的新鮮差異抱持開放的心態，是幸福與活力的來源。蘭格的研究結果顯示，欣賞事物新奇的不同之處，讓人變得更健康。人類大腦在成長過程中發展出的這種由上而下、具主導性的覺察方式，限制了生命的新鮮感，而我們可以看見，蘭格的研究，為我們展示了一種更鮮活、更整合的生活方式，幫助我們從這種常見的牢籠中解脫。正如我和我的女兒瑪德琳．席格（Madeleine Siegel）（這本書裡出色的插圖正是出自她的手筆）曾經在蘭格和她的同事共同出版的正念手冊，其中的某個章節裡所寫到的那樣，蘭格充滿創造力的正念形式——或許也算是一種深思型的正念形式——幫助我們學會，如何在不確定性中成長茁壯。我們用可能性平原將這兩種幫助我們臨在當下的形式連繫起來，而這兩種方式，都已經在科學上得到證實，能有效地促進人們的健康。

換句話說，隨著年齡漸長，逐步累積出更多生命經驗的同時，伴隨著我們皮質層的學習能力一起成長的，是越來越強大、越來越精細的意識過濾器。學會如何從這種由上而下的限制之中重獲自由，也許是蘭格的正念方法，和深思型的正念方法所共有的正面效益。嵌入在高原裡的過往知識和訓練，只會允許某些特定的能量和資訊流通過，成為尖峰點，因此我們需要更加親近可能性平原，才能避免受到高原的侷限。

這種「由上而下」、「由下而上」的觀點，某部分可能與DMN，也就是預設模式網路有關。讓我們再對DMN多作一些探討，因為它或許和意識的過濾過程有關，而了解這一點，也許能夠幫助我們更詳細地釐清覺察之輪這個經驗背後的機制。

高原，「自我」，與預設模式網路

回憶一下，DMN是一組大多數位於大腦中線地帶的迴路，從大腦的前方（包含內側前額葉的各個面向）延伸到大腦後方的後扣帶迴（PCC），而PCC在這個網路中，負責主要的功能。我們也已經知道，DMN主要扮演的角色，是定義我們的自我感——我們有意識的、主觀的「我是誰」的感受，或至少是我們自己認為的我是誰。當這一組製造概念的迴路過度孤立，沒有和其他的腦區串連成一個網路，從生理大腦整體性的整合系統中缺席時，那麼，我們便有可能產生欠缺、孤獨、焦慮、過度自我關注等感受，或是其他導致受苦的元素，例如憂鬱和絕望等。

我們也許可以用這個觀點來看待自我（self）、高原和大腦：**由上而下的有關「我是誰」——我們自認為的我是誰，以及我們的「自我感」——的概念，也許是從意識的過濾器中產生的，而這些意識過濾器，是由DMN網路的資訊模式所構成的。**DMN的神經活動過濾並形塑了，能量和資訊流的成形以及進入意識的方式，若是我們能夠鬆開DMN這些神經活動，讓由上而下的、自定義的心智過濾器，或者說讓將事情分門別類、導致侷限的高原產生鬆動，那麼，我們便能改寫生命中某些特定的、個人化的定義，轉向一種更廣闊的目的感和連結感，拓展我們對自己的生命，以及我是誰的定義。

能量和資訊流以各種不同的方式進入我們的覺察，為了試著描述出這所有不同的方法，並且試著捕捉從由上而下的過濾歷程中浮現的個人意義，以及我們如何經驗到屬於自己的個人**意義**（*meaning*），我編了這個輔助記憶詞，用來代表心智中的意義，它剛好串成ABCDE五個字母的組合。這個組合本身並不是想要去界定出一個「人們該如何活出有意義的生活」的通則，而是想指出某些特定的關聯，以呈現出每種特定的能量和資訊模式，對於每個人來說，都是如何地具有它獨特的、個體化的、專屬於個人的意義與重要性——你有你的意義，我有我的意義，它們也許並不相同，但是在這個當下，你我各自的整體心智狀態中，都蘊藏著屬於你我各自的意義。若我們以這種更寬廣的角度來運用意義一詞，去指涉一個有目的、有連結感的生命，那麼，去覺察到這種專屬於個人的意義，也許會是一條讓生命活得更**有意義**的途徑。

這個有關大腦如何形成並辨認出意義的助記詞 ABCDE，每個字母分別代表的是：

1 **關聯**（*Associations*）：大腦中一起浮現的感官感覺（**Sensations**）、畫面（**images**）、感覺（**feelings**）和想法（**thoughts**），既是時間性、也是空間性的。這幾個元素還能組成另一個縮詞 SIFT（篩選），你看，這個助記詞裡還藏了一個首字母縮略詞！當我們在心智中 SIFT（篩選），反思什麼是有意義時，這幾個 SIFT 元素，形塑了心智中浮現的內容。

2 **信念**（*Beliefs*）：我們的心理模式和視角，形塑了我們所看見的世界，就像俗話說的：「你要先相信才看得見。」

3 **認知**（*Cognitions*）：資訊處理歷程的流動，在概念與歸納方式所挾帶的各種事實、點子、感知模式、思考和推理的沖刷下流動開展，形塑出我們對現實的觀點，以及解決問題的方式。

4 **發展階段**（*Developmental period*）：我們生命中事件發生的時期，例如童年早期、青春期、剛成年的青年期，它們形塑了當時由上而下的影響力。

5 **情緒**（*Emotions*）：從身體湧現的感覺，這些感覺被關係所形塑，藉由生理大腦向外擴散，為我們標示出生命中的重要性與價值所在，通常也涉及到那個當下的整合程度切換，無論切換的程度是輕微或強烈的。

在清醒的狀態下，與做夢的狀態下，這幾個與意義有關的ABCDE會受到不同的過濾。當我們的覺察在夢境狀態中變得更開放時——當大腦在清醒狀態時的那種緊密連結被鬆開——我們似乎能夠更直接、更自由地取得一組截然不同的意義ABCDE。若是從覺察之輪的角度來看的話，這個現象意味著什麼？

它意味的也許是，在我們的生活中，經由過濾這些關聯、信念、認知、事件最初發生時，來自發展階段的影響，以及當下的能量和資訊流在高原上方被導流而產生的情緒狀態，**高原藉此為我們建構出個人意義**。

這種自定義的（self-defining）意識過濾器之所以會存在，原因也許是為了組織我們的精神生活。個人意義的ABCDE嵌入在高原中，為我們塑造出個人的身分認同、協助我們理解自己的內在世界，以及與周遭世界之間的關係。

高原扮演著意識過濾器的功能，以符合我們期待的方式預測未來，試圖讓生活變得可預測、看似安全而可靠，藉此形塑著我們所覺察到的主觀經驗。它們在那個當下創造出某個特定的心智狀態，而那樣的心智狀態，帶有它獨特的意義模式。

從自由能量原理的角度來看，高原能夠降低熵值——減少不確定性——幫助我們達到恆定狀態。前面也已經探討過，我們內在意識的發展與演化，也有可能源自我們的社會連結。「我們之內的」與「關係之中的」這兩者的重疊處，是我們的大腦、心智和關係這幾個面向的共同主題。意識的過濾器「放行」特定的內容進入覺察之中，也許是為了將意識的內容加以組織，以便符合我們的期待。「我知道現在正在發生什麼事」或許就是這種會不斷自我強化的意識過濾器所創造出的主觀感覺，它建構出一個我們預期會經驗到的世界。

神經科學家們常常將大腦戲稱為「預測機器」（anticipation machine）。由於生命中充滿了數不清類型的能量流模式，因此，預測一段經驗可能的發展方式，讓自己隨時隨地準備好迎接下一秒，最佳的達成方式也許是：基於過去的經驗，建造出一組認知的過濾器，去挑選和組織我們會覺察到的內容。就連我們的感知系統也有可能被觸發去感知，我們的觀念中認為會發生的情況。也就是說，我們會看見我們所相信的。

DMN讓我們有能力去塑造我們對於自己是誰的看法。這組迴路就某方面而言，賦予我們能力去進行精神性的時間旅行，串連起過去、現在、未來，產製出意義。我們都擁有一組流動的敘事，內容講述我們過去是誰、現在是誰，還有我們認為自己未來應該是誰。這種有能力預測和計畫未來的**前瞻心智**（*prospective mind*），並不等同於單純的預期心理。投射出一個想像的未來，也是這些由上而下的過濾器賦予我們的一種能力，幫助我們為自認為即將到來的下一刻做好準備。由上而下的DMN歷程也包含了心智理論，讓我們映繪出自己與他人的心智地圖。而這些持續週期更長的表徵，會超越預期的層次，成為不斷自我重申的計畫，更像是我們會拿來向彼此訴說的故事——也就是那些內建在我們的敘事性世界觀之中，我們放在自己上和他人身上的關注焦點。我們根據過往的經驗學習到心智的特性，接著運用這份由上而下的學習內容，去支持並約束我們對當下正在發生的情況的感知——這裡指的是我們自己和他人的心智裡正在發生的事。我們經由過濾器由上而下的篩選歷程，來感知和解釋生命。這些過濾器也可以說成是我們從過去經驗中習得的高原，它們形塑了當前意識的內容，讓我們作好準備，以便去經驗——以及建構——我們即將感知到的未來。

過濾器幫助我們存活。當你開車的時候，你會希望轉動方向盤、踩煞車，這些由上而下的知識和技巧是早已準備就緒、隨時能夠觸發和集中你的感知力和行為的。過濾器形塑我們所相信的，也影響著我們將感官接收到的訊號轉換成感知內容的過程。它們確信自己所持觀點的準確性與完整性，同時也會不斷地自我強化它所確定的事。我們甚至可以將此視為**確認偏誤**的基礎。確認偏誤的意思是，我們會選擇性地只去關注那些使我們本來就已經相信的事物，更加得到確認的面向。假如我們一直去覺察這些無所不在的過濾器，或是一直覺察到它們所創造的限制性觀點，我們的內在也許會產生一種感受，彷彿它們幫助我們存活的價值就打了折扣。因此，我們通常不會覺察到高原的存在，甚至不會想到要去質疑它們的存在，或發揮著哪些效力。

「由上而下」的好處是，它讓我們在這個通常令人感到困惑、難以預測的世界裡，找到一個理解世界的方式，獲得確定感與安全感。現在的人們常常形容，我們生活在一個VUCA的時代裡。這個詞最早起源於軍事用語，如今已在各個領域被廣泛使用。VUCA分別代表了：易變性（volatility）、不確定性（uncertainty）、複雜性（complexity）、模糊性（ambiguity）。在這個人類史上充滿挑戰的時期，我們可以想見，某些人非意識的應對策略，就是讓他們的過濾器變得死硬，好讓他們感知到的世界少一分威脅性、多一分確定性和可預測性。在面對攸關生存的挑戰時，無論是彈性還是僵硬，我們或許都能透過一個人由上而下的過濾器、高原來看出，他的心智試圖達成恆定狀態的努力。

然而，過濾現實所帶來的負面效應是，我們的經驗會因此受限。僵硬的高原也許會使我們變得難以臨在於當下。我們甚至在允許自己開放地經驗某些人事物之前，就已經對他們產生了批判。而如果我們的高原是從不怎麼好的經驗建構出來的，那麼這些高原對於我們的茁壯而言就是一種限制，我們等於是被自己心智由上而下的建構所囚禁。如此一來，我們的生命便成為了這個「由上而下」歷程的囚徒。這正是為什麼，讓由下而上的、更具有接受性的覺察來平衡這些過濾器是必要的，如此我們方能得到一個更整合的心智。

而可能性平原，或許正是那道使得「由上而下」與「由下而上」取得平衡的門戶。由下而上的感覺流動，無論來自於內在或外在，都是一種管道型的經驗，它有助於鬆綁那些由上而下的過濾器，減少生活方式和覺察內容所受到的侷限。或許我們可以把它看成是直接從可能性平原升起的尖峰點。前面曾經談過，當我們專注在感官感覺的流動時，會啟動側邊迴路，從而抑制中線區域的DMN主導的心理碎念。而這些心理碎念，我們現在也許可以將它們看成是一種由上而下、自我強化的迴圈，內容是我們圍繞著自我建構而成的認知。當然，擺脫自我感並非我們的目標；取得平衡才是。培養一個更流動、有彈性的自我感，學會更全然地沉浸在感官感覺之中，或許是一條通往整合的生命之道。我們希望達成的是，學會適應各種生命中的尖峰點，無論是從高原升起的，或是從平原升起的。重點在於由上而下與由下而上這兩條途徑的整合——並不是要摧毀由上而下，只保留由下而上——讓整合帶給我們力量，收穫到由上而下的益處，也享受由下而上的自由。

個人化的過濾器組合

這些過濾器是什麼模樣？

我們每個人都是獨一無二的，每個人都擁有屬於自己的高原和尖峰點，使我們成為一個個體。透過這樣的方式，我們在輪框、高原與尖峰點展現出與他人的區別，同時，我們又能在輪心、可能性平原找到與他人的共通點。

讓我跟大家分享一些我個人的高原和尖峰點，大家也許可以從這些例子當中，更加清楚過濾器是什麼感覺，以及它們如何形塑我們覺察到的內容。某些過濾器來了又走，某些過濾器則會維持得比較久，形成一種模式，定義我們所經驗到的自我。從我個人的經驗中，我觀察到，長期存在的過濾器有這四個種類：感官感覺（sensation）、觀察（observation）、概念化（conceptualization），以及知曉（knowing），這四個單字剛好可以組成 SOCK（襪子）這個首字母縮略詞。這些都是人性共通的內在面向，或許你也能有所共鳴。例如，你或許也感受得到，自己出於某種身分認同、發揮觀察能力，並以此概念化周遭世界的歷程。你也有可能會發現到一組專屬於自己的過濾器，源自於你個人獨特的歷史和組織現實的方式，那是你特有的建構模式，形成了你生命中由上而下的高原。別忘了我們每個人都是不同的個體，而我們之所以會不同，其中一個原因，便是來自於這一組獨特的過濾器。我們特有的高原以及它們所產出的獨特尖峰點，形塑了我們的覺察內容。讓我們來看看SOCK這個縮詞所代表的意涵，用我，你在這趟旅程上的夥伴，來當作例子，向你展示我如何感受、觀察、構思，甚至感受到自己的「知曉」，藉此幫助大家更清楚地看見，大腦如何調節這種由上而下的過濾歷程。

感官感覺（*Sensation*）指的是，透過我們的前六種感官流入覺察中的事物。這種具過濾性質的流動，基本上是管道式的歷程。它是當我們專注在輪框第一區和第二區時，所接收到的內容。以過濾器的角度來看，它所造成的由上而下的影響是最低的——然而，基於我們活在一具肉體中這個條件，負責導入這種感覺流動的「管道」，很可能會受到過去經驗的影響。過去的經驗形塑了我們個人在神經生理層面的感受能力，想當然耳也會影響到我們對自己內在和周遭世界的感知。不過如前面所見，它仍是一種有用的流動，能夠幫助我們平衡受到由上而下的歷程宰制的、聒噪不休的心理世界。

觀察（*Observation*）指的是，與直接的感官感覺之間保持著一點距離，其中也許含有大量來自DMN的輸入。這些基於過去經驗的DMN迴路，會激發某種態度，如果它會說話的話，內容大概會像這樣：「這就是我、這就是我的經驗應該要有的樣子。」DMN錨定在過去的經驗中，設定大腦的放電模式，為的是確保原先的關聯、信念、認知、發展階段和情緒——意義的ABCDE——都能夠符合原先的期待。

概念化（*Conceptualization*）是一個過濾層，它會轉換和形塑輪框上的元素，去符合我們對於事實資訊的信念和歸納，因而侷限了心智得到的經驗。這種概念性的過濾器，它的作用在於，讓世界顯得可以理解，而更重要、更攸關生存的是，它讓世界看起來是可預測的。我們根據事物的特質建構起與其相關的概念，再根據這些概念將世界歸納分類——例如：可愛的動物與不可愛的動物、好的情緒與壞的情緒。概念，是我們用來組織資訊的方式，讓世界據此分門別類。大腦建構出這些概念性過濾器的方式，牽涉到皮質層精細複雜的分層，它將神經元的能量模式匯聚在某個給定的區域之中，接著再將這些能量模式，交互串連至距離更遠的皮質區，同時間，還有一連串非皮質區的恆定狀態評估與調節過程，再從旁影響著這整個歷程。由此看來，概念化並不僅僅是一個智力層面的過程——它很可能也牽涉到了身體的感覺狀態，這些感覺狀態形塑了我們信念的調性和穩固程度，以及當這些觀點的準確度受到威脅時，我們可能採取的回應方式。

儘管概念存在的本意是為了幫助我們，然而它們對覺察所造成的過濾現象，實際上卻強化了我們的信念，讓我們更深信自己信念的正確性，這就是前面曾經談及的確認偏誤。要留意到的是，就跟所有的過濾層一樣，這些都發生在我們的覺察之外、發生在輪心之外。這些由上而下的歷程，可以稱之為內隱性心理模型（implicit mental models），它們過濾並形塑我們對生命的主觀經驗，而我們卻通常不會察覺到它們的存在，或是它們對我們的影響力。概念性的過濾器能直接形塑我們對世界的看法，甚至限制我們對世界的想像。

知曉（*Knowing*）不僅止於持有概念性的知識；它是一種深刻的感受，感受到內在狀態的完整性和真實性，或是感受到與世界的整合。知曉廣泛地牽涉到具身大腦——向外延伸的神經系統，以及我們整個身體——的許多部位，以及這些部位如何連結到一種整體性的整合狀態。可能是肚子覺得怪怪的、心裡感覺不大對勁，或是腦子覺得什麼事情還沒完成。「知曉」這個過濾層可能就是以這樣的方式，來利用感官感覺、觀察與概念，去形成一種整體式的過濾器，潛藏在其他的過濾層下方。

前面曾經討論過，當洞見發生，我們心裡不禁喊出「啊哈」的瞬間，牽涉到的是大腦高度整合時才會出現的伽瑪波，而這也許為我們呈現出，當這種知曉進入覺察時，相關的神經生理現象。知曉會過濾進行中的事件，它一方面建構出一種「什麼是真的」的感受，同時又作為一種管道，讓我們單純地了解到，在整體的整合狀態下，什麼是連貫和有意義的——無論是在我們內在的精神生活中，或是在關係性的精神生活中。

純粹的覺察與意識的過濾器

這些意識的過濾器讓我們看見，過往經驗如何影響了覺察裡出現的輪框元素。你會以你自己的方式體驗到，在某個給定的心智狀態下，過濾器如何決定什麼樣的內容可以獲准進入覺察之中——無論是以管道型態，或是以建構型態。在你持續練習覺察之輪的過程中，也許試著去偵測、描述和認識這些過濾器，會為你帶來益處。在任何給定的時刻，這些過濾器既形塑了我們覺察到的內容，也形塑著我們當下的狀態。我們每個人都有一組這樣的過濾器，雖然各自的過濾器特性也許十分不同。過濾器塑造出我們反覆出現的心智狀態、自我的各個部分或性格的各種面向。這些狀態或面向，也許都呈現出長期的模式，過濾著意識的內容，形塑或改變著我們對於我是誰的體驗，而這些調節過程，通常發生在毫無覺察或並非刻意的情況下。過濾器有可能主宰我們的生活，就像是 DMN 自定義的過濾器，在我們清醒的時刻，持續不斷地強化著我們由上而下的自我感那樣。

雖然這些過濾器存在的用意，通常只是為了組織資訊，幫助我們在真實世界

（或者我們以為自己所在的世界）之中定位方向，然而，對於我們每個人而言，讓心智掙脫過濾器的綑綁，更多地經驗到由下而上的模式，或許也是一趟重要的旅程。帶著一股玩心，用幽默的角度看待我是誰，耕耘隨時可以跨越輪框的過濾器限制，親近輪心的管道，是讓心智自由的途徑之一。在我們的3－P觀點中，這意味著親近高原下方的可能性平原，以便覺察到更多的開放性，學會如何活得更自由。既然如此，為什麼我們不能很容易地直接做到這一點呢？或許是因為，在我們的經驗中，已經習慣了一組由上而下、可預測的、受到高原過濾與侷限的尖峰點，致使我們無意識地避開了可能性平原。因此，要轉換到另一種存在狀態，進入那個遼闊、開放、擴展的可能性平原，那片自發性能夠浮現的空間時，或許我們會感覺到陌生、違背自己的經驗。如果我們想要的是確定性，那我們肯定不會讓自己自然地沉浸在可能性平原的開放性之中。在一個不確定的世界裡，我們自然地會有一股趨力，想要維持住那些經過高原過濾、可預測的、自我確認的概念、歸納，以及感知上的偏誤，這是可以理解的。問題在於，僵化的高原讓我們無法以臨在當下的方式體驗生活，而這種臨在的品質，是需要從可能性平原產生的。

意識過濾器所發揮的自我組織功能，原意雖然是幫助我們存活，然而諷刺的是，它也在不經意間形成了一道屏障，限制了我們親近可能性平原的自由，阻礙我們往整合的方向發展。在尚未消融的創傷、焦慮或憂鬱的案例中，這樣的現象格外明顯——而除了這些案例之外，它也可能使我們每一個人都難以在生命中感覺到意義與連結。在這種情況下，我們所需要的，也許是某些介入的手段，去鬆動那些造成限制的過濾器，好讓它們可以鬆開來，允許朝向整合的推力通過——這股推動力，是從可能性平原中自然產生的。

當生活是從可能性平原出發，代表了我們過的是一種臨在於當下的生活。可能性平原的自由與開闊，讓整合自然而然地產生。簡而言之，**臨在是一道門戶，整合由此誕生**。

這裡我們是希望大家留意到這種矛盾：過濾器的存在，也許是為了幫助我們組織安排我們的生活，但是在生而為人的這趟旅程上，很多時候它們變得過度僵化或混亂，反而阻礙了朝向整合的自由流動。具有過濾功能的高原，之所以會造成這種失調的效果，原因可能來自各種不同層面，諸如個人的過往歷史、基因遺傳、遭受社會排擠孤立，因而得不到歸屬感的痛苦經歷等等。

人生在世，在這趟旅程上，若是發展出僵硬的過濾器，很可能會危及我們的人生。長大成人之後——也可能是更早的時候，童年尾聲或青春期期間——當我們試著融入自己所身處的世界、適應種種接踵而來的個人經驗，試著理解生活、掙扎著活下去時，我們這些建構的、自定義的過濾器，便逐漸開始生根。

由上而下的過濾器會告訴我們，我們是誰，它們有時候會形成慣性模式，這樣的模式又會回過頭來自我增強，在我們的生活中建構出一個熟悉的「我」的感受。這些習得的、塑造出「自我」的過濾器，形塑了我們清醒時的意識。**向「我可以是誰」敞開**，是一種心靈上的覺醒，如此一來，我們便能更自由、更全然地去體認到，我們所擁有的無盡可能。

注意力的神經振盪波動：3-P波動圈、覺察之輪的輻條

如果從神經歷程中浮現的資訊雖然出現了，卻可以停駐在覺察之外的話，那麼，會是什麼樣的機制，讓這些資訊得以進入意識之中？從神經科學的角度來看的話，我們可以透過對大腦的研究來想像這背後所發生的事，儘管我們也曾經談到過，目前還沒有人能真正回答，是什麼讓我們產生了覺察。不過，我們可以就這些現存的科學論點，提出以下的假設。

前面曾經短暫提及，「覺察到某事物」這種主觀經驗，與大腦中一種頻率四十赫茲（每秒四十個週期），將各種不同的神經活動互相串連起來的波動有關。這個論點合乎了資訊整合理論的觀點，也得到了許多以注意力、覺察和思考為主題，對腦波模式進行觀測的大腦研究的支持。振盪（oscillation）指的是一種週期性的歷程，一種重複循環的增強活動。意識涉及到一種頻率四十赫茲的振盪波動，它橫掃過生

理大腦，將不同腦區的活動串連起來，而我們假定，這一類的歷程也能運用我們的3-P圖來表示。也就是說，一個振盪循環，會將某個我們覺察到的平原上方的位置——某個高原、次尖峰區，或尖峰點——與可能性平原串連起來，將位於平原上方的那股能量，與平原本身之中的活動圈在一起。這便是我們想在這裡提出的論點：我們除了從可能性平原變得「有覺察」之外，還透過可能性平原與「某事物」之間的串連，變成「**覺察到那個事物**」。我們可以用圖表的方式描繪此一循環過程，用來呈現這種代表注意力的神經振盪波動，見下頁插圖。

如果那個被覺察到的「某事物」，是一個想法、情緒或記憶，就表示有一個注意力的波動圈（loop）將平原與尖峰點連接起來。如果覺察到的是一種心情、意圖或心智狀態，也就是我們曾討論過的過濾機制，那我們會看到的則是串連起平原和高原的波動圈。在圖表上的一個波動圈，對應的是大腦中的神經振盪波動（譯注：即俗稱的腦波）。而大腦的研究已經顯示出，這種波動的頻率是四十赫茲。這裡我們要說的是，這種波動在圖表上有一個對應的循環波動歷程，當這個循環波動圈串連平原與平原時，代表的是輪心中的輪心的經驗；當它串連起平原和平原上方的位置時，代表的則是輪心到輪框的經驗。有時候，輪心中的輪心的經驗，會是不帶有任何注意力焦點的——這種經驗出現的方式是，當我們練習覺察之輪的這個步驟時，不使用對折或縮回注意力輻條的方式來進行，而是單純地待在輪心中，不發射

增加了注意力波動圈的 3-P 圖表

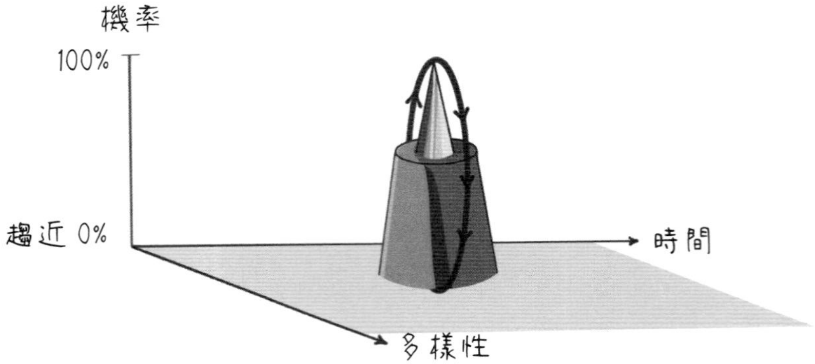

任何輻條，安住在可能性平原裡。

覺察之輪上的輻條，可以對應到 3-P 圖表上的波動圈。從下頁插圖上，我們可以清楚看見那個代表腦波，將平原與平原上方的位置連接起來的波動圈，與覺察之輪輻條之間的對應關係。

如果這股注意力的波動之中沒有可能性平原的參與，那麼心理活動雖然會存在，卻不會進入意識之中。用覺察之輪來表示的話，就是一個活躍的輪框點，但沒有連結到注意力輻條；用 3-P 圖表來表示的話，就是某個平原上方的高原或尖峰點，但是缺少了將它連接到可能性平原的波動圈。這種「沒有輻條的輪框點」或「沒有波動圈的高原和尖峰點」的表述方式，圖像化地描繪出了非意識心智的運作方式。

這種由神經振盪波動歷程形成的模式，在大腦的運作過程中十分常見。最近，牛津大學教

結合了覺察之輪的 3-P 圖表

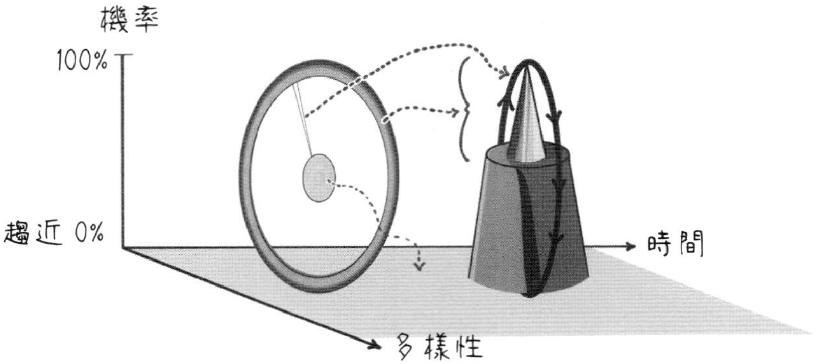

授摩頓．克林格巴赫（Morten Kringelbach）到訪加州大學洛杉磯分校（UCLA），就「心智與創傷」這個主題進行了一場演講。演講過後，我們兩人有了一次交流的機會。摩頓曾經是一位計算機科學家，如今也是一位腦神經科學家，我們在對話中聊到，分離（segregation）和積分（integration），這兩個他過去熟悉且常用的數學術語，與區隔（differentiation）和串連（linkage），這兩個我所在的人際神經生物學領域中常用的術語，其實是並行不悖的。這番討論旋即清楚地呈現出一件事：就我的領域而言，整合狀態意指區隔與串連的平衡，而在一個數學家、計算機科學家眼中，大腦運作的方式，對應到的也許是他們所謂的「介穩狀態」（metastability），這種狀態說不定也與先前提到過的「臨界狀態」互有重疊之處。我們可以這樣理解大腦的這種複雜系統屬性：「像是大腦這一類的動態系統，當它們接近臨界狀態時，會極大化它們的狀態樣態，也就是介於秩序與混亂之間的持續變換，而這也被認為是人在有意識的清醒狀態時的神經機制。」*

我和摩頓一起漫步穿越UCLA校園裡的植物園，不知不覺間走到了竹林附近的某個地點。數十年前，我常常帶著幾位精神科的病患，來這裡進行散步治療。每當我們跨越此處的小溪時，總不禁駐足，也常在此得到新的洞見。這條小溪，至今仍數十年如一日地涓涓流動著。在我的眼中，我們的意識心智，在某些特殊的「臨界時機點」時，似乎能夠找到一條新的路徑、某種更自由流動的「我是誰」的感受，讓我們可以用新的洞察方式回望過去。也許那樣的一種心智，在它意識中產生的啟發，是來自於一個新的「介穩狀態」，以摩頓的角度來說，就像是在機率曲線的谷底，一種複雜系統的「吸引子狀態」（attractor state），將能量模式吸引向它自己。前面也討論過，當介穩狀態與臨界狀態互相重疊時——區隔與串連互相平衡，在僵化與混亂這兩極之間自由流動——覺察便會產生。繼續往前漫步的過程中，我思忖著，這種心境的轉換，或許是因為受到植物園令人驚嘆的美景的鼓舞：當我們與大自然產生連結時，開闊的心理狀態，鬆弛了意識的過濾器，讓新的資訊組合得以浮現在覺察之中。或許這也是多年以前，那些新的觀點能夠從這片竹林中浮現的方式和理由。這些洞察狀態，也許是某些新的整合發生的片刻，是當我們試著理解生命時，靈光一閃的片刻。就連此刻，當我在這趟與你同遊的旅程中，將這些想法分享給你的這個片刻，我都感覺到，這些觀點似乎又變得更加清晰了。介於混亂與僵化之間的臨界狀態，連同介穩狀態，將能量模式保持在一個延長的，但並非永久性的激發狀態，這也許幫助我們有意識地清楚感受到，一種新的看待內在世界與外在世界的方式。這種將新的能量模式維持在覺察之中的狀態，讓我們有能力產生新的洞見，並作出新的選擇。覺察之輪、3－P理論，它們和連接組諧波的特徵，以及介穩狀態、臨界狀態之間，存在著哪些潛在的共通之處，這一連串的問題，真是充滿了許多值得細細思索之處。和摩頓一起，那真是一趟美好的散步；而你我一同走過的，同樣也是一次美妙的人生旅程。

新的科技日新月異，例如腦磁圖（MEG）的出現，讓我們可以用更精細的時間單位去觀察神經元的放電活動，而隨著這些科技的進步，神經振盪這個要角，在我們了解心智和大腦的過程中，變得越發重要。這些大腦中的振盪波動，使得分散各處的腦區連成一氣，產生連接組諧波，而這也許正是大腦活動和心理狀態共同浮現的核心關鍵。針對這一點，摩頓和他的同事瑟蓮·艾塔索依、古斯塔沃·德科（Gustavo Deco）、喬·皮爾森（Joel Pearson）是這麼說的：

* Atasoy, et al., "Harmonic Brain Modes," 7.

基礎的諧波大腦模式（harmonic brain modes）這套理論框架，為人們提供了一個統合的視角和解釋框架，在意識如何對應到神經生理現象的這個命題上，使得許多原本看似互不相關的研究發現，彼此之間的關聯得以浮現。我們所提出的理論框架，不只是將與意識相關的神經活動的空間性模式，與哺乳動物大腦活動的時間性振盪特徵互相結合，還結合了大腦解剖學與神經生理學。因此，這套理論框架超越了提供一套新的工具，讓人們將複雜的神經活動模式拆解成基本構成元件的層次，而是更進一步地給出了一套根本性的原則，藉由諧波——大自然中無所不在的現象——將神經動態中的時間與空間串連起來。*

可能性平原、高原、尖峰點，這些大腦中的神經振盪也許促成了不同的意識狀態，從這個觀點出發，我們或許可以把一組波動看成是一種簡單的表述方式，用來表達在任何給定時刻的心智狀態下，某種連接組諧波所代表的意義，以及伴隨出現的覺察經驗。當諧波的介穩狀態（複雜神經系統的深層吸引子狀態）與臨界狀態（介於混亂與僵化之間、被激發的邊緣，此時產生的振盪狀態）重疊時，或許，就像摩頓和我討論過的，正是這股匯流，促成了意識的誕生。又或許，你和我都會同意，這種神經振盪歷程，可能就是和我們以量子角度提出的可能性平原——潛能之海、量子真空——相對應的神經生理現象。在這種介穩狀態下，能量模式維持在意識之中的時間也許會延長；在這種整合的臨界狀態下，新的可能性得以被取用。那麼，湧現的能量和資訊流模式，便有可能被有意識地經驗到，並且在覺察之中得到轉化。複雜系統的介穩狀態與臨界狀態，以及量子動態層面的機率觀點，這兩種觀點我想是彼此相容的。能量會顯化在現實的巨觀層級，也會顯化在微觀層級。大腦這一類複雜系統，也許會在巨觀的層級運作，但它的量子屬性則是在微觀的層級上更為明顯。就這兩種分析現實的層級來看的話，走入可能性平原，或許是一種打開覺察的方式，以便更廣泛地製造出連接組諧波，無拘無束地釋放出更多高原所代表的機率，以及尖峰點所代表的確定性。駕馭輪心、浸淫在可能性平原，能使心智獲得自由。與可能性平原的能量型態相對應的神經生理現象，或許就是連接組諧波，這實在是一個令人興奮的觀點。既然覺察之輪讓我們有能力去駕馭輪心，進入可能性平原，那麼，這個練習將會幫助我們變得更加臨在，進而喚醒心智，去接觸到生命浩瀚無邊的可能性，而這也許是我們原本的日常生活中，鮮少有機會發生的。

振盪波動比率，心智狀態

對於有意識的心智而言，這個3-P模型，讓我們也可以透過它，去描述各

* Atasoy, et al., "Harmonic Brain Modes," 14.

種各樣所謂的**意識狀態**。我們可以將某個給定時間點的整體機率狀態，看成是由將大腦各區域互相串連時發生的振盪波動所組合而成的現象，而這個振盪波動，我們可以簡單地在圖表上將它標示為，一個將可能性平原與平原上方的機率值連接起來的波動圈。換句話說，在某個給定時間點的「你是誰」，是一個由波動圈將我們對可能性平原中某個機率位置的覺察（知曉），與平原上方的某個高原或尖峰點的機率位置的覺察（可能的所知），連接起來的組合。這個注意力波動圈的觀點，有助於我們解決3-P理論框架中，某個令人困惑的地方（或許你也已經留意到它了）。那個費解之處在於：如果「覺察」本身位於可能性平原，而被我們覺察到的事物，則是位於可能性平原上方的某個機率位置，那我們是怎麼能夠「有覺察」地「覺察到某事物」？仔細檢視與神經振盪相關的研究發現，我們可以在四十赫茲腦波的理論，與連接組諧波的理論中找到共通性。在能量領域的物理學概念中，我們也能看到類似的振盪現象，例如，光在其機率分布曲線中具有波形，代表了一個數值範圍。當光以波的形式出現時，它呈現的數值是一個範圍。而當光以粒子的形式出現時，一個單一數值便從一系列的可能性中顯化出來。光可以是一個單一數值（粒子）；也可以包含一個範圍的數值（波）。

這個我們簡稱為**波動圈**的神經振盪波動，我們可以運用3-P圖表上的機率分布曲線，標示出它所代表的各種不同涉入程度。就某方面來看，有可能幾乎整個波動圈都位於可能性平原，而這表示的是一種浩瀚寬闊的、接受性的覺察狀態，因為整個狀態的大部分都在平原裡。若是從覺察之輪的角度來看，這是一種輪心主導狀態，在3-P圖表上則標示為高比率的波動圈，意味著這個波動圈絕大比例是位於可能性平原，屬於平原主導的波動圈。

覺察到某事物，而不是覺察到覺察本身，意味著這個能量狀態的一部分，是包括了平原上方的某個機率位置的（其機率值範圍從趨近於零到百分之百），而它被波動圈連接到了可能性平原。在那個時間點，那個機率狀態的一部分是存在於可能性平原之中的，而它的另一部分，則位於平原上方——我們就是這樣覺察（平原）到某個**事物**（平原上方）的。

舉例來說，你正打算刻意地將注意力專注在呼吸上。在某個時刻，你頻率四十赫茲的腦波，有百分之五十發生在**可能性平原**（姑且不論大腦是以何種方式製造出那種機率狀態的），所以你是覺察的；而另外百分之五十的四十赫茲腦波，則是在平原上方，代表呼吸的尖峰點——管道式的感官感覺——因此，「呼吸」就是你覺察到的對象。在這個五十比五十（50/50）的機率狀態組合中，輪心與輪框之間是平衡的。你正是這樣知曉（可能性平原或輪心）到所知（平原上方的位置或輪框）的。

以下這幾個詞彙，也許代表的是同樣的意義：（1）神經能量狀態的均衡**波動**；（2）對呼吸的**正念覺察**；（3）連結輪心與輪框的**輻條**；（4）連接平原與尖峰點的**波動圈**。所有這些相關詞彙的對照已經整理成表格，你可以在這一部的末尾看到。讓我們將這種比率，或者說，你的覺察與覺察對象之間的平衡程度，命名為**波動比率**。有平原主導的波動比率，也有尖峰點主導的波動比率，這些詞彙傳達出平原中的知曉與平原上方的所知兩者之間的比率，而這個比率形塑著意識狀態。

讓我們用另一種腦波狀態來做例子。假設分心取代了覺察，現在，你焦點化注意力的所在之處，變成了下個星期要參加的會議。你可以說，這是「迷失在輪框上」，因為你偏離了自己要專注在呼吸上的意圖，陷入了對會議的種種思慮和擔憂裡。現在，你遠離了敞開的輪心、自由的可能性平原、對呼吸的刻意專注，你的波動比率變成了百分之九十九在擔心會議的尖峰點，只剩百分之一在可能性平原。對會議的擔心，接管了你的覺察，排擠了你原本的意圖——你迷失在憂慮裡，變得只覺察得到這些擔心，遺忘了其他的事情，例如你正在練習呼吸覺察這件事。這場景聽起來很熟悉嗎？在這個狀況發生之前，很有可能，在你的**覺察之外**，你的非焦點化注意力已經開始在關注這場即將到來的會議，賦予它重要性與非意識中的擔憂。這些擔憂可以看成是被激發的輪框點，具有被激發的高原和尖峰點的能量模式，但是沒有——至少是「還」沒有——連接到可能性平原。這就是非焦點化注意力的模樣，被激發，但是**沒有**被波動圈連接到可能性平原。

用覺察之輪的譬喻來看，你迷失在輪框上，因為對那場高度受到重視的會議的擔憂，拉走了你的**焦點化**注意力。那就是焦點化注意力的輻條。從機制的角度來看，你的波動圈與「要開會」這個尖峰點產生了共振，於是此刻你的焦點化注意力被拉向了對這場會議的擔憂。你暫時失去了寬闊的平衡，因為此刻你的波動比率變得高度受到尖峰點主導。不過很快地，你的大腦負責監督當前最重要的事情的那個部分——你的顯著性迴路，包括你的腦島——會活躍起來，如果它會說話的話，它的台詞大概會是這樣：「嘿！我們本來是打算要專注覺察呼吸的，現在你沒有在覺察呼吸了。你分心了！」別忘了，會發生這種情況，只表示你是一個具有心智的人類。你沒有做錯任何事；你只是做了人類都會做的事。幸運的是，你的顯著性迴路可以在你不知情的時候持續保持監督，就跟我們心智的絕大部分一樣，都是在覺察的範圍之外運作的。你越是鍛鍊你的顯著性監督系統，尤其是加上針對焦點化注意力的鍛鍊步驟的話，你的顯著性監督系統就會變得更強大。任何你刻意練習的狀態，都會創造出重複性的狀態，逐漸地，它會化為一種特質，自然而然地在背景持續運作，不需要費力或者有意識地投入能量。

意識需要花費能量，而啟動焦點化注意力將事物保持在覺察中，不只是需要動用寶貴的資源，除此之外，在某個給定的時間點，我們注意力焦點內能夠專注的項目也是有限的。當擔憂接管了焦點化注意力，充斥在覺察中時，呼吸這件事，便被排擠到焦點化注意力的聚光燈範圍之外了。

現在，假設經過了覺察之輪的鍛鍊，你擁有了一個強大的顯著性迴路，一個「在你背後挺你」的迴路，而它製造了一個「讓我們專注在呼吸上」的尖峰點，與擔心開會事宜的尖峰點打對台。一開始，那個尖峰點也許還沒有連接到可能性平原，只在非意識的背景裡運作著。不過很快地，它也變成了波動圈的一部分，將「專注在呼吸」的尖峰點連接到代表覺察的可能性平原。現在，你甚至可能會在意識裡聽見兩種不同的聲音——一個在擔心著開會的事，另一個則催促著你回去注意呼吸。這兩個尖峰點、這兩種不同的想法，可以看成是兩個輪框點，一個來自對會議的擔心，另一個來自顯著性迴路對專注呼吸的監督。於是，你提醒自己——回過神來——你正在作呼吸覺察練習，是時候重新導向注意力啦。所以，你運用了注意力的換檔功能（這種**修改技巧**也是你正在鍛鍊的重要技巧，而且它還會進一步強化你心智的調節能力），放下擔心開會的尖峰點，重新專注在呼吸這個尖峰點上，然後讓你的波動圈回到百分之五十在呼吸上、百分之五十在可能性平原的均衡狀態。

你甚至有可能進入「呼吸的流動」中，你的波動比率變成百分之九十九在呼吸上，百分之一在可能性平原。**你選擇了忘我地沉浸在呼吸帶來的感官流動**，而這正是這項練習想要邀請你做的事——不讓自己分心，迷失在不相關的尖峰點、輪框點上。**你主動選擇如何調配你的波動比率**。運用你自主導向的焦點化注意力，你將覺察帶回到呼吸上，讓自己進入管道式的感官感覺中，感受著呼吸的流動。你的顯著性監督發覺你重回正軌，便不再打擾你的覺察，而是在意識的背景中守望著，扮演著高原的角色，或許還幫你過濾什麼能出現、什麼不能出現；此刻的它，沒有涉入任何可能性平原的活動，不會介入你的覺察經驗。好好享受地這股流動吧！

這麼看來，注意力與具有過濾功能的高原之間，應該存在著根本性的關聯。當高原導引能量流時，那就是注意力在做的事。而當高原開始決定波動圈要如何連接到可能性平原、啟動了過濾功能，組織起某些特定的可能性，將它們連接到可能性平原的覺察時，就不再只是單純的注意力運作了，它變成了焦點化的注意力。在這樣的情況下，我們 3-P 圖表上的波動圈，對應到的也許就是大腦中的四十赫茲腦波，而這個四十赫茲的腦波本身，對應到的就是「**覺察到某事物**」這個主觀經驗——用的是焦點化注意力。如此一來，3-P 觀點中的高原，也許就能用來代表，一個心智狀態如何利用注意力，選擇性地導引能量和資訊流，藉此形塑我們會覺察到哪些事物。當那股能量和資訊流進入覺察之後，它就具有了一個連接起平原和平原上方某個機率位置的波動圈。用覺察之輪來比喻的話，就是我們在輪心和輪框之間，放上了一根串連兩者的輻條。

很快地，情況又起了變化。比方說你的心智又開始渙散，晃蕩到了輪框上的另一個點——你開始思考起今天晚餐要吃什麼。晚餐也是一個尖峰點，占用了有限而珍貴的，從平原到高原的四十赫茲波動圈。可是你的呼吸並沒有因此中斷，也許變成了你非焦點化注意力關注的對象——畢竟你還活著，當然還會呼吸。接著，你發現自己分心，於是放掉對晚餐的想法，重新專注在呼吸上。這樣的練習若是持續下去，你引導注意力方向、運用覺察力的能力將會日漸增強。你「練習呼吸覺察」的意圖，可以看成是高原的一部分，幫助你重新將注意力聚焦在呼吸上。

平原與平原上方的覺察對象、知曉與所知，當我們對這兩者的覺察程度均等時，我們可以將這個波動圈的比率標示為五十比五十（50/50）。如果我們最主要的狀態是沉浸在所知當中，就標示成一比九十九（1/99）；反之，如果最主要的狀態是處在知曉中，只有一點點在所知，那比率就是九十九比一（99/1）。如果波動發生的位置完全在平原上方，那畫出的比率就是零比一百（0/100），意味著完全沒有覺察、意識的數值為零。它代表的就是我們的非意識精神生活。以嚴格的神經波動術語來說的話，這也許是一種用來表示非焦點化注意力的方式。然而，如果我們要以波動圈來代表焦點化注意力，那麼當數值為零時，在圖表上嘗試將它畫出來這個舉動，便顯得不合理，畢竟數值為零意味著完全沒有波動，那何必多此一舉地去畫它呢？只不過為了方便起見，如果有某一個我們想要強調的非意識過程，而且我們想要用圖表將它表示出來的話，那麼一個標示成零比一百（0/100）的波動圈，至少可以算是一個實用的方式，讓我們得以圖像化地表達存在於覺察之外的精神活動。

開闊的覺察狀態，意味著極高的百分比是位於可能性平原，甚至排除了那個當下任何可能被我們覺察到的「事物」。這就是許多人在練習「輪心中的輪心」這個步驟時所體驗到的。在圖表上，我們可以將這樣的經驗標示為一個只存在於可能性平原中的波動圈，它的波動比率為一百比零（100/0），意味著它百分之百在可能性平原，完全沒有出現在可能性平原上方。而一百除以零（100/0）等於無限——這恰好符合了許多人在練習安住在輪心（或是沉浸在可能性平原中）這個步驟時，所體驗到的感覺。練習者們描述，這種狀態帶給他們喜悅、平靜和清晰的感受。

當一個波動圈的波動比率是一百比零（100/0），輪心中的輪心，表示人們感受到的，是一種遼闊無垠的覺察。若我們能學會如何進入可能性平原，便能夠體驗到這種狀態，並享有經驗到純粹、開闊的覺察的能力。

在我個人的生活中，偶爾也會放縱自己沉浸在某些事物中，例如，在第七感研究中心附近，我每天都會經過的那條小徑上，好好地聞一聞沿途的玫瑰花。我會停下腳步，深吸一口氣，再俯身親近一朵玫瑰花。接著我吐氣，想像當我下一次吸氣時，玫瑰花的香氣將會如何充滿在我的經驗之中。然後，我會讓從感官的管道流入的香氣，占據最大的波動比率，主導那個當下的覺察。我是有意識地、刻意地選擇這麼做的。玫瑰花香氣的流動真是美妙絕倫。那個瞬間，我彷彿容不下任何其他的想法、感受與擔憂。我全然與玫瑰花同在。如果我睜開眼睛，我可以刻意地切換到視覺頻道，讓視覺成為主導的管道，徜徉在花瓣與枝葉纖細的質地、明豔的色彩之中。那個當下，我讓居住在肉身中的自己，盡可能全然地消融，化為一道與玫瑰合一的流動，一如米哈里．契克森米哈伊（Mihaly Csikszentmihalyi）所描述的心流（*flow*）。玫瑰的能量本質，與「我」所是的能量本質，在那個片刻，融合在我的覺察之中，這絕對不是一種誇張的能量描述。或許那一刻的我，只不過是開放了自己的覺察，去感知到萬物間的相互連結，這個現實最根本的面向。有沒有可能，就像那麼多覺察之輪練習者們曾經感受過的那樣，我們和身旁的玫瑰之間，真的不是互相分離的？在沉入可能性平原的那些片刻裡，我們才真正覺察到了現實；身處在可能性平原所產生的那種臨在狀態，玫瑰與我的這具肉身，都化成了同一道能量流的一部分。倒不是說我需要刻意去建構出這種想法——而是我可以放掉對於我自己和玫瑰的想法，打開第八感，深刻地感受到萬物之間相互連結的本質。而這樣的現實，可以成為我生活方式的一部分，存在於那個片刻中，也存在於那個流動之外，其他時刻的生活方式之中。

別的時候，我會想像自己要如何創造出更平衡的波動比率，當我用波動圈把可能性平原與某個尖峰點圈起來時，會試著賦予那個意識狀態更大的空間，以便容納更豐富的多樣性——得以去考慮其他的點子、納入更多的事實、讓心智可以進入未知的領域中遨遊。我並沒有迷失在那個經驗之中；「我」以全然開放、臨在的方式存在著，平衡地身處於寬廣的、同時包含了那個被我覺知到的事物——玫瑰——

與覺察本身的意識狀態中。現在的我，處在一個輪心比輪框、平原比尖峰點的比率是五十比五十（50/50）的波動圈之中，我的覺察中有許多空間，足以涵納一切，同時也反思它們。記得我們這趟旅程起點的那杯水嗎？當我散著步、嗅聞玫瑰的清香時，我已經將我的那杯水變大了，現在，無論生活要在杯子裡撒多少鹽、或者帶來多少的酸甜苦鹹，我都準備好飲下那杯水。

我們知道，焦點化注意力的容量是有限的——我們一次只能專注在一種活動上。或許，學會如何調整波動比率，將使我們能夠在任何給定的時間點或條件下，刻意地把珍貴的注意力資源，投入在我們確切選擇專注的事物上，讓我們的覺察被它填滿。下次當你和親友一起聚餐時，不妨試試這個簡單的小練習。就像我們在第一部裡討論過的，聚餐是一個絕佳的機會，讓你可以練習保持臨在，同時鍛鍊你探索覺察的新能力。事先知會一起聚餐的親友，你會趁機練習切換你的波動比率。讓你的經驗維持在社交對話中一段時間。接著改變比率，讓你餐盤中的食物，從原本只是背景，只占很低比例的位置，上調到主導的地位。讓味覺、嗅覺、視覺，以及食物的質地帶來的感官流動充滿在覺察之中，達到百分之九十九的占比——百分之一在可能性平原，百分之九十九在食物帶來的感官感覺。如此專注在食物上，將會排擠其他元素進入覺察，因此，在這種波動比率下，我們將不可能繼續與親友交談。保持在這個讓身體涉入養分的進食之流裡。和食物同在一段時間之後，再重新返回你的社交對話之中。你發現到什麼？對許多人來說，當容量有限的焦點化注意力被投注在交談上時，便不再有任何空間去欣賞食物的品質。通常，我們不會因此嗆到，也不會把餐叉插到臉上。我們有少量的波動比率放在咀嚼、吞嚥、運用餐具這些歷程上，但是幾乎不可能完整地感受食物。一般來說，我們一次只能專注在一種歷程上——而從現在起，你已經知道如何在日常生活中隨心所欲地切換焦點。切換的方法就是改變你的波動比率。當你持續練習覺察之輪，也許會發現，這種刻意形塑波動比率、改變意識狀態與想要專注的內容的能力，也會隨著練習不斷地增長，並加深你的體驗。萬事萬物各有其時，不同種類的波動比率、意識狀態，都有它們出現的時候，而現在，你可以擁抱這個新的技巧，幫助你將它們都整合到你的生命之中。

一旦我們學會更熟練地親近可能性平原，它的遼闊將會使我們變得更有能力，穩定地維持焦點化注意力，此外在類型廣泛的經驗湧現時，也能保持住自由和靈活彈性的狀態。這或許也符合了理查．戴維森針對冥想的研究結果，亦即這一類的練習方法，使我們的專注力與覺察力得到提升，就算我們專注的事物正在發生變化，也能保持專注和覺察。我個人的主觀感受是，覺察之輪拓展了我的接受性，使我能夠更敞開地去體會與欣賞一切經驗的升起。

意識的過濾器直接形塑了覺察當時的所知，學習如何辨認並且釋放意識的過濾器，並學會改變自己的波動比率，藉此刻意地去塑造我們的意識狀態，是這趟旅程的一部分。透過練習，我們可以釋放這些高原，變得更有彈性，甚至體驗到如何讓尖峰點直接從可能性平原升起。藉由這種提升覺察的來源，你將變得更臨在，進而整合你的生命，使你的心智變得更加強韌。

擁有進入可能性平原的能力，將使我們的內在充分地感受到選擇、改變、祥和與連結。

讚嘆與喜悅

讓我們將話題帶回許多人都描述過的，關於輪心的體驗——那種遼闊無垠、全然敞開的感受——讓我們一起來思考，為何可能性平原讓我們得以經驗到如此豐富的喜悅、愛，甚至是讚嘆。

可能性平原可說是一道通往整合的門戶。如前所述，從機率的角度來看，可能性平原可以看成是最大程度的整合——與所有不同潛能串連的可能性，都存在於可能性平原之中。當我們降低機率位置，讓自己沉浸在可能性平原中時，我們便鬆開了尖峰點與高原所具有的確定性，進入一種更開放的、參與式的狀態，能夠允許自己去和生命可能捎來的各式各樣經驗連結，而無須去掌控，甚至理解那些經驗。我們安住在如是之中，也開放地對待一切可能發生的。當我們從可能性平原的角度去生活，我們將在生命中經驗到臨在的本質，並且看見，活著本身，即是一道壯觀的風景。

透過置身平原的**主觀經驗**，我們允許自己沉浸在驚奇的狀態裡，我們的內在湧現一種超越私人的、單獨的自我的感受，認知到除了這些，世上還存在著更多更多——溫柔地關心他人、意識到光是存在在這裡就是一份很棒的禮物，並熱愛這份禮物——於是一種喜悅、感激與讚嘆，充滿了我們的意識。無論你是透過練習覺察之輪，或是其他的方式，一旦你體驗過這種感受，就算僅僅是一個短暫片刻，我們的心智都將得到一次瞥見，觸碰到無垠的可能性平原所帶來的平靜、幸福，體驗到活著原來是一種如此完整、自然、輕盈與圓滿的感受。如同在第一部中所提過的，社會神經科學家瑪麗．海倫．伊莫迪諾-楊的研究發現，這一類的狀態，是由腦幹最深處，與維繫基本生命功能有關的神經迴路所激發的。這種讚嘆與感激之情、這種生命的喜悅，使我們打從心底感受到油然而生的活力，以及我們跟周遭更廣大世界之間的連結。我們可以說，可能性平原這種機率狀態，自然而然地帶來了喜悅、讚嘆和平靜這類主觀經驗，其中蘊含了使生命變得更篤定的意義、愛與連結。

在下一部中，我們將會探索如何更從容地進入這種狀態。我們會先回頭造訪第一部的幾個故事中曾經出現的主人翁，看看他們如何運用覺察之輪——透過概念的方式、也透過實際行動——學會駕馭心智的輪心，讓自己更容易進入可能性平原。

擴展覺察，能夠解放心智，去經驗到蘊藏在可能性平原裡的、遼闊無邊的潛能。如果練習花更多時間停留在輪心之中，我們甚至可能會開始感覺到，過濾器如何塑造並侷限了我們對生命的體驗，進而影響到我們的身分認同。進入可能性平原、取用開放的覺察力、更臨在於生命之中，一旦我們強化了這項嶄新的能力，使心智變得更覺察、更整合，那麼，新的可能性、選擇和改變將變得唾手可得。

為什麼可能性平原能帶來整合？當我們從其中發現更多不同的存在方式——亦即接觸到新的潛能的方式，而這些潛能，也許會在未來顯化成高原上方的某些機率點——我們將能跳脫原先的生命所允許的，一組特定的、過濾和限制我們生活的高原，去連結到更廣泛、更多樣的狀態。可能性平原使我們變得覺察，也供應給我們生命的新選項，這正是它的奇妙之處。意識賦予我們選擇與改變的能力，不只因為它允許我們暫停和反思，更因為它也給予我們機會，去接近新的選項的來源。

假如這套 3 - P 理論也符合你個人的經驗，那麼你也許會發現，變得更覺察，其實就是變得更自由。在這一場心智能量流動的旅程中，覺察，與進入一個浩瀚開放、充滿可能性、蘊藏嶄新存在方式的空間，這兩者，或許皆源自於相同的機率位置。這些我們以往不曾有機會接觸的潛能，如果我們允許它們自我組織的特性自然地浮現，進行彼此之間的區隔與串連，且我們「不要擋住自己的去路」，讓自己沉浸在這個覺察的可能性平原之中，去經驗單純的臨在、信任覺察的歷程，那麼心智中固有的，朝向整合狀態發展的驅動力，將得到解放。進入可能性平原，是一道自然的門戶，讓更整合的狀態得以浮現。

主觀心理經驗、譬喻方式、機制，這三者的對照表

我們來到了第二部的尾聲。我將這趟旅程上曾經探索過的一些概念，整理在下方的對照表中。表格裡列出了各項術語，以及它們的概念框架。第一列是心智的主觀經驗，這些是日常生活中每天都會用到的詞彙。第二列是覺察之輪的各種譬喻——既是概念，也是實踐方式。第三列是3－P理論中的概念，包括了平原、高原和尖峰點。第四列是一些與意識相關的神經生理對應現象和概念，第五列則是一些當我們對心智進行較一般性的討論時，所用到的相關詞彙。

心智的主觀經驗	覺察之輪的譬喻方式	3-P圖表&機制	神經生理對應現象／大腦活動	其他牽涉到精神層面的詞彙
覺察	輪心	平原	高度整合	意識
焦點化注意力	注意力輻條	波動圈	從丘腦到皮質區的四十赫茲腦波	專注
感官感覺（從外在世界接收到的前五感，以及來自身體內部的第六感）	輪框第一區和第二區	被激發的尖峰點，具有最低的過濾程度	側邊大腦區域激發，包含感覺皮質和腦島	管道
心理活動（第七感）	輪框第三區	通常從高原產生的尖峰點	包含預設模式網路（DMN）的皮質區	建構
相互連結感：以管道和建構的方式，所感受到的關係連結（第八感）	輪框第四區	直接從可能性平原產生的尖峰點，或是從高原產生的尖峰點	記憶、感官感覺，以及與他人，與這個星球能量狀態的共鳴——我們擁有的關係、來自環境的能量輸入	連結

［第三部］

用覺察之輪翻轉生命的故事

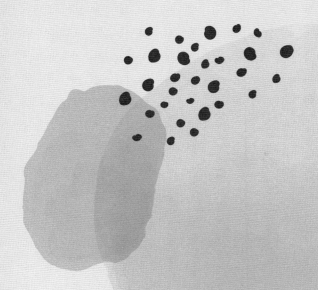

駕馭輪心，從可能性平原出發的生活

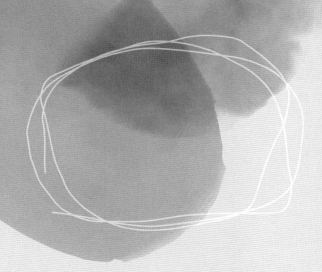

在這趟旅程的第三段，我們將會更深入地探尋，覺察之輪在生活中的實際應用——它既是一個用來闡述概念的譬喻方式，同時也是一個可以用來整合意識的實踐方法。

讓我們回頭拜訪在第一部中曾經登場過的幾位主人翁，藉此探索覺察之輪是如何在一個人的日常生活中，實際地支持他的療癒和成長。我們將會看到，以下這幾個人的故事：五歲，學會了不再使用暴力的小男孩比利；十六歲，情緒猶如雲霄飛車的青年強納森；二十五歲，曾在生命早期經歷過發展性創傷的泰瑞莎；四十歲，獨自教養三個小孩，瀕臨抓狂邊緣的母親孟娜；五十五歲，學會了一種嶄新的生活方式，決心啟程走向人生新道路的商務人士扎克瑞。

在探索過他們的經驗之後，我們會進一步說明第二部裡介紹過的3－P觀點，幫助你做好準備，在自己的生活中駕馭這些概念，以及實際的練習方法，直到我們一起走入本書的第四部，也就是這趟旅程的終點站。

將覺察之輪的概念介紹給孩子：

比利，輪心帶給他的自由，可能性平原創造的空間

無論是在教室裡、在家中，或是在訓練運動團隊、音樂表演時，教孩子認識什

麼是覺察之輪，都是一個很好的方法，能夠支持孩子的成長。覺察之輪是一個圖像化的指南，幫助孩子看見心智的運作方式，而這能使他們更清楚地了解到，他們擁有做決定的力量，可以選擇自己要如何生活。覺察之輪這個圖像譬喻，提供給孩子三大內建的核心概念：「集中的注意力」、「開放的覺察」、「善良的意圖」，而研究顯示，培養這三種能力，能夠幫助我們創造出更健康快樂的生活。用繪圖的方式認識覺察之輪，背後基本的用意是，如此一來孩子便能夠以圖像的方式，清楚地分辨出，我們所覺察到的事物（輪框），還有輪心，也就是「覺察」這個經驗本身，彼此之間是有所區別的。這個概念對孩子能產生深遠的影響、賦予他們力量，就像在比利身上產生的轉變那樣。

在我的著作《人際關係與大腦的奧秘》中，我詳細地描述了有多少具備調節功能的大腦迴路，都是在我們生命的頭十二年裡發展出來的，這些迴路除了受到基因的形塑，也受到經驗的形塑，尤其是我們從關係裡獲得的經驗。「關係」是一種溝通的模式——例如兩個人之間的模式——它牽涉到被看見、被理解、被關心和彼此連結這些類型的感受。溝通也牽涉到概念的交流——而這些概念足以改變心智的發展。

比利的故事就是一個實例。他的經驗讓我們看見，一個幼小的心智如何因為一個新的概念而得到擴展，從此改變了他生命的軌跡。

五歲小男孩比利，因為在操場上揍了同學而被轉到新的學校。新的幼稚園老師史密斯女士把覺察之輪教給了比利，一個讓他可以動手畫在紙張上，也可以應用在內心世界和人際行為的概念。有一天，某個同學擅自拿走比利的積木去教室外面玩，於是比利跑去找史密斯女士，要求史密斯女士給他一分鐘，好讓他有時間踩下煞車，克制自己出手揍那個同學的衝動。當比利跟史密斯女士描述自己的感覺時，他說，他迷失在輪框上了，他需要重新回到自己的輪心。

若我們從**機制的角度**來看的話，你在比利身上看見的，是什麼樣的情況？

我們能夠提出的一種可能的分析是，覺察之輪這個比喻，使得比利有能力理解到，他想要出手揍喬伊的衝動，只不過是輪框上的其中一點，而在面對同學的負面舉止時，他還有許多其他的情緒反應可以選擇。換句話說，比利沒有必要順著這股揍人的衝動，而是可以重返他覺察的輪心，花時間好好考慮自己真正想要採取的行動。轉向輪心，好讓自己有重新選擇不同輪框點的機會，比利因此獲得了自由。從3－P理論的觀點來看，比利進入了蘊含著不同選項的可能性平原，在那個精神空間裡，他得以暫停一下、喘一口氣。這個充滿力量的暫停，讓比利有機會超脫原本的自動導航模式，不再受限於憤怒的高原，或是習得的慣性反社會反應，而有能力作出不同的選擇。

意識允許我們在衝動與實際採取反應之間打造出一個空間。它使我們得以更有彈性地選擇回應方式，而不只是做出自動化的反射反應。輪心不僅啟動了我們的覺察，它也是選擇的來源，使我們能夠接觸到各種不同的行為選項。

在本書中，我們將心智定義為一種調節歷程，它具備了突現、自我組織、具身化與關係性等特性。且我們認為，能量和資訊，是心智的內容——因此，比利學會的，是一種新的調節能量和資訊流的方法。調節需要依靠穩定的監督能力，好讓我們能夠更專注、清晰、深入和仔細地去觀照。作為一種自我組織的歷程，心智會促成整合的開展，因為從它之中展露出的突現性質，能創造出具有彈性、適應性、連貫性、能量和穩定性的 FACES 整合之流。學會了覺察之輪這個新概念之後，一個五歲的小男孩開始有能力分辨出，輪心的知曉與輪框上的所知，這兩者之間的不同。這代表的意義是什麼？這意味著，覺察之輪這個圖像與概念，能夠解放比利的心智，使他有能力整合自己的意識，並作出新的選擇。

一個年幼的男孩，明白到他可以用更和善、有同理心的方法，來取代打人的拳頭，當我們回顧這個故事時，重要之處在於，我們必須留意到，善良與同理心，事實上都是因整合而浮現的結果。當我們與他人之間發生負面互動時，若我們能夠以更高的覺察力，在負面互動與我們的回應方式之間打開一個新的空間，那麼，我們與他人的互動將會具有更多善意、更充滿同理心——因為它變得更整合了。然而，事情並不永遠如此順利——像是有時候我們會感覺自己的需求得不到滿足，有時候是因為家中或所處社群的處境艱困等等。儘管整合也許是每一個心智內在固有的驅動力，但是各種不同的事件，無論是發生在個人內在或人際之間，都有可能變成一道路障，阻礙了這股朝向整合——朝向善良與同理心——的自然推動力。這些阻礙有可能肇因於成長過程中的經歷，而它們或許會將我們推離彈性的FACES整合之流，推向混亂或僵化的岸邊。比利在轉學到史密斯女士班上之前，就是生活在那樣的岸邊，而如今，比利有能力選擇順著這兩個河岸中間的整合之流流動了。

心智存在於我們之內，也存在於我們彼此之間；它既是內在的，也是關係性的。史密斯女士將她的教室打造成一個充滿情緒與社交智慧的環境，因此她的學生有機會同時鍛鍊他們的內在心智和關係心智。她的教室促進了孩子們的反思與整合。我們或許可以說，史密斯女士成功耕耘出了一個生成性社會場域。現在，比利的內在心智裡樹立起了一個新的概念、新的譬喻，他的關係心智發現了什麼是連結與接納，而隨著這些嶄新的整合經驗，他更充分地認識到他是誰、他能夠成為什麼模樣。

無論是在內在，或是在關係之中，我們每一個人，都是受到心智的具身化與關係性特質所形塑的。

來到這個新環境，獲得了這個新概念與圖像的比利，比起過去所學習到的那些行為模式，現在的他擁有接觸到更多可能性的機會。要通往這樣的改變，需要的是反觀自照，敞開心胸去接觸可能性平原所帶來的自由。這種具有接受性的覺察，讓比利得到更多空間，去反思他的內在心智與關係心智當下的活動，也使他有機會去親近以往不曾接觸過的某些可能性。說不定，這甚至改變了他的預設模式網路裡，那些自我形塑、自行揀選的神經活動，賦予他一組更有彈性和適應力的過濾器，使得一組全新的自我感以及存在方式有機會浮現呢。加油，比利！加油，史密斯女士！

從這裡可以看出，更深入地去認識覺察之輪這個譬喻背後的潛在機制，為我們帶來的力量。當然，史密斯女士教給比利的是覺察之輪這個譬喻的圖像——而不是可能性平原，這個我們所提出的，用以說明心智運作的機制。比利可以用譬喻的形式來運用這個概念，畢竟也許對他這個年紀而言，可能性平原這些機制的說明會過於抽象。不過就算只學到譬喻的部分，比利也能夠因此得到力量，在他的生命中創造出深刻的、帶來光明前景的內在與人際層面的轉化。雖然我聽不大懂這個笑話，但我的兒子和女兒總會這麼打趣地說：「願譬喻與你同在，比利。」（譯注：原文是「Metaphors be with you, Billy.」，這個玩笑用的是電影《星際大戰》知名台詞「May the Force be with you／願原力與你同在」的諧音哏。）

當童年漸漸結束，步入青春期以後，認識什麼是可能性平原，這個用來解釋心智運作的機制，將有助於孩子更容易了解他的內在與精神世界。不過對於某些人而言，學習這些機制並非必要之舉；覺察之輪這個譬喻，已足以幫助他們整合意識。

就我個人的角度來看，我認為覺察之輪這個意象，以及在生活中「駕馭輪心」這個概念，已完全符合了「意識的遼闊性」、「意識創造出選擇與改變」這一類的描述。覺察之輪是一個清晰的譬喻，能夠視覺化地傳遞出心智的關鍵面向。

儘管如此，透過3-P圖表，以及可能性平原這個帶來無垠的空間與自由的機制，3-P理論實則傳遞出了更多精微的細節。舉例來說，這套理論架構不只使我們清楚地看見，還能夠進一步說明，為什麼意識賦予人們選擇，使人們得以改變——因為覺察使我們得以進入那個存在著其他選項的數學空間裡。學者米歇爾．比特伯爾（Michel Bitbol）曾說：「量子真空總是等待著被激發，好讓『粒子』得以浮現，正如同空氣總是等待著一個觀察者或者攝影鏡頭，一旦陽光和水氣也到位，彩虹便得以浮現。」*儘管物理學界尚未作出明確的表示，然而我們所要提出的論點是，覺察本身或許就是從可能性平原中出現的，而可能性平原，極有可能就是量子真空、潛能之海，而從這個空間中，誕生了這個世界上最基礎的能量模式（稱為「粒子」的量子）。這套3-P理論框架能夠幫助我們了解，何以我們能夠從可能性平原中，挑選出新的能量（和資訊）流模式。我們都能夠理解，每個人都有屬於他自己的途徑，而去找出對你而言，或是對那些處於不同年齡層、你所工作的對象，或是某個和你在晚宴上聊過天的人而言，什麼方式才是最有幫助的，這樣的做法能促使我們在與他人討論心智和意識的本質時，作出適當的調整，選出適合的討論深度（僅僅談論譬喻的部分，或是連同機制的部分一起討論）。

我們不斷地重申，覺察、意識的知曉，是從可能性平原、潛能之海、多樣性的產地、量子真空之中誕生的。而有了這套超越譬喻層次的3－P機制理論，我們更能夠看清，意識的覺察與浩瀚的可能性是如何密不可分地交織在一起。如我們所見，賦予比利一份擴展的覺察，不僅只是給了他一段反思的時間，更賦予他一種新的回應方式，使他不再受限於自動化的反射性反應。意識給予我們選擇和改變的機會，因為，對選擇的**反思**、回應方式的替代資源，這些都來自於相同的機率位置——可能性平原。而只有當討論涉及機制的層次時，我們才能得到這個清楚的視角——現在，我們可以把這個觀點應用在覺察之輪這個譬喻式的概念上，然後實際去練習它了。

如果你覺得這些較深層的、機制層面的討論對你而言是有幫助的，那真是再好不過。不過最起碼，希望你會對它們至少感覺到些許興趣。在我們講述其他主人翁的故事的過程中，或許你也會自然地透過他們的經驗去反思，你自己練習覺察之輪、駕馭輪心、親近可能性平原時的體驗。

進入可能性平原的能力增長之後，發生在比利身上的改變，創造出了一組新的、習得的平原上方機率位置。這種新的學習，在他的大腦中，改變了神經元放電的機

* Hasenkamp and White, eds, *The Monastery and the Microscope*, 67.

率，製造出新的模式；而一如我們所見，這正是記憶與學習的關鍵——也就是機率的改變。在3-P圖表上，這一組新的機率模式，會產生一組新的高原、次尖峰區、尖峰點的配置。如今，他顯化出的行為尖峰點已和過去大不相同，自從擁有「重返輪心」，從可能性平原上作出新選擇的技巧之後，比利終於能夠不再激發會顯化出揍人行為的尖峰點。

就連比利的意識過濾器、他預設模式網路形成的自我感所創造出的高原，都很可能因為這種新的存在方式而發生改變。如今，其他人也會以不同的方式回應比利，而這整個系統，會強化他在史密斯女士班上區隔出自己，同時與其他人進行串連的歷程。教導比利學習覺察之輪，使得他的內在心智與關係心智，有機會因此變得更加整合。從原本陷入反射性反應的傾向，逐漸發展出接受性、反思能力、回應能力的特質，在這個過程中，倘若比利能夠持續被賦予力量、得到正向的強化，那麼他的成長過程將會往一個更整合的方向發展。他將由內而外地學會，一種從可能性平原、從輪心出發的存在方式。

教會青春期的孩子覺察之輪：強納森，與馳騁在高原和尖峰點的情緒雲霄飛車

青春期是一段激烈的轉變期。在這段期間，一個人在外貌、生理、神經和社交等種種層面，都會經歷重大的轉變。在我的著作《青春，一場腦內旋風》（*Brainstorm: The Power and Purpose of the Teenage Brain*）裡，我為正處在青春期的青少年以及他們的照顧者們，解釋了這個生命階段的特質。而那些特質描述，恰好可以組成ESSENCE（精髓）這個首字母縮略詞。

ES代表這個發展階段的**情緒火花**（*emotional spark*）。在生命的這段時期，大腦正在經歷一段重塑的過程，邊緣區域會產生重大的改變，製造出更緊繃、更難以預測的情緒狀態。若是從3-P式觀點來看，就像是高速切換的高原和尖峰點，製造出混亂的想法、情緒和記憶。情緒火花的負面表現是情緒化和煩躁易怒；正面的表現則是熱情與活力。

SE代表的是**社交互動**（*social engagement*）。青春期的發展重點在於連結和合作，然而當代學校的教育方式，卻經常促使孩子互相競爭，製造出匱乏與比不上別人的感覺。令人悲傷的後果是，孩子內在因而產生了許多壓力與孤立感，更進一步造成了不必要的緊張，甚至絕望。對於一個健康、快樂、長遠的人生來說，社交

關係是其中最重要的成分之一——而我們大部分的社交技巧，都是在青春期這個階段學習到的。而現代文化中的青少年，由於面臨著睡眠不足與種種壓力，他們這個年紀最重要的連結時光，往往被縮短至受損的程度。我們不難想像，這種青春期經驗，會塑造出怎麼樣的DMN，增強了分離感，而不是相互連結的感受。社交互動的負面表現是，屈服於同儕壓力，有時或許會為了取得團體歸屬感，而拋棄道德尺度；正面的表現則是連結與合作。

N代表的是**求新求變**（*novelty seeking*）。青春期期間，大腦邊緣系統中涉及評估功能的迴路以及獎賞系統所發生的變化，會驅使青少年產生追求陌生、具不確定性，甚至危險刺激的行為。邊緣系統評估方式的改變，可能會創造出一種稱之為「超理性思考」（hyperrational thinking）的思考方式，導致一個人只會考慮某個決定的正面與愉悅之處，忽略這個決定所帶來的負面風險。在這種情況下，焦點化和非焦點化的注意力，都會集中在某個選擇令人興奮的面向上，形成這種心智狀態的高原，製造某個正面尖峰點將會出現的特定氛圍。求新求變、冒險犯難的負面表現是受傷或死亡；它的正面表現則是讓一個人有勇氣全然地活出他的生命。

最後，CE代表的是**創新探索**（*creative exploration*）。童年時期，我們專注於吸收來自大人的知識，認識這個世界的樣貌；到了青春期，我們之中的許多人，則會開始挑戰大人的知識，並且開始想像世界已有的樣貌與應有的樣貌。創新探索的負面表現是，不久前還被我們奉為超人一般景仰著的大人，如今卻發現他們「只不過是普通人」，或甚至比普通更糟，像這類情況所產生的失望、幻滅、絕望；它的正面表現則是想像力的發揮。

無論正面或負面，這些青春期的「精髓」（ESSENCE），都給我們帶來了種種機會與挑戰。而幫助青少年順利成長的關鍵，是支持他們發展出熱情、連結、勇氣和想像力這些正面表現。

作為家長、精神導師、教師、教練、社會的一員，在孩子青春期的階段，我們親近他們的方式，不只會直接影響到他們個人的發展，也會影響到世界的未來。青春期是一個充滿機會的時期，然而我們大多數人卻經常只想著盡快熬過這個階段。我們被塞滿了各種錯誤的宣傳，以至於對這段生命中的重要時期充滿了誤解。例如，狂飆的賀爾蒙使得青少年無可避免地做出瘋狂的行為，這種迷思幾乎傳遍了全世界。好消息是，青春期的大腦會經歷重塑一事，其實也意味著，我們能夠趁此機會幫助青少年實際去接觸他們的心智和生命，支持他們的大腦在這段劇烈變化的期間，獲得最佳化的成長方式和轉變。

從3-P式觀點來看，我們可以想像相較於童年時期，一個青少年的高原會產生多大變化，甚至在他開始面對成年人的責任之後，又可能發生什麼樣的轉變。扮演過濾器角色的高原，決定了哪一個尖峰點會實現，因此我們不難想見，這些

ESSENCE 的轉變，不只會改變青少年的外在行為，也會改變他們內在覺察到的經驗。高原發揮著過濾器的功能，由它們所選定的一組可能性子集，決定了哪些尖峰點得以被實現。它們形塑著我們非意識裡的資訊處理歷程，影響進入我們覺察範圍的內容物，出於它們所扮演的意識過濾器角色，它們建構著我們身處在這個世間之中的自我感。想像在青春期的階段高原所發生的變化，可以幫助我們理解，自我感通常會在這個生命重大時期裡產生急遽變化的現象。

青春期大腦的重塑過程，主要的目標在於修剪不必要的神經元連結，創造出更多分化的迴路，使得更多髓鞘生成，以便進行更多串連。沒錯，你八成已經猜到了：青春期大腦的建築工事，最終的目標就是製造出一個更加整合的大腦。

我在那一本著作中，也提供了覺察之輪的概念與練習方式給青春期的孩子們使用。這一套鍛鍊第七感的工具，幫助他們打造洞察力、共情力和整合，它也是一個更大的工具箱裡的一部分，幫助青少年樹立起內在的指南針，好讓他們在這個充滿挑戰的生命階段中，找到方向，並且帶著一個更整合的大腦、更強韌的心智，迎向即將到來的成年生涯。

在《第七感》以及本書第一部裡都曾經登場過的強納森，是一個十六歲的大男孩，他經常被強烈的情緒風暴席捲，這幾乎摧毀了他的生活。除了青春期 ESSENCE 中的情緒火花製造出的熱情之外，他波動起伏的情緒狀態，後來被發現是嚴重精神疾病的早期徵兆；我與另外兩位兒童暨青少年精神科醫師，共同診斷出他的躁鬱症傾向。一些同行和我在治療個案時都曾發現，如果我們提供案主某種形式的心智鍛鍊，例如覺察之輪或正念技巧，有可能會改變他們疾病的進程。後來，加州大學洛杉磯分校與史丹佛大學都開始針對這樣的現象，展開了深入的研究。

青春期大腦的重塑過程，牽涉到修剪與情緒調節相關的重要腦區的迴路。除此之外，壓力非常有可能增強了這個修剪的過程，導致進一步的失調——尤其是基因比較脆弱的人，會感受到更強大的壓力、更多的修剪，沒完沒了——而這意味著，大腦的整合能力會因此受損。別忘了，健康的調節機能——調節情緒、注意力、思想和行動——所需要的基礎是整合。而這種整合受損、大腦無法串連不同腦區的狀態，也許正是雙相情緒障礙症，或者說躁鬱症，這類精神疾患的核心因素。基因經常也是因素之一，如同人生的機遇也是其中的因素，它們都有可能致使大腦的整合狀態變得脆弱易損，而其結果有時要到了青春期，當大腦進入重塑過程時，才變得明顯可見。事實上，大多數的精神疾患，包括成癮、焦慮、思考和情緒方面的失調，最有可能在青春期這段大腦迴路修剪和髓鞘形成的重要期間，首度出現臨床病徵。強納森的病徵還處於早期階段，大腦重塑的過程受到遺傳脆弱性所影響。而最終，覺察之輪成為了一個對他而言影響重大的練習，支持他鍛鍊心智，也許甚至整合了他的大腦。

覺察之輪的練習，使得強納森終於能夠穩固地處在他的輪心，更清晰地去感受輪框。隨著開放的覺察力逐漸發展，他學會了如何親近浩瀚無垠的可能性平原。安住在輪心的接受性之中，接觸到可能性平原所帶來的清澈與寧靜，彷彿進入了一個避難所，阻絕了心智和情緒狀態動盪時的風暴，而這正是強納森所需要的。讓生活發自於可能性平原，這項新學會的能力，使得強納森緊繃的心智狀態高原，以及這些高原製造出來的僵硬或混亂尖峰點，逐漸失去對強納森的控制。學會了如何進入可能性平原之後——強納森稱之為輪心的力量——他能夠更超然地去感受輪框上的情緒擺盪，並且學會了如何清醒地平息這些風暴。熟練了覺察之輪以後，強納森感到自己的生命燃起了一股新的希望。就各方面來說，學會如何讓自己的生活更多地發自可能性平原，幫助他在產生情緒反應時，變得有能力去調配自己注意力波動圈的比率。他的覺察變得更加開闊，這意味著他擁有了一個更寬廣的意識的容器，先前那些猶如過量的鹽的情緒風暴，如今都已然在這片浩瀚的覺察泉源之中，得到稀釋與安撫。學會臨在於可能性平原之中、駕馭輪心的力量，使得強納森掌握了穩固自己心智的力量；而這樣的經驗，又反過來強化了他調節情緒風暴的技巧，這減輕了他的無助感，也令他感到可以倚靠自己的力量站起來，並且在最終意識到，他是可以信賴自己的心智的。

在進行到覺察之輪第四區時，強納森開始練習如何更進一步地抱持善良的意圖。這裡會說「進一步」，是因為前面也曾經提過，一開始在練習「集中注意力」時，無論我們如何分心，每當我們需要一而再、再而三地將焦點轉回原本要專注的對象時，我們總會提醒你，對這個分心的自己仁慈一點，而這整個過程，已經等於是在練習善良的意圖了。輪框第四區「善良的意圖」的練習，便是構築在這個基礎上。曾經，強納森對自己感到極度失望，他不再信任自己的心智可以順利運作，他和親友間的相處方式，總是隨著他的情緒高漲和潰堤，翻滾成一場場風暴，這使得他對自己充滿了敵意，也無法善待身邊親近的人。當我們初次相遇時，他整個人已經處在崩潰邊緣。

從3-P理論的角度來看，他在那段風雨交加的期間所發展出的失控模式、對待自己的負面態度，形成了一組高原，那組高原是一組充滿自我攻擊的內在對話，而每當他又要面臨情緒風暴的侵襲時，這樣的內在對話模式，又促使他用更糟糕的方式去應對，於是情況越演越烈。這些一再重複的失控經驗，強化了這組意識的過濾器，因此，強納森的心智結構，變成了一組僵硬的高原，只允許負面、無助、絕望的思想、感覺和記憶顯化成為尖峰點。強納森第一次來找我晤談時，他感覺自己被囚禁在這些經驗裡，甚至不認為自己有可能逃脫。他的身上看不到希望的高原、看不到相信自己會改善的思想或感覺的尖峰點。

通常，就強納森所處的狀態作出的診斷來看，正規的治療方式會配合藥物的開立，然而出於他的家族病史，強納森的父母拒絕了用藥的建議，因此我們謹慎地選擇了嘗試另一條治療途徑，儘管這條途徑在當時仍被視為是非正規的治療方式。幸運的是，這個方法奏效了，他的狀況不僅在短期內便得到了改善，也呈現出長期的效果。直到十五年後的今天，他的狀態依然保持穩定，不需用藥，而且活得朝氣蓬勃。

對於存在基因風險、難以產生整合性成長的大腦來說，採用覺察之輪這類具整合性質的練習，會是一個自然的選項。不過這種心智鍛鍊策略不一定適用於每一個在整合過程中遭遇困難的人，如果要採用這種方法，需經過謹慎的臨床評估與監督。大體說來，心智鍛鍊能提升大腦的整合程度，因此，如果一個人的病情關鍵是因為神經整合有缺陷，那麼採取這種途徑理應是可行的。研究顯示，對於一般大眾而言，心智鍛鍊提升了各種類型的神經整合，促進了許多大腦部位的成長，諸如：連結左右半腦的胼胝體、負責串連記憶系統的海馬迴，以及廣泛地將不同腦區連結在一起的前額葉。除此之外，冥想練習也增進了連接組內的交互連結，這意味著整個大腦內部，那些以更細微的方式互相區隔的部位，彼此之間的串連也增加了。尤有甚者，預設模式網路內部的緊密連結變得較為鬆動，孤立程度降低，因此更能夠整合進整體的神經系統之中。而對於杏仁核脹大、容易產生過激情緒反應的人來說，心智鍛鍊則減緩了他們這種神經節點過度分化的情況。

人腦連接組計畫指出，預測身心健康程度的最佳指標之一，就是我們連接組內部彼此區隔以及相互串連的程度，倘若我們都能認同這一點，那我們便不難看出，何以促進神經整合的心智鍛鍊，尤其是在大腦重塑的青春期期間，能夠幫助我們建立起一個健全的生命。

如果說，青春期大腦的重塑歷程，為的是創造一個更整合的大腦，而我們又知道，能夠培養出集中的注意力、開放的覺察、善良的意圖的心智鍛鍊，可以使得大腦變得更加整合，那麼我們何不趁著這段充滿可塑性的期間，讓所有的青少年都嘗試這種整合性的練習呢？答案很簡單：我們沒有理由不這麼做。讓我們通力合作，幫助下一代的成長，照顧彼此，也照顧這個星球，支持青少年的ESSENCE，好讓他們順利發育，擁有快樂又豐富的生活，並且對社會做出正面的貢獻。

如果你有機會見到強納森本人，你一定會感受到整合的力量。它解放出一個青少年與生俱來的熱情、連結、勇氣和想像力。現年已經三十多歲的他，即便已不再是青少年，但仍保有上述種種重要的特質。很顯然，覺察之輪的練習，持續滋養著他的ESSENCE。輪心已經成為了他的心靈庇護所，在這個空間裡，他學會了如何用更穩健的方式，去經驗他的心智與他的內在風暴，而這一項能力，在他之後的生命裡，持續支持他前行。這些新的經驗，也建立起了一組新的高原，讓樂觀與希望的尖峰點得以出現在他的生活之中。不僅如此，親近可能性平原，也為強納森打開了一道窗口，幫助他找到自己的熱情所在，允許他從興趣中汲取能量，在他投入個人與職涯方面的追求時，以創意的方式將這股能量導入會帶來成果的高原和尖峰點。雖然有時候很辛苦，但是透過覺察之輪這項賦予他韌性的練習，強納森等於是送給了自己一份禮物，無論生命前方的旅程如何，這份禮物仍舊會持續為他捎來更多禮物。

家長、照顧者的覺察之輪：重獲自由，擺脫重複製造僵化或混亂的高原與尖峰點的孟娜

生兒育女，是我們在生命中所能選擇投入的，最具挑戰性、同時也帶來最深的滿足感的一份關係。就某方面來說，嬰兒時期、牙牙學語的時期、兒童期和青少年時期，我們在這些時期和我們的照顧者——父母，以及生活中的其他人——之間的連結方式，形塑了我們成長和發展的軌跡。**依附關係**（*attachment*）這個領域的研究，為我們提供了一套科學基礎，幫助我們了解兒童與父母或其他照顧者之間的連結，所具有的普遍性模式。這個領域的研究整理出了四種依附類型：安全型（secure）、迴避型（avoidant）、焦慮矛盾型（ambivalent），與混亂型（disorganized）。幼兒與主要照顧者之間的**安全型**依附，與孩童成長過程中各個層

面的正向結果有關，包括下列各種能力的發展：情緒韌性、自我覺察、與他人建立起對等互惠的關係等。

在人際神經生物學的領域中，我們綜合了依附研究、神經生物學，以及其他科學領域的研究成果，得出以下這個簡單有力的發現：敬重孩子各自不同的天性，並使他們得到受關愛的連結，這種具整合性質的依附關係——安全型的親子關係——能使孩子的神經系統朝整合的方向發育。

作為家長，我們若是能以開放和臨在的態度陪伴孩子，會使得他們有能力去辨別和**區隔**，我們對他們的期待，與認為他們應該如何的欲望，並且以同理、彼此尊重的交流方式，和我們進行**連結**，而這樣的互動方式，能促使他們大腦中的整合性迴路得到良好的發展。大腦中的神經整合，是促成調節機能最佳化的根本機制——這包含了注意力、心緒、情感、思考、記憶、道德判斷、與他人連結等各方面的調節機能。

在另外三種非安全型（Nonsecure）的依附關係裡——正式的研究術語稱之為**不安全型**（*insecure*）依附關係——則包含了孩童從經驗中習得的模式，而這類型的模式，是會導致調節能力受損的模式。依附是一種從人際互動的經驗中浮現的關係尺度，並非孩童與生俱來的特性。在**迴避型**依附關係中，孩童會學習到的是切斷與父母間的情感連結；在**焦慮矛盾型**依附關係中，父母會讓孩童感覺到困惑；而在

混亂型依附中，因為孩子對父母的驚恐，而使得他們的內在變得四分五裂。這三種不安全型依附，都會阻礙關係的整合，迴避型意味著過度區隔而缺少連結、焦慮矛盾型意味著過度連結卻欠缺區隔、混亂型依附則是從強烈的驚恐中誕生的，孩子總是處在擔心被遺棄的恐懼之中，而這種狀態，恰恰是依附基礎的反面。

由於大腦的整合是各種調節機能的基礎——從注意力、記憶、情緒到思考的調節——因此當關係中的整合受限時，我們等於直接地折損了孩童整合性的神經發育，也因此阻礙了調節機能的發展。於是，我們可以在不安全型依附中看見各種不同程度的調節機能障礙，而被診斷為混亂型依附的案例身上，呈現出的挑戰是最艱難的，他們通常會面臨嚴重的調節能力受損，可能出現在情緒、思考、注意力等層面，甚至是在意識層面出現**解離**（*dissociation*）現象——這意味著一個人面臨到與自己的情緒、思想、記憶逐漸脫節的歷程，意識因而變得碎片化的狀態。

四十歲的孟娜，獨自照顧三個小孩，她經常關閉自己，將自己與孩子隔絕開來。有些時候，當憤怒或悲傷克制不住地爆發時，她會驚嚇到孩子，甚至連她自己都感到害怕。這類的情緒爆發，也許可以看成是壓力所導致的解離經驗。許多不堪負荷的父母可能都經驗過，有些時候我們真的控制不住自己的感覺、念頭、話語和行為，而忍不住「翻桌」。回顧本書第二部介紹過的掌中大腦模型，你可以將這個過程看成是，代表整合功能的前額葉手指突然往上抬起，脫離了代表邊緣區域的大拇指及代表腦幹的掌心，導致暫時的失衡，阻礙了與整個大腦的整合，而落入僵硬或混亂的互動方式中。此時，由於失去了與身體和周遭世界間的平衡，在這種不整合的「抓狂」或失控狀態下，孟娜——或我們之中的任何人——陷入一種可怕的存在狀態，使得她與孩子間的連結暫時出現斷裂。孟娜知道，這種恐怖的經驗會對孩子的成長產生嚴重的負面影響，因此她焦急地尋求協助。她並不希望將自己成長過程中所受過的驚嚇，也傳承給自己的孩子。

我們已經知道，當整合受損，誰都有可能脫離原本健康的航道，丟失代表了彈性、適應力、連貫性（長期的韌性）、能量（活力）和穩定性的FACES整合之流所賦予我們的和諧與開放感。我們不再與整合之流一起和諧流動，而是移向了僵化或混亂的岸邊。出於個人的生命經歷，我知道誰都難免遇上這種狀況，被拖進這種激發狀態的那一刻，我們會覺得自己身不由己，而面對自己的失控，也會產生精疲力竭與羞愧難當的感覺。我也知道，當我們反射性地陷入混亂的情緒爆發，或是僵硬地關上心門時，其實我們很有可能是覺察得到，只不過無力改變。有時候，在這樣的時刻，我們甚至會覺得「這樣才對」，並且合理化自己的反射行為。然而，很快地我們會感到洩氣，因為在另一個層次、另一個狀態中的我們，知道自己當時並沒有展現出自己最有智慧的一面。在我寫過的一系列教養書裡，大部分都曾經針對這一點提出反思。

孟娜也是因此才意識到，在伴侶沒有伸出援手、周遭親朋好友也沒有提供協助的情況下獨力養育孩子，自己已經被這種「負擔」壓得喘不過氣來。

於是，孟娜展開了覺察之輪的練習，這為她建立起內在資源，幫助她變得更臨在、更覺察，也使得她能夠提供給孩子安全型的依附關係。讓我們從依附關係的角度，來了解孟娜所經歷的這一切是如何發生的。根據依附關係研究，當親子關係的模式，能使孩子感受到自己被看見、被安撫與安全時，親子間便能建立起一個令人感到安心、穩固的紐帶。而當這些親子關係產生裂痕時——比方說，當日常生活的壓力致使我們用倉促、粗魯甚至憤怒的方式對待孩子——如果是安全型依附，那麼隨後的修補必然會發生。這會給孩子的世界建立起一種安全感，讓他們學習到，有時候就算事情並不順遂，也能得到修復的機會。當我們的生活是發自於輪心，我們會啟發身邊的人，讓他們的生活也開始從輪心出發。在親子關係中，這是建立起健康紐帶的關鍵，而覺察之輪則可以幫助我們，發展出以下這些特定的教養技巧：

1 讓孩子感覺被看見（Seen）：孩子需要被看見的方式，不是只有家長中的一方對他的行為產生反應，也不是家長透過自己期望的濾鏡去看孩子。若是家長擁有「第七感」的技巧，他便能對孩子的內在生命保持臨在，也能調頻至他們的感受、想法和回應，好讓孩子感覺「被感覺」。當孩子「被看見」時，她便同時處在區隔與串連的狀態——她會感受到，自己歸屬於一個比她私人的、內在的自我，更加廣大的整體之中。而駕馭輪心，進入可能性平原，幫助了孟娜變得有能力更靈活、完整地去覺察到她的孩子們。

2 讓孩子得到安撫（Soothed）：當孩子遭遇痛苦時，若是能讓他感受到自己是被愛、被關懷的，這有助於他重新恢復到平靜的基礎狀態。身為父母，倘若我們在任何時刻，都能對孩子當下的狀態保持臨在，那麼我們便能溫柔地安撫他們、支持他們重新調整方向，轉向輪心所賦予的更寬闊的視角。可能性平原是一道門戶，通過這道門戶，我們展現出臨在的品質，也滋養了整合狀態。進入可能性平原，能拓展我們的感知，使我們開放地以更有連結、更撫慰的方式回應孩子，而免於被特定的過濾器或僵硬的高原，限制了我們的感受和反應方式。

3 讓孩子感覺安全（Safe）：身為家長或照顧者，我們的角色是保護孩子免於危險——非常具體地說，就是確保他們的人身安全。在安全型依附關係中，我們也需要讓孩子**感覺安全**。反之，若我們用憤怒、不穩定的對待方式，或是混亂的行為令他們產生驚恐（孩童對於家長的情緒狀態極度敏感；他們會發現家長的狀態，並且從內在深處回應家長的狀態與行為），那麼我們便需要回歸到自己的中心，並且承認這些裂痕必須被修補。藉由練習覺察之輪，我們能以平衡的方式運作，進入輪心，以鳥瞰的視野來檢視自己的行為，作出改變，以維護

依附關係的四個S

我們希望縈繞在孩子身邊的安全氛圍。儘管完美的教養方式並不存在，但至少，我們永遠可以將目標放在維繫我們與孩子之間的連結，每當有裂痕出現，總是確實地去修復它們，確保孩子感覺到自己被看見、安撫，感到安全與穩固。

覺察之輪帶給孟娜的，是駕馭輪心、進入可能性平原的力量，這裡成為了她尋求庇護的聖殿，免於暴怒或冷漠疏離這些極端混亂或僵化的高原和尖峰點侵擾。原本混亂或僵化的狀態，使得孟娜難以臨在地陪伴孩子。有了覺察之輪的技巧，孟娜學到了如何擺脫這些不整合的、混亂的或僵化的行為模式。學會進入可能性平原之後，她不僅發展出更開闊的覺察，也讓她認識到，從這一片潛能之海中，還有更多其他回應孩子的不同選項。

從3-P式的觀點來看，如今的孟娜更有能力為孩子臨在當下。倒不是說她每分每秒都保持臨在，而是她越來越有能力讓自己進入那種狀態，使她的心智熟悉這種感受，因此她更能夠在需要的時刻，即時地作出改正或修補。這種臨在的品質，是從可能性平原中升起的。讓我們以能量和機率的角度來看看孟娜的經歷。過去的孟娜，總是一再地迷失在定義僵化的高原，以及從這些高原升起的混亂或僵硬反應的尖峰點上。她一點都不臨在。如今，有能力進入可能性平原的孟娜，能夠讓自己在一片廣闊的選項和時間中歇息，這是一片以往的孟娜不曾接觸過的，遼闊無垠的內在空間；它其實一直都存在，只不過被她的尖峰點和高原過濾器所製造的內在雜音所掩蓋。而現在，身為母親的孟娜，在和孩子互動時，有能力讓她的反應尖峰點直接升起於這片臨在的可能性平原。她自己能夠清楚地感受到這份轉變帶來的不同之處，相信她的孩子也感受到了。

完美的教養方式並不存在。雖然有時也許會惹得孩子不高興，但我總是在我寫過的每一本教養書中，以自己多次搞砸親子關係的親身經驗為例，來強調這一點。我也會在書中描述，當我們為孩子現身，此舉不只展現了對孩子的慈愛，其實也是在展現對自己的慈愛。這種善意的關懷，意味著去認知到，我們都只是凡人這份現實。從可能性平原、從覺察之輪的輪心，我們會發現，愛能夠賦予我們力量，使我們成為自己最好的朋友、最棒的隊友。當然我們也需要其他人的存在，不過覺察之輪會鼓勵我們，在人生這趟重要的旅程上，給予他人依附關係的三個S前，首先從給予自己開始。從這個更整合的起點出發，連結至一個更豐富多樣的輪框，或者從可能性平原出發，走向更有彈性的高原和尖峰點，如此一來，我們可以更清晰地檢視自己的經驗，更有效地安撫自身的痛苦，為自己的內在以及自己的關係提供一份安心。我們可以成為自己安全依附的對象——做自己的朋友，由內而外，幫助自己獲得韌性與力量。

療癒創傷的覺察之輪：轉化了創傷性意識過濾器的泰瑞莎

有些時候，童年時期的依附經驗，無法滿足我們被看見、被安撫、感覺安全這些基本需求，因而發展出不安全的依附類型。具有不安全型依附的人，常常感覺難以輕鬆地自處，也難以與他人連結。不安全型依附也在我們嘗試整合生命的過程中加諸了許多挑戰——這些挑戰發生在大腦中，也發生在我們與自己的關係和人際關係裡。

我們會針對不甚愉快的經驗逐漸構築出一套適應方法，終究形成迴避型或焦慮矛盾型這些不安全依附。除此之外，有時我們在依附關係中遭遇的經驗過於極端，例如童年時期遭受過虐待或忽視，那麼便會形成所謂的**發展性創傷**。令人遺憾的是，在人類社會中，發展性創傷其實是很常見的家庭現象。許多研究均顯示，這些極端嚴重，甚至嚴重程度較低的負面經驗，會造成種種負面後果，包含生理和心理方面的失衡，以及社交生活中的挑戰。

在我的另一本著作《第七感》中，我提供了許多不安全型依附，甚至發展性創傷的案主，如何成功轉化他們的生命、邁向健康的故事。這裡要傳達的重要訊息是，神經可塑性，這門著眼於發現大腦如何終其一生持續變化和成長的研究領域告訴我們，大腦是有能力從成長過程中所遭受到的傷害中復元的。如果不同程度的不安全型依附（發展性創傷屬於最嚴重的等級），其後果是整合受損，那麼，面對這些不完美的過往經歷，神經可塑性帶給我們的承諾與希望，便是在未來發展出一個更加整合的大腦。避免造成不安全型依附，特別是防治虐待與忽視的發生，這當然很重要，然而那些已經遭遇過不堪的早期生命經驗的人們無須絕望：復原是有希望的。這些修復的基礎是什麼？是整合。整合是這整本書，以及覺察之輪的核心概念。

探究發展性創傷對大腦造成的影響，文獻顯示，生命早期發生於欠缺整合的關係中的極端經驗，會影響大腦中整合性迴路的發育。這個方程式其實很簡單：整合的關係培育出整合的大腦；缺乏整合的關係則會折損大腦的整合性發育。而之後的整合——透過與治療師、親友的人際關係，以及記錄書寫，或者是覺察之輪這類自我觀照冥想練習——則能夠在任何年齡階段，都幫助你變得更加整合。

透過本書第二部裡介紹過的掌中大腦模型，我們便能以圖像的方式來檢視這些研究發現。以下這些大腦部位，是會受到發展性創傷損害的部位：胼胝體、海馬迴、前額葉皮質，以及整體的大腦連接組。在你的掌中大腦模型中，胼胝體是將代表左右半腦皮質的手指連接起來的組織；串連起分布在大腦各處的記憶系統，顳葉內側的海馬迴，位於代表邊緣系統的大拇指；而你額頭正後方的前額葉，則位於你掌中大腦模型四指的指甲部位，這個腦部區域，將皮質層、邊緣區域、腦幹、身體本身以及我們的社交世界串連在一起。至於連接組，指的是分布在大腦中的許多不同區域，與它們彼此之間的連結，所以我們或許可以這樣形容，「它是一個相互交織連結在一起的組合」，而在創傷的案例中，連接組相互連結的程度就會受損。

如果你也觀察到了，這幾個會因為創傷而導致整合受損的腦區，恰恰也是可以經由心智鍛鍊而成長的區域，那麼，你已經看出了這個科學上具有一致性的發現。冥想研究，和依附關係與創傷的研究，是兩個彼此獨立的領域，然而它們所追求的，都是關於經驗如何形塑大腦成長的知識，而各自的研究成果，則呈現出與大腦迴路整合現象有關的共通之處。安全型依附關係與正念覺察，彷彿是從同一匹布上裁剪下來的兩塊布料。我喜歡這麼看待這兩者：它們都是一種調頻（attunement）的形式。安全型依附的基礎是人際間的調頻，而正念覺察則是內在的調頻——我們調頻對準自己的內在自我，並與它為友。

這項具有一致性的發現帶來的正面消息是，儘管造成發展性創傷的非整合經驗，阻礙了神經整合的發展，然而心智鍛鍊卻恰恰能夠支持這些整合迴路的成長。我們需要的是，專注研究更大的樣本數，去了解曾經遭遇發展性創傷的群體，如何藉由心智鍛鍊發展出整合性的成長，以此確認，反觀自照式的心智練習會帶來神經可塑性層面的改變，這項正念研究與依附研究的一致發現，也能夠應用在遭受創傷的個案身上。

為什麼發展性創傷中的虐待或忽視，顯示出的是一種缺乏整合的關係？別忘了，所謂的整合，是由區隔和串連一起構成的。當盛怒的家長對孩子施加身體或情緒暴力時，孩童的需求有被區隔出來得到重視嗎？當家長將自己的性衝動強加在孩子身上時，孩童的需求有被區隔出來得到重視嗎？答案當然都是否定的。這些侵犯行為都代表了兩者之間過度串連，缺乏區隔。另一方面，在忽視的案例中，整合存在嗎？情緒與身體遭到忽視，會對關係中的串連造成極大損傷，導致孩子過度區隔、變得孤立，這也傷害了親子關係中的整合。虐待與忽視，都是關係整合受損的極端情況。

即便不去看依附關係所提供的觀點，答案依然很明顯：發展性創傷對大腦造成的主要影響，就是損害生理大腦的整合。前面曾經提過，所有類型的調節機能，都是從神經整合中出現的，既然如此，我們不難想見，發展性創傷，已經為未來生活中的大腦、身體和人際失調架設好了舞台——除非，我們刻意努力地在生活中培養整合。由於我們的自我感既來自於身體，也來自於人際關係，那麼發展性創傷當然也會損及我們關於我是誰的感受。

就某方面來看，我們可以將創傷的影響，視為各種不同種類的高原，它們將一個人制約在某種求生存、反射性反應的存在模式之中。記得高原具有意識過濾器的功能，會形塑「我是誰」的身分認同，這意味著，發展性創傷牽涉到的是極端壓力經驗在我們身上造成的直接影響，以及我們如何盡力去適應那些駭人的經驗，包括虐待與忽視。

發展性創傷與童年時期的逆境經驗，也許會導致整合受損，以及社交、心理與生理方面的整合障礙——不過如果我們採取某些介入的手段，刻意去培養整合，那麼這些整合受損的情況也許會得到改善。修復的可能性是存在的，即便我們尚無法展示出這種療癒背後，確切的實徵機制。從直接經驗或適應歷程中習得的過濾器，將我們囚禁在會不斷自我延續的模式之中，導致我們遠離了和諧與整合的生命之流，而被這些混亂或僵化的高原過濾器所遮蔽的，是可能性平原之中潛藏的嶄新存在方式。由於覺察之輪幫助人們獲得進入可能性平原的能力，那麼這或許能夠證明，在航向整合的旅程上，覺察之輪確實能夠貢獻實際的效用。

我們的基本概念是：整合是健康的根基。終其一生，我們會持續不斷地成長。在走向自由的道途上，駕馭輪心——進入可能性平原——也許是其中重要的一步。如果說創傷這類逆境經驗會損害整合，背後的原因有一部分或許是，它們阻礙我們接近可能性平原、切斷了獲取新的潛能的來源。尋找資源、支持療癒的發生，與發展新的整合，以便解放並創造出更健康的生活方式，這兩者也許彼此息息相關。

上述種種，是我初次與泰瑞莎相會時，盤旋在我心中的各種想法。

讓我們透過泰瑞莎的經驗，來更深入地了解覺察之輪，以及我們新添加的3-P理論框架，如何支持一段療癒和成長過程的開展。泰瑞莎的經歷屬於嚴重的發展性創傷，但無論我們個人的過往歷程如何，她的經驗都給了我們一個機會，加深對他人的了解，也能收穫到一些一般性的洞見，有助於我們認識自己的生命。

泰瑞莎是一名二十五歲的女性，她深受嚴重的發展性創傷所苦，所以前來尋求治療。泰瑞莎的生命歷程中，在童年早期最初經歷到的是忽視，隨後是酗酒母親的盛怒，以及繼父的性侵、操縱與虐待。而至今，她的繼父依然與她的母親保持著婚姻關係。泰瑞莎是一名研究生，她總是難以找到值得交往的對象，而且交往時間總是維持不過數月。她來找我晤談，是為了了解她身上出了什麼問題，才導致這些負面的交往經驗。她希望將來有一天，她可以不用再生活在如此孤獨的狀態。學習覺察之輪，剛開始對她來說是一大挑戰。事實上，她嚇壞了，而且就像我從其他案主身上觀察到的一樣，她有一股衝動，想要逃離覺察之輪的練習。

為什麼會想**逃走**？

逃走的衝動，有部分來自於由腦幹負責調節的**反射性反應**，戰／逃／凍結／昏厥，大腦製造並強化這些反應，用以應對來自身體外部的威脅，有時候威脅感甚至會來自於身體內部所製造的經驗，或是來自我們內在心智的創作。這種反射反應狀態，是**接受性狀態**的反面。接受性狀態可以啟動所謂的**社交互動系統**（*social engagement system*），使我們對正在做的事與一起做事的人產生信任感。接下來我們來看看，為什麼練習覺察之輪，會激發出這種受到威脅時的反射性反應狀態，使得泰瑞莎陷入恐懼，產生逃跑的衝動。我們從泰瑞莎的反應所學習到的，當然也許只是針對她個人的創傷經驗，但同時，也能反映出某些概括性的認識，讓我們更加清楚覺察之輪所帶來的不同反應層次，以及我們在日常生活中是如何經驗到心智，包含了心智中的記憶、注意力、情緒，與3－P觀點中的平原、高原和尖峰點。

覺察之輪中的某些元素，會將焦點化注意力——將能量和資訊流導入覺察的注意力——直接聚焦在生活的某個面向上，而那些面向也許類似於早期創傷經驗。在大腦中，當前的某些線索，會啟動過去經驗的記憶，從而影響到眼前事情的進展方式，包括我們如何感受、行動，與所採取的對未來的應對準備。也就是說，大腦與我們所經驗到的記憶，會串連起過去、現在和未來。

帶著尚未消融的創傷，記憶中稱之為**內隱記憶**（*implicit memory*）的那個層次，也許會成為如今大腦儲藏可怕經驗的主要形式。身體的感官感覺、情緒、畫面、想法和行為上的衝動，這些都會牽涉到內隱記憶。當某個線索出現，例如當某種外在訊號或內在條件發生時，內隱記憶的這些元素就有可能被激發，成為被提取的記憶。大腦中的記憶系統，有一個關鍵的問題是，當儲藏的記憶被提取出來時，原本純粹的內隱記憶並不會被標示為「來自過去」。相反地，它很可能會讓人產生一種它就發生在當下的感覺。這種情況本質上意味著，當我們帶有未解決的創傷時，過去並沒有真正過去，而這則反映出了大腦形塑我們精神生活的方式。

時間性的觀點可以幫助我們釐清這項重要的發現。當一個經驗發生，我們會在當下對神經網路中的放電訊號進行**編碼**，而這個動作會改變大腦中的連結——強化突觸、改變表觀遺傳性調節、製造髓鞘。這些發生變化的連結，是記憶**儲存**的基礎結構。往後，當某一項發生在內在或外在的線索，呈現出與最初的編碼類似的樣貌時，就有可能觸發那些儲藏的神經連結，促成記憶**提取**。

就單純的內隱記憶而言，研究顯示，記憶提取歷程使得被提取出來的資訊片段進入意識之中，但是它並不會被註記或標籤為來自於過去的資訊。被提取的純內隱記憶會形塑此時此地的經驗——所以，當我們騎上自行車時，不會覺得：「噢，我正在想起來怎麼騎自行車。」研究指出，就創傷經驗而言，我們只會將創傷經驗的某些部分進行編碼，儲存成純內隱記憶。因此，從過去的創傷提取出的純內隱記憶，會進入當下的覺察之中，而且令人感覺它就發在當下，而這可能就是經驗重現（flashback）或未解決的創傷產生的侵犯性情緒與感官感覺背後的機制。

舉例來說，當練習輪框第二區，專注在呼吸或胸口時，有可能會引發被噎住的身體感覺，或是當專注在口腔或生殖器時，有可能引發被性侵的感受。如果這些浮現的身體感覺，真的是嵌入在層層疊疊的純內隱記憶中，來自過去的印記，那麼，當它們從神經儲藏中被提取出來，成為潛在的放電模式時，它們身上不會像我們平常所感知到的「記憶」那樣，有著「來自過去」的標記，而是會是以「此時此地的感官現實」方式浮現。這種過去與當下的混合體很可能引發驚恐，因為它令人失去方向感，混淆了「管道式」與「建構式」的感官感覺，而使得驚嚇與無助感四溢。那些尚未消融的創傷，使我們在當下持續地感受到可怕的經驗，無法將那些記憶的片段組裝還原成已經過去的往事。

在第一次練習過覺察之輪之後，泰瑞莎詳細地向我描述了她的反應。她告訴我，輪框第二區的練習，引發了令她難以承受的感官感覺，而輪框第三區，將注意力專注在兩個心理活動之間的空白，以及下一個把輻條拗折回輪心的步驟，也帶給她不同的痛苦。我們在前面的篇幅中曾經探討過，當我們讓覺察停駐在輪心或可能性平原時，有可能會創造出一種不確定的感受，而對於創傷尚未消解的人來說，這可能會引發極度的不安全感。

就前面提到過的依附觀點來看，大腦的發育需要三個S：被看見、被安撫、感覺安全，才能夠發展出創造安穩狀態的整合神經網路。我們每個人天生都內建著這種對安穩的期待，它是我們繼續活在世界上的理由。在神經科學的領域，我們稱之為**經驗—預期型腦部發育**（*experience-expectant brain growth*）——基因的編程使我們發育出會期待某些特定經驗的神經迴路。典型的例子包含了聽見聲音和看見光線。而我認為，它還包含了被愛與被關懷。換句話說，大腦不需要先有過安全的經驗，基因就會使它發育出對安全的需求和驅力。這些需求並不屬於社會大腦關於依附關係的那個部分，而且它們會使我們的內在產生期望，渴望得到一份能夠使我們接收到愛的關係，在那樣的關係裡，我們的父母、照顧者、伴侶和朋友是臨在的，和我們同頻率、彼此共鳴，並且互相信賴。

如果童年時期主導生活的是不安全型的依附關係，那麼，我們至少會需要做出這兩件事：直接接受我們所被給予的，以及設法適應大腦發育過程期望之事的欠缺。這些適應方式是我們所學會的策略，是一種應對機制，有些人會稱它為防衛系統，它使我們以盡可能有效的方式，回應那些不良的依附關係，好讓我們得以繼續生存下去。

當一個人的負面經驗組合中，包含了發展性創傷中的虐待或忽視時，那麼，不確定性對此人來說，有可能是非常恐怖的。這種習得的，在面對未知時會產生驚恐感的反應方式，也許便形塑了當我們接觸到可能性平原中的不確定性時的反應。可能性平原上那種開闊的覺察、開放的潛能狀態，也同時具有未知的特徵，當沉浸在這種確定性程度最低的狀態中時，它帶給某些人的感受是自由，但對另一些人來說，他們感受到的則是危險。接觸可能性平原，也許會喚起深藏在某處的內隱記憶，而他們非意識中的信念，又促使他們相信未知是不好的。這種無法預測的狀態，對於這些人來說，可能會形成一種提示，觸發某種習得的受威脅狀態。

發展性創傷可能導致一個人不再抱持任何期待或希望，認定自己生活在一個可怕的世界中，缺乏可靠的連結，滿懷無法修補的裂痕。這種早期創傷經驗所造成的其中一項直接影響是，這些經驗會被編碼進內隱記憶之中。這導致被侵犯的身體感覺和情緒，此外，遭到背叛、孤立的感受會更容易、更快速地浮現。不僅如此，我們還會製造出幫助自己存活下去的適應方式。一旦發展性創傷成形，我們圍繞著它而編排出來的適應策略，也會導致種種後果，例如解離或羞愧的情緒狀態，而在解離的狀態下，一個人的意識連貫性會變得支離破碎。解離與羞愧，這兩種適應創傷的反應方式，在遭受虐待與忽視的案例中十分常見，而就大多數曾經歷過不良依附關係的人而言，即使尚未達到發展性創傷的程度，解離或羞愧也經常以各種輕重不一的程度，出現在他們的生活之中。

解離

我們先來看看解離。當邊緣系統（掌中大腦模型的大拇指）中某個神經激勵社交迴路，激發了某種狀態，對你說：「當你感覺受威脅時，就去找爸爸或媽媽，去找你的依附對象，讓他們保護你。」但同時間，還有另外一個威力相當，以解剖學來說位置更深、更古老的腦幹（掌中大腦模型的掌心）裡的迴路則對你說：「遠離那些可怕的人——快跑！」那麼，你就會同時受到**朝向**他們的邊緣系統驅力，以及**遠離**他們的腦幹驅力這兩種力量的拉扯。當你依附的對象，也正好是恐懼的來源時，在只有一個身體的情況下，你要怎麼面對這種左右為難的情境？一個身體要如何同時走向並遠離同一個人；一個照顧你，又令你擔驚受怕的人？依附理論專家瑪莉．緬因（Mary Main）與艾立克．荷斯（Erik Hesse）稱這種情況為「無法解決的恐懼」（fear without solution），它是一種生物性的矛盾，邊緣系統產生接近的驅力，腦幹則產生遠離的驅力，然而在只有一個身體的情況下，這種矛盾的情況無法被解決。嚴謹的研究顯示，所謂的解離，就是這種無法解決的恐懼在精神層面導致的反應。

解離具有許多種形式，包含一種細微的、不真實的感受，或是切斷與身體的連結，更強烈的形式是記憶缺失，或是自我的某個部分被隔絕，不再與其他部分交流，形成解離性身分障礙（dissociative identity disorder）。研究已經證明，解離是童年時期遭遇不當對待的後果之一，此外解離本身也可能使人感覺受創，因為它導致一個人難以繼續信賴自己的心智。遺憾的是，這種由適應行為所引發，持續發生在外在世界與內在世界的創傷反應，可能造成深遠的效應，導致一個人的內在四分五裂。

而幸運之處在於，這些不幸的情況依然有著成長與療癒的機會。解離是對創傷的自然反應，然而透過一段治癒性的關係，心智可以得到支持，學會新的技巧，去應對內在與外在的挑戰。

解離反應，也許是在一個不安穩的世界中習得的，位於平原上方的反應模式，而覺察之輪是一項有力的工具，幫助人們在這樣的反應模式下方，享有一片內在覺察的淨土。輪框上的元素也許代表了未解決的、純內隱性的記憶，而具開放性的輪心，則有助於人們對這些元素進行反思，並將它們整合進一個更大的、突現性的、更連貫的生命敘述。從3－P觀點來看，這些分裂的自我，可以視為是根深柢固的高原，它們各自用不同的深淺程度提取關於過去痛苦經驗的記憶與知識，從而形塑了我們對於正在發生的經驗的反應方式。這些扮演著過濾器角色的高原，背後的意圖是適應，它們分割了一個人的存在方式，以維持在求生的狀態。可能性平原，儘管起初可能帶給人可怕的感覺，然而它可以是嶄新的洞見與自由的來源，有助於轉化造成破碎自我定義的僵化高原，幫助人們擺脫侷限。

羞愧

談到發展性創傷導致的混合適應反應，若是再加上羞愧這一項，我們會更容易看出，發展性創傷是一種多麼艱難的挑戰。羞愧這種情緒狀態，會使得沉重感積壓在胸口、在腹部創造噁心反胃的感受，並且使人傾向於避免與他人發生眼神接觸。通常，伴隨著羞愧而來的心理信念，是深信自己是有缺陷的。這是羞愧與罪惡感和尷尬感最主要的分別，因為在罪惡感或尷尬感中，我們認為自己做出了某些錯誤的行為，或是過於暴露在他人的目光之下，而這些行為或暴露的程度，是可以被改變的。反之，羞愧感使人產生一種無力感，畢竟如果一個人相信，我是一個不良產品，有缺陷的是我自己本身，那麼便沒有什麼事情是我可以改變的。我沒有力量。羞愧感不僅僅存在於遭遇發展性創傷的人身上，它可能也存在於大多數經歷過不安全型依附關係的人身上。

無助、絕望、感覺自己困在一個不可能修復的處境之中，這種種伴隨著羞愧而來的感受是如此痛苦，因此人們甚至難以承認它的存在。因此，羞愧這種因應虐待或不良的關係而產生的適應方式，很可能會逃過覺察的雷達，使日常生活的意識覺察不到它的存在。羞愧也有可能浮上檯面，成為某個喜劇橋段，如同伍迪．艾倫（Woody Allen）曾經引用格魯喬．馬克斯（Groucho Marx）的那句名言：「我為什麼要加入一個肯讓**我這個人**當會員的俱樂部？」

令人慶幸的是，儘管解離和羞愧對人造成的傷害並不小，它們都是可以被療癒的。

療癒

對泰瑞莎而言，覺察之輪挑戰了她這些用以應對痛苦往事的適應模式。被忽視、體罰和性侵的記憶，使得她剛開始練習時，湧現了許多焦慮和痛苦的畫面。孤立的內隱記憶，是解離的形式之一。儘管許多人第一時間的衝動都是迴避對身體的覺察，然而，在生理大腦中，身體表徵是一個重要的節點，幫助我們認識自己的感覺、了解自己。單單出於這個理由，如果一個人難以感覺輪框的每個部位，尤其是第二區時，我們最好將這種情況視為一種信號，藉此去探索背後的緣由，試著去療癒那些持續將人囚禁的記憶結構。在練習覺察之輪時，會產生想逃離、不再回來的感受，成因也許來自於一個人的適應模式，與他當下的適應技巧，以及習得的心理模式——能量和資訊流被形塑的方式——而它們使得一個人被囚禁在他的過往歷史之中。讓我們想像，假設在適當的支持之下，像泰瑞莎這樣的人也許有機會學會進入可能性平原，敞開來歡迎任何可能使她變得有覺察的高原和尖峰點，而不再產生想要迴避或逃離練習的衝動。現在的她，學會了不再過度認同高原和尖峰點——她輪框上的焦點——而是能夠踏入可能性平原，安住在輪心之中；於是，新的存在方式得到了浮現的機會。這樣的開放狀態，反映出一種「放馬過來」的態度，而這正是消融創傷所需要的心態。我有能力安住在輪心之中，邀請任何輪框上的所知，進入我的知曉和覺察之中。我有能力安住在可能性平原，敞開我的心智，允許記憶的高原和尖峰點，以任何可能的姿態浮現。這些機率位置高於可能性平原的元素，是轉瞬即逝的能量和資訊流，它們並不等同於我完整的身分認同。擁有了進入平原的技巧之後，我變得更開放、更具有接受性，不再一直將自己封閉，或反覆激起反射反應。療癒的過程中，也許需要將任何尖峰點或輪框元素，提取至可能性平原的覺察之中，我們在輪心的聖殿中體驗著這個過程，好讓那些元素得到觀照、反思，而新的記憶結構於焉成形。因此，消融創傷牽涉到兩個不同的面向，其一是解除由痛苦的過去形成的適應模式，它們縱然情有可原，但已不再適用於當下；其二是學習能夠幫助心智變得更具有接受性、更整合的新技巧。

記憶提取也有可能成為一種記憶修改，這意味著，在適當的條件下，駕馭對尚未解決的過往歷史的覺知，確實能夠將一個人從那些過去的桎梏中解放出來。消融這些未解決的過往歷史，需要覺察之輪帶來的整合狀態，如此一來，便能漸漸培養出「放馬過來」的態度，開放地面對任何可能從經驗中浮現的事物。

科學界已經發現了記憶在大腦皮質層中的鞏固過程，而最終，記憶會被儲存在大腦最高階的區域。解除舊有學習、進行新學習的過程，會涉及到記憶的轉換，純內隱記憶也許需要轉換成另一種更有彈性、更整合的形式，稱為**外顯**記憶（*explicit* memory）。提取出內隱記憶，使它融入外顯記憶之中，需要啟動海馬迴，而海馬迴的啟動，則需要覺察。事實記憶與自傳性記憶，是外顯記憶的兩種主要形式，當我們提取外顯記憶時，無論是它的哪一種形式，都會帶著一種「喚起」的感受，我們會感覺到，自己正在想起的是一件來自過去的事實，或是曾經經歷過的一段情節。**喚起**（*Ecphory*）的意思就是「提取」，在這樣的情況下，當記憶浮現，我們會感覺得到是舊事被提取出來，而不是一件發生在當下的事件。當我們嘗試消融解離的純內隱記憶時，也許會牽涉到將那些長久被迴避的輪框元素帶進輪心之中的歷程。

以3-P觀點來看的話，由內隱記憶所形成的潛在高原（心理信念和模式）和尖峰點（特定的感官感覺或畫面），長期缺乏與可能性平原的連結，也許一直沒有被激發，或是因為沒有連接到可能性平原，而被排除在覺察之外。換句話說，以前我們不會知道這是過去的事件。它們以經驗重現，或其他令人痛苦的隱性提取方式侵入意識之中，然而這無助於解決任何事——只會令我們重複受創，一而再、再而三地製造出傷害與無助感。多麼令人痛苦的循環。

為了使解決創傷和療癒的過程得以展開，泰瑞莎需要學會和她心智的輪心做朋友。從3-P的角度來看，我們可以將她的這種成長，理解成是允許她的能量機率位置降低至確定性趨近於零的可能性平原。是的，這裡便是覺察升起之處。這裡也是記憶整合所需的發生之處。因此，就某個層面來說，無論是以輪心這個比喻，或從可能性平原這個機制的角度來看，問題都是一樣的——去覺察令人難以承受的事物，確實是一件令人難以承受的事。因此，人們會發展出各種不同的迴避方式。

像是阻止它們從記憶中被提取出來，或是與之解離，那麼當它們浮現在覺察中時，我們便不會意識到它們其實是過去的經驗。

理解可能性平原機率趨近於零、不確定性極大化的性質，為此種情況提供了嶄新的、更廣闊的洞見。其一是，出於泰瑞莎過去在不安穩的處境下遭遇過的驚嚇，那麼，可能性平原引發她的恐懼反應，便是可以理解的。也就是說，她對可能性平原的恐懼，可能是一種習得的反應模式，內嵌在某個特定的高原中，過濾著她的經驗，只允許某些尖峰點從中出現——例如她那些驚嚇或恐懼反應。另外一個重點是，無論我們身上發生了什麼情況——無論是會產生直接衝擊，或是會製造出適應模式的高原和尖峰點的事件——**沒有任何事物能夠奪走我們的可能性平原**。絕對沒有。

因此，當我凝視泰瑞莎的雙眼時，我感受得到一份與她的可能性平原之間的連結。你的平原、我的平原和泰瑞莎的平原並沒有什麼分別，畢竟無限就是無限。作為潛能之海、多樣性的起源之處，可能性平原就是「一切可能實現的」的潛能的源頭。所以當我告訴泰瑞莎我相信她時，並非一種誇大或煽情的演出，而是我確實能感受到，在她的內在深處，潛藏著某個充滿了可能性的空間。我的骨子裡、每個神經元裡，都深切地感受到它的存在。但願她也能夠從我身上感受到這一點——但願你也可以。

尚未消融的創傷是一份艱難的工作。令人慶幸的是，可能性平原永遠都在，永遠都允許新的能量組合誕生。它是一份資源，而它最終成為了泰瑞莎的聖殿，即便最初踏入它的過程是辛苦的。

起初，這種敞開、不確定的品質，有可能使人驚慌失措。我們可以將這種驚恐，視為是一種位處低點的過濾器高原，將泰瑞莎的自我定義在這種適應模式的狀態中，藉以保護她免於未知的威脅。我們已經探討過許多為了求生存而產生的不同適應形式，而我們的預設模式網路傾向於生成這種自我感，使我們得以盡可能地去適應環境。成人依附晤談（Adult Attachment Interview）是一項辨認出案主內在尚未解決的創傷與失落的工具。在晤談的過程中，受訪者缺乏組織、混亂失序的敘事特徵，能幫助我們認出那些曾經告訴我們我是誰、自定義的自傳故事，並且明白到，理解這些混亂故事的重要性。超越自我定義、自我侷限的高原所創造出的囚籠，邁向更自由的經驗之道，是一趟我們必須踏上的旅程——而這樣的旅程，正是我們試圖去理解自己的生命、療癒尚未消融的舊有存在狀態時，需要進行的核心歷程。

想像逃離可能性平原的念頭，如何形塑了泰瑞莎的經驗。未知、不確定，這些感受啟動了習得的內隱性驚恐狀態，促使她想要不計一切代價遠離。她的心智中浮現的這些高原和尖峰點，象徵著她的適應反應，它們一再反覆地出現，製造出僵化的DMN過濾模式。於是，她的生活在成長過程中變得越來越侷限，產生了僵化的傾向。

除此之外，泰瑞莎也有解離的傾向。她的高原和尖峰點不僅彼此孤立，也會挾帶著創傷導致的內隱記憶，形成侵犯性的情緒或身體感覺，出其不意地浮現。這種混亂將她的心智從僵化推向另一個極端，她的生活便在僵化與混亂這兩個河岸間擺盪，遠離了河道中央的 FACES 整合之流所帶來的和諧與整合的生命。

在練習覺察之輪時，將注意力移向輪心，其實就是在鍛鍊安住在可能性平原的技巧——學會承受未知，並且從中茁壯。

低位置的高原過濾器，使得泰瑞莎產生恐懼，害怕面對開放、無邊無際的可能性平原，而當她學會放開那些高原時，她的內在發生了一種深刻的轉變。這意味著，恐慌並不存在於她的可能性平原中，恐慌只不過是一個歷史建構，是適應模式所形成的高原，定義著她面對平原的開放性和不確定性時的反應方式。我們需要做的，不是繼續逃避或試著改變她的可能性平原，而是支持她敞開心胸，意識到過去的適應模式儘管在當時發揮了功能，但如今也許是更新的時候了。以這樣的方式，我們得以支持她進入可能性平原。該是時候為她的 DMN 自我保護模式下載一個新的版本，重新打造全新的高原了。

漸漸地，些許釋懷或自在的感受，開始在泰瑞莎練習覺察之輪時浮現，儘管起初它們只是浮光掠影，出現的時間不長。她固定每天練習，幫助自己在面對抓狂失控，與「我什麼事也做不好」這類熟悉的感受時，能夠逐漸建立起一份掌控感。練習持續進展一段時間之後，她開始感覺到喜悅、連結與感激，一開始她並不敢承認自己有這些感受，因為她擔心，如果承認了，它們就會消失不見。

反思過去的經驗、看見它們如何形塑了自己時至今日的成長歷程，在泰瑞莎進行這些內在工作的過程中，覺察之輪為她的探索提供了堅實的基礎。現在，是時候去明白到，幫助她理解過去經驗如何影響了自己，某部分來說就是在幫助她重獲自由、活出新的生命。反思過去以打造出一個更整合的心智，和覺察之輪是相輔相成的。若想更新「自我的軟體」，整合的技巧是不可或缺的。基於心智也許是能量流的突現性質這個前提，加上前面也探討過，必須要有機率的變化才能產生能量的流動，因此，泰瑞莎重新掌管自己心智的能力，其實是一項強大的技巧，幫助她以新的方式去監督和修改那些機率變化。簡而言之，泰瑞莎改寫了她的可能性平原、高原和尖峰點彼此之間的關係。

對於泰瑞莎來說，反思過去是一個重要的步驟，這支持她解除從荒謬無理的過去學到的發展性適應模式。當我們嘗試去理解那些荒謬無理的過去、為它理出頭緒時，我們需要敞開自己，去感受過往的感覺，並且在這個當下將它們拼湊起來，去看見它們對當時的自己所造成的影響，以及我們該如何解放自己、活出現在想要的生活。這正是為什麼，嘗試理解、整理出意義，也是一項非常具整合性的工作。我們無法改變過去，不過我們可以改變自己對這些影響力的理解方式，以及我們如何從這個當下賦予自己自由，以走向不同的未來。原本對不確定性的那份恐懼，雖然是情有可原，不過現在，進入可能性平原的能力已然將敞開自我面對不確定性一事，化為一條通往自由的康莊大道。

當我們也著手處理泰瑞莎的羞愧經驗後，我們便能協助她重新定義那種情緒狀態——那是一組心情狀態和信念的高原，會觸發她的心智產生表現出羞愧情緒的尖峰點，以及認為自己有缺陷的想法的尖峰點。她打從骨子裡相信，自己本質上就是一個破碎的、無用的、不好的人。如今，隨著我和她在治療過程中許多反思性對話的開展，加上她持之以恆地練習覺察之輪，現在的她可以透過覺察之輪這個圖像比喻，清楚地看見並理解，羞愧不過是出於過去的痛苦經驗而產生的適應模式。羞愧只是她的輪框上的其中一點，而不是她的輪心所帶有的品質——而輪心，才是她真正是誰、她存在的本質所在之處。

當我們還小的時候，我們**沒辦法**簡單地說：「噢，我知道爸媽現在沒有提供給我很好的照顧，是因為還有別的事情讓他們煩心。我知道自己的大腦裡有一種經驗—預期型的神經迴路，會讓我期待他們愛我，而且得不到愛的我，現在覺得很沮喪。我的父母沒辦法給我安全感。沒關係，我會自己找別的辦法，去滿足我那些被看見、被安撫、感覺安全和安穩的需求。」要是孩子作出這樣的推論，他們會感到自己承受著極大的風險，擔心缺少了父母的保護，自己將無法存活。這種持續不斷的恐懼感，是能夠將一個人逼瘋的。因此，為了不讓自己發瘋，孩子通常會轉而走向羞愧的道路。如果我這麼告訴自己，我就可以活下去：「噢，我的爸媽都很好，他們愛我也關心我——**我的需求得不到滿足，是因為我是一個有缺陷的小孩**，所以我不值得得到那些我想要的東西。」這或許就是羞愧這項發展性適應模式的根源。

所有這些習得的情緒和信念，都是形成平原上方的高原和尖峰點的材料。**創傷不會損及可能性平原**。即便存在著可怕的互動和身體感覺所帶來的直接影響，以及解離和羞愧這些後續的適應模式，可能性平原依舊是可能性平原。創傷改變的，是為我是誰提供定義的高原和尖峰點，至少就眼前的情況而言。這些位於高原上方、反覆被激發的能量結構，長期下來便增強了我們的信念，使我們越發認同羞愧帶來的缺陷感，或是解離所導致的支離破碎。在高原上方，存在著這些為了適應生存而發生的內在歷程，它們延續了受創的自我感；在可能性平原，則存在著尚未實現的存在方式，靜待著解放的一日。

當泰瑞莎終於觸碰到這種位於生命核心的清晰與平靜時，想像這對她而言是多麼大的成長。如果我們停留在譬喻的層次，我們或許可以說，出於某種原因，覺察之輪的輪心，成為了她通往療癒的途徑。用譬喻的方式來說，那些未解決的創傷，是侵犯性的輪框元素，而這些輪框點再也囚禁不了泰瑞莎。不過如果我們往更深一層的機制面去探索，以3-P式的觀點來看的話，便能看出創傷如何形塑了這些機率運作，以及為何療癒的過程必須要去面對那些阻礙她療癒、造成直接或間接影響的能量模式，使得她遠離了內在深處那片創傷無法損及的潛能之海。藉由神經可塑性，大腦參與了所有這些適應過程：注意力所及之處，神經元便會發射訊息流，神經元間的連結隨之成長。

如今的泰瑞莎，可以清晰地理解到，她童年時期不得不逃離可能性平原，而改以DMN自定義的羞愧感高原取而代之，是在面對瘋狂的家庭時，為了讓自己免於瘋狂而形成的適應模式。

全然深入地去感受發生在自己身上的遭遇，並了解它帶給我們的影響，能夠幫助我們去理清那些原本看似荒謬無理的經驗。在這趟爬梳的旅程上，我們會需要輪心這座聖殿，以及可能性平原供應給我們的選擇和改變，才能走上通往解放的嶄新道路。這趟理出意義的旅程，最終經常浮現在終點的，是原諒的心情——並非對過去的虐待與忽視施以制裁，而是像先前提過的，我的摯友傑克・康菲爾德基於他的專業與私人生活經驗所提出的定義：寬恕是「不再期待得到一個更好的過去」。

現在的泰瑞莎可以走入她的可能性平原，找到曾經被掩埋在適應模式的高原和尖峰點下方，但其實一直存在、從未真正丟失的愛。那些適應模式最初的用意雖然是為了保護泰瑞莎，最終卻演變成她的囚籠。如今，她自己的心智就有能力供應她，她一直以來所渴望的事物。她可以打破牢籠、解放自己，敞開她的可能性平原，盡情釋放生活中經驗到的一切美妙的喜悅和感激。現在的她可以用一種「放馬過來」的接受性覺察，去**看見**自己的心智，而這正是保持臨在的核心品質。她可以**安撫**自己的心智，用溫暖與關愛，讓自己得到她終於相信自己值得擁有的同理與連結。她也能夠確保自己的**安全**，以開放的態度去面對周遭世界潛在的真實風險，避開過去的恐怖經驗所形成的內隱記憶導致的反應模式。而這一切——被看見、被安撫和感覺安全——幫助泰瑞莎在生活中，建立起一種全新的**安穩感**。

覺察之輪、職業生涯，與一個覺醒的心智：走入可能性平原的扎克瑞

教導覺察之輪這些年來，我越來越清楚地看見，整合一個人的意識所帶來的效用，絕不僅止於幫助人們生活得更平靜與清晰。許多人的內在因為覺察之輪湧現出了意義與連結，而在某些人的定義中，這本質上其實就是一種靈性成長，是心靈的覺醒。有一位學員曾經對我說：「現在，我覺得自己是完整的了。我覺得很自由，而以前我從來都不知道，這種自由是可能的。」寥寥數語，卻意境深遠，他對我訴說這些話語時，臉上的笑容和熠熠生輝的眼底，無不充滿了力量。

我想你還記得，在我們這趟旅程的最初曾經提到，扎克瑞是我某一場覺察之輪工作坊的學員。在工作坊結束後，他也得到了類似的體驗。在接觸到覺察之輪之前，

扎克瑞經營的是房地產事業，但是他在自己的職業生涯裡找不到意義。他告訴我，他覺得自己的生活「不大對勁」。和其他陷入混亂或僵硬思考模式的故事主人翁相比，他的不同之處在於，扎克瑞對我描述他的狀況時，他的人生似乎一切都照著他認為應該的方向進行。但是，如果真要說他的生活裡有什麼需要照顧或調理的地方的話，就是他在職場上，總會感覺到一股他也說不大上來的沉悶感。

後來，扎克瑞告訴我，自從那個週末，他一步步走過覺察之輪整套練習之後，他發現，他感覺不到自己與公司的業務目標之間的連結，雖然他很享受和同事們一起工作的感覺，也從他們的身上得到了許多愛和讚賞。當扎克瑞第一次嘗試練習輪框第四區，練習去覺察相互連結性時，他驚訝地意識到，他的胸口湧現了一股喜悅和歡欣的感受。後來，在工作坊結束之後，當他反思自己當前的生活究竟缺少了什麼時，他的心中隨之浮現的，則是一種失落和渴求。

在談及他的省思時，扎克瑞告訴我，他會害怕對他的同事們表達自己的愛和讚賞，因為他擔心，這會使他看起來「太柔弱」。我清楚記得，在另一場覺察之輪工作坊上，有一位擔任公職的學員，也曾提出一模一樣的想法。和扎克瑞不同的是，這位獲選擔任公職的學員說，他不會對自己的同事分享他的經驗——這位學員指的是他在練習「輪心中的輪心」時得到的體驗——因為這種愛的感受，會被他的同事視為是軟弱的象徵，他們會認為他「有問題」。我告訴這位公職人員，儘管我能理解他不願意在同事面前顯得軟弱，但我也不禁好奇，如此一來，當他們在服務投票給自己的選民、為社會制定政策時，是否便會遺漏了愛這個元素？聽聞到這番話語，對方睜大了眼睛，他意會地朝我做了個手勢，便前去找他的同事談話。讓我們一起期待，有了這份勇氣之後，他和同僚們能夠將這份相互連結、愛和喜悅的感受，灌注到他們的工作裡，服務這個由我們所有人一起共享的社會。

（**愛**是一個威力強大的字眼。正當我為你寫下這些文字時，我的手機嗡嗡響起，收到了一封簡訊。我在打完「共享的社會」這幾個字之後，我暫停寫作，檢查手機。簡訊是我的女兒，也就是這本書的插圖作者瑪德琳．席格傳來的，她正在朋友家幫忙當保姆。她用簡訊傳來了這張她剛才畫好的圖片。因為她正在照顧的小孩問她，愛是什麼。圖片上寫著她的答案：「愛是真心地關懷他人、在乎他人的幸福安康，同時也關懷自己、在乎自己的幸福安康。」等到我回過神來，打算繼續埋首寫作時，我發現電腦的螢幕保護程式，浮現的恰好是一張——我從來沒仔細看過的——女兒的照片。機緣巧合？量子糾纏？天曉得。不過我喜歡。）

關於**愛**這個字眼，扎克瑞，以及那位公職人員相似的經驗，都使我不禁開始深思，原來在我們的職場上，甚至是一般的生活當中，要從可能性平原，這個愛的源頭去親近與我們的人際關係，並不是一件容易的事。在成長的過程中，從家長、學校、親友身上或從整體社會的氛圍，我們學到的訊息，都讓我們相信世界是險惡的、

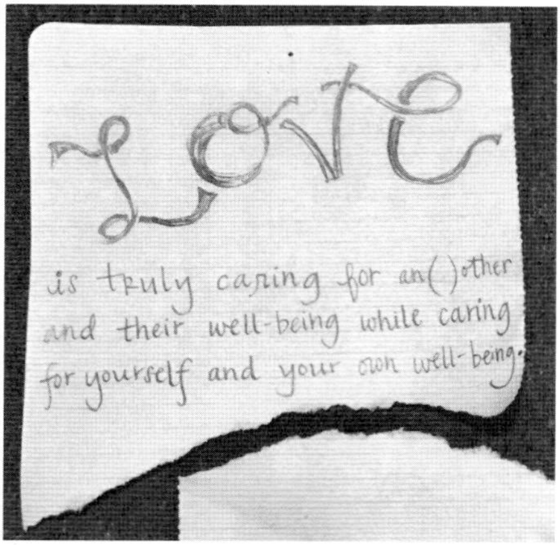

愛是真心地關懷他人、在乎他人的幸福安康，
同時也關懷自己、在乎自己的幸福安康。

每個人都需要獨立。換句話說，我們所接收到的訊息是，分離才是有力量的，而這所造成的結果是，我們只有在身處於平原上方的狀態時，才會感到自在——或者說熟悉，然而它們卻阻擋了我們的覺察，使我們感受不到可能性平原所蘊含的那種深刻交織的相互連結感。這種相互連結的感受，能夠擴展我們與他人間的關係，也能擴展我們對自我的概念——亦即在這個宇宙裡，我們存在的目的與意義。而當許多人運用到**靈性**這個詞彙時，通常他們指稱的就是這種意義與連結感。

在我們的心智中，關於「意義」這個面向，在每個人身上都有著不同的展現方式。我們可以從我們所觀察到的現象中，認出關聯、信念、認知、發展階段、情緒這幾個意義的 ABCDE，而這些元素可以各自以不同的方式組合，串連出一種整合性的意義感。而關於找到意義如何能夠賦予生命目的與力量這件事，維克多．弗蘭克（Viktor Frankl）早已在他的著作中給出了鏗鏘有力的說明。而從我個人的角度來看，同時擁有臨床醫師與科學家、父親與丈夫、兒子與朋友這種種身分的我認為，意義是誕生於整合之中的。若是從這樣的角度出發，那麼生活在意義中，便意味著找到一種方式，讓我們的存在（being）與作為（doing）都能善用關聯的自由，將它串連到我們真心擁抱的信念中，滋養我們稱之為認知的思想之流，將生命發展階段中的過去、現在和未來編織在一起，開放地擁抱情感經驗的完整光譜。這便是一個有意義的、整合的生命——它絕不會是一個已經完整、已經終結的「已整合」（integrated）的生命，而會像是一個動詞一般、持續開展變化、持續「進行整合」（to integrate）或不斷「整合中」（integrating）的生命。整合、洞見、慈悲，這將是我們說出屬於我們的真理、追尋我們的夢想的方式。當我的生命發自於可能性平原，我便能同時在關係裡**存在**，也在關係裡有所**作為**。我能夠設法區隔和串連——我能夠活出有意義的生命。意義，是同時從存在與作為這兩個面向中浮現的。在這樣的整合狀態中，這種與他人連結在一起、臨在地存在與作為的狀態中，一種「對了」的感覺會自然浮現在心底，那是一種希望與清明的感受，伴隨著完整、自由、明晰與內在的連貫性。

意義與連結，誕生於整合的生命。

連結意味著，深深地感受到，原來我們彼此之間沒有分離，當代教育體制和社會所傳遞給我們的訊息絕非實情。自我同時具備了內在與關係兩種面向。當整合的品質從生命中解放出來，意義於焉浮現。

我們的學校教育總是要求我們追求正確答案。教育體制鼓勵我們學習事實。當我們在考試中作出正確的選擇，或是在論文中寫下最適合的用語時，也會賜予我們獎勵。這些求學經驗強化了一種位於可能性平原上方的生活。在考試中，我們會選出某個代表特定反應的尖峰點；寫論文時，我們運用次尖峰區的思考模式進行構思，而產生這個次尖峰區的高原，則代表了某種特定的取得知識的途徑，接著我們再用化為現實的尖峰點，寫出論文中的字句。

以正確的方式實現某件事，在這樣的目標裡，包含了大量的建構。而在這樣的方式下，管道式的感覺流動並沒有得到太多的重視。

在可能性平原中，沒有任何基於過去經驗已知的對錯標準，也沒有任何固有的批判，指導你什麼該做、什麼不該做。它更像詩人魯米（Rumi）所描述的那片超越是非對錯的原野：「當靈魂在草原中躺下／世界已太圓滿／無須隻字片語。」──是的，正如魯米說的：「我在那片原野上等你。」──那片超越言語、充滿了無形潛能的原野，若用我們現在的詞彙來形容，也許就是讓覺察得以升起的可能性平原。可能性平原，才是我們真正與另一個人相會，找到生命意義的所在。

如果你曾經和任何人一起從事過團體工作，那麼你也許體驗過那種能量氛圍：當團體裡的人都高度參與、每個人的觀點都受到尊重時，這種合作所產生的綜效，遠遠大於任何一個人所能獨自創造的。這便是整合帶來的綜效，使整體大於部分的總和。這便是愛的綜效。

若是少了整合，我們便會過著缺乏活力、連結和意義的孤立生活。然而，我們可能只是適應了這樣的生活，行禮如儀地過著日子，卻不曾發現，無論是在家中或在職場上，我們的活力、連結和意義都沒有呈現最佳的水準。五十五歲的扎克瑞，他就處在這樣一個階段：他的家庭很圓滿、和太太孩子的關係融洽、房地產生意也十分順利。然而自從前一年他第一次和哥哥一起參加了覺察之輪的工作坊之後，他開始覺察到一些以往無法清楚體會的感覺。他開始覺察到，自己的生命似乎缺少了某些事物，雖然他一時分不清楚，究竟缺少的是什麼。一年後，扎克瑞第二次報名參加覺察之輪工作坊，我很驚喜地得知覺察之輪在他身上帶來的轉變。

缺乏意義與連結感，或許就是在扎克瑞第一次參加工作坊之前，一直在他的職涯中困擾著他的原因。賺錢養家對扎克瑞的家庭生存和財務健康來說，當然是一件重要的大事。然而，當賺錢成為工作的唯一目標時，似乎讓生命的一大塊，被排除在他白天清醒的時刻之外。他早已達成了確保家人存活下去的財務基準線。現在的問題是如何更上一層樓。當我們足夠幸運，能夠選擇自己想要的工作類型，或是能有機會去反思工作之於自己的意義時，這表示我們有幸得以暫停一下，去思考轉變職業跑道的方法。不是所有人都能夠享有這份奢侈——很多人也許從來都得不到這樣的機會。儘管如此，我們每個人都可以去意識到，用臨在當下的方式生活、服務他人，這些心態都是經過科學證實，可以支持人們活出一個有目的、健康幸福人生的核心元素。即便我們沒有改變職業或跳槽到其他公司，我們依然可以利用這種「生活似乎少了什麼」、「渴望多點什麼」的感受，去喚醒我們的心智，找到新的生活方式，找到一種更有意義、連結和活力的存在方式。這才是一種我們可以學著創造的、更整合的生命方式。

「似乎少了什麼」這個感受，促使扎克瑞開始面對他的職業生活中的意義與連結，自問了許多根本性的問題。而這一連串的自我探問，鼓舞了扎克瑞的哥哥，開口邀請扎克瑞來參加跟覺察之輪有關的工作坊，那個工作坊的名稱是「靈魂與突觸」（Soul and Synapse）。可能性平原就是我們的潛能之海。當我們全然地親近它時，它會激勵我們去想像自己內在和關係中的存在方式及作為，它們可能遠遠超過了我們曾經有過的想像。在接受過覺察之輪的洗禮，越來越熟練如何區隔輪心與輪框之後，我們會漸漸穿越那些侷限生命的高原過濾器。除此之外，這也會影響到大腦的構造，鬆開 DMN 所建構的、侷限的自我概念，使新的神經元放電模式組合得以浮現。

第一次工作坊的第一天晚上結束之後，扎克瑞開始自問，他和別人的連結方式，是否真的支持了對方的福祉？和他人並肩合作，是否使他成為了某個沒有隔閡、更廣大的整體的一部分？他對工作的專注，是否使這個世界對所有人與後世子孫而言，都變成一個更加美好的世界？如果說，整合是從臨在中自然湧現的，而臨在本質上就是可能性平原，那麼，剛才那些能夠促使生活方式變得更加整合的探問，自然是從一個更覺醒的臨在狀態中浮現的。

工作坊第二天，當我們更深入覺察之輪的進階練習，開始探索輪心本身時（就如同你也在這趟旅程上做過的練習），更多的事情開始湧現。在體驗輪框第三區，兩個心理活動之間的空白時，扎克瑞感受到一股深刻的平靜與清晰，這使他大感意外，因為他說，平時他的頭腦總是喋喋不休，像一個聒噪的「猴子腦」。接著，當他折彎輻條，體驗到什麼是「覺察到覺察本身」時，他感受到了別人也描述過的那種遼闊、敞開與和平。在輪心中的輪心這個步驟時，他浮現了一種新的體驗，感受到自己與教室中的每一個人，都是相連在一起的。他感受到自己與一起練習的同學們之間的連結，接著，他感受到了在工作坊之外，他與自己認識的人之間的連結。這些經驗帶來的感官感覺對扎克瑞而言也是新穎的。那個當下，扎克瑞感覺時間彷彿消失了——倒不是說時間暫停了，而是時間彷彿變得無關緊要、不存在了。他形容這是一種「永恆感」，最初他在工作坊上的分享時段描述自己體驗的時，覺得除此之外難以找到更多言語來形容。

伴隨著這些交織連結與永恆的感受，喜悅在扎克瑞的心中浮現，而且這份歡欣的心情，在那個週末的工作坊結束之後，還持續停駐在扎克瑞心中很長一段時間。

先前曾經提到，練習覺察之輪之後，扎克瑞長期的髖部疼痛消失了；這種慢性疼痛消失的現象，也在其他的心智鍛鍊研究中得到過證實。這種種經驗，都對扎克瑞帶來了深刻的影響，激勵他在接下來的一整年，持續規律地練習覺察之輪。隨著練習逐步進展，他越來越清楚，自己的工作究竟缺少了什麼，而一股想要改變的渴求，也漸漸開始浮現。他開始在他的房地產辦公室裡，更熱忱地和身邊的人們聊起有關心智與關係的話題。而原本工作團隊裡對銷售業績的要求、只專注在交易和利潤至上的風氣，都促使扎克瑞開始思考改變職涯的可能性。如果眼前對扎克瑞而言，最重要的事情是改變，而他原本的工作無法提供這種轉化的空間，那麼，或許是切換跑道的時候了。

扎克瑞開始和他的妻子、哥哥、親近的朋友們討論他的工作的意義。幸運的是，他擁有財務上的餘裕，去考慮嘗試一個截然不同的方向。然而這艘改變了航道的船隻，將會轉往哪個方向呢？

你有沒有過一種經驗，就是當自己突然覺察到某件事的同一個瞬間，你也直覺地感受到，這件事你早就知道，或以前就有感覺了？就像英國小說家多麗絲·萊辛

（Doris Lessing）說過：「學習就是這麼一回事。你突然間弄懂了你其實一直都懂的事，只不過是以一種新的方式。」

如此一來，覺察之輪使得你能夠「不再擋住自己的路」。這種放手意味著，讓臨在狀態自然而然地從可能性平原中浮現。對某些人來說，這能帶來極大的釋放與解脫，彷彿他們整整一生，都一直在等待著這一刻的降臨。

這種開放的覺察狀態，具備了浩瀚寬闊的質地，扎克瑞和許多其他人都曾經使用過**喜悅**、**神**、**愛**這一類的字眼，來形容它所帶來的感受，若是我們仔細思考扎克瑞從中得到的主觀經驗，便能看出它不僅僅改變了練習覺察之輪當下的他，也改變了未來的人生道路上，他可能成為的那個人。

扎克瑞的心智進入了一種轉化狀態。如果當時你也在現場，聆聽著第二次參加工作坊的扎克瑞，描述自從首度參加工作坊之後一整年，覺察之輪對他的生活產生的影響，或許，你也會用跟扎克瑞的哥哥一樣的字眼，來形容你所聽見的故事：扎克瑞的心智**覺醒**了。

工作坊結束，他們兄弟倆離開之後，扎克瑞發現，他想要「讓這些轉變深入工作和家庭之中」。當他對我提及這個想法時，我想起了卡里．紀伯倫（Khalil Gibran）的名言：「工作就是愛的體現。」扎克瑞希望能透過新的職業生涯，來表達出他的這一份愛。

覺察之輪帶給扎克瑞的哥哥平靜與清晰，但是不像扎克瑞，這種轉化性質的經驗並沒有發生在他身上。接觸到覺察之輪時，我們每個人都各自處在不同的生命階段中，因此每個人得到的經驗都是獨特的。對某些人而言，繼續做著同樣的工作，但是用新的方式與它連結、賦予它全新的意義，光是這樣，就足以使他們的工作生涯煥然一新，帶來自由與活力。我的某些學員本身就是心理健康領域的從業人員，他們發現，覺察之輪加深了他們對這份工作的使命感，並且重新喚醒了執業時的活力。至於另外一些人，像是扎克瑞，則是得到了一條途徑，幫助他在家庭或社交的層面，都能發展出一種更整合的生活方式，甚至啟發他去追尋一個新的職業生涯。他希望能夠找到一種工作，是能夠讓他將這份新發現的自由分享出去的。現在的扎克瑞，已經決定投入心理健康的領域，在那裡，他可以運用這種新的存在方式、一種他心智中的全新臨在感，去支持與他相遇的人，找到他們生命中的意義與連結。

維克多．弗蘭克在他以意義為主題的著作中描寫過，當一個人的生命，擁有意義與目的來引導他們的行為時，他們心中那份泰然處之、平和的感受與相應的身體感覺。這與扎克瑞的描述不謀而合，他形容，他的心智裡多了一份清晰，他知道在接下來的道路上，意義將會指引他的旅程，而隨著他學會信任這種覺醒的狀態，體認它在生命中的重要性，旅程前方的道路，正一步步變得更鮮明、更具體。

這本書的下個部分，也是最後一個部分，我們將重新回顧關於心智的一些基本概念。在這一趟你我一起細細走過的旅程上，覺察之輪曾帶領著我們，一一探索心智的各個面向，而透過這些回顧，我們將有機會再次一一反思，這些支持我們整合生命的途徑。

[第四部]

臨在的力量

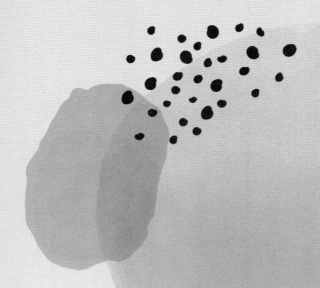

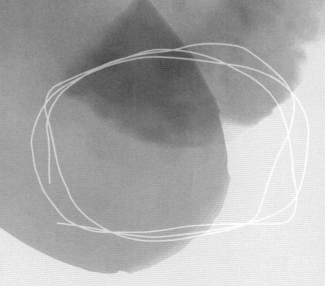

還記得我們這趟旅程的開端，那個裝水的容器，以及在水中加鹽的比喻嗎？直到我們擁有駕馭輪心、進入可能性平原的能力之後，那個裝水的容器將會擴展，使我們浸沐在永恆的美與遼闊之中、全然地臨在於生命裡。

透過這本書，我們攜手走過了一場探索臨在的科學與實踐的旅程。而往後的道路上，該如何運用這些觀念和技巧，繼續去耕耘一個更加臨在與覺察的生命，任憑你來決定，而事實上，也只有你能為你自己決定。但是別忘了善待自己。畢竟無論你多麼嫻熟覺察之輪練習，生命本身仍有可能偶爾擋住你的去路，挑戰你臨在當下的努力。

在我們這趟旅程的最後一段路，我希望能夠為你提供一些視野，幫助你在面臨挑戰的時候，更輕鬆且清晰地穿越這些波濤。

我們已經看到，臨在的阻礙有可能來自於天生的或習得的模式——亦即那些有時主宰了我們的生命，使我們經驗不到可能性平原的開放性的高原和尖峰點。而透過比利、強納森、孟娜、泰瑞莎還有扎克瑞的故事，我們也看見了，遺傳因素以及生活經歷，都有可能引發進入可能性平原的挑戰。現在讓我們再深入一步，看看這樣的阻礙是如何產生的，以及當你遭遇這類情況時可以如何應對。

根據先前探討過的內容，我們知道當下發生在大腦中的事，其實深深受到過去發生過的事件，和我們對情況的預期所影響。我的一位心理學家同行珍妮佛・弗雷（Jennifer Freyd）曾經做過一項研究，在實驗中，她在圖片上將一連串的圓點排列成一個弧形的序列，她發現，在觀看這個圖形的受試者的感知中，即使排列弧形的圓點已經結束，他們也覺得弧形還會繼續延伸。換句話說，把過去模式所產生的預期投射到未來，藉由這樣的歷程，這類**動態表徵**形塑了我們感知的方式。我們這個當下的感知，就是這種由「偵測過去模式」加上「預測未來模式」建構而成的組合。這意味著，習得的反應模式會成為來自過去的、根深柢固的突觸陰影，塑造著我們當下的經驗。這樣的經驗是什麼？它的成分之中，有著來自我們所感知到的內容的參與，也有著從習得的高原過濾器中浮現的情緒、想法和心智狀態的參與。不過，值得慶幸的是，解放心智的道路，並不在於歸納或擔憂這些花樣繁多、具有預測性質的高原，可能會形成使我們僵化或產生混亂傾向的阻礙。通往一個更全然覺察和臨在的生命的道路，其實很簡單（雖然不一定很容易）：進入可能性平原。

別忘了，一個曾經延伸進新觀念裡的心智，絕對不會退回到它原本所屬的維度。在我們這趟旅程之中，「輪心和輪框這兩者是有所區隔的」，這個具有轉化力量的概念，從旅程的最初便一直指引著我們。透過覺察之輪的概念與實踐，你將學會如何駕馭輪心——進入可能性平原。

可是，駕馭輪心、進入可能性平原，這句話真正的意思是什麼呢？我們該如何運用這些技巧，去豐富我們每一天的生活體驗呢？在這趟旅程的末尾，我們將會深入去探討這些問題的答案。

從可能性平原出發的生活，會鼓舞心智更加臨在，這使得我們有能力去區分知曉與所知。在覺察之輪練習的過程中，我們曾經一窺輪心浩瀚遼闊的品質，而我們可以將這份瞥見，帶入日常生活之中。運用沉浸在可能性平原時的接受性覺察，我們得以更清晰地感知到高原所形成的過濾器——如此我們便不至於被誤導，錯以為這些高原所創造的尖峰點，真的是一個說明了關於我是誰、我能夠成為什麼樣的人的完整故事。從可能性平原出發的生活，不僅僅意味著變得更清醒和覺察，也意味著深入潛能之海，那片新的可能性升起的地方。這表示，我們能夠開放地擁抱任何時刻都可能發生在自己身上的轉化與改變——也就是個人的成長。

「你需要的東西，你早就擁有了。」這句我們常常聽見的話語，其實也是我們在這裡想要傳達的觀點。可能性平原一直都在，雖然不是一眼就能看見，但它總是帶著仁慈與接納，靜靜地等待。詩人德瑞克·沃克特（Derek Walcott）以他的詩作〈愛了再愛〉（Love After Love）提醒我們：「你將會再度愛上那個／曾經是你自己的陌生人……」可能性平原也許會被高原和尖峰點掩蓋，不過這個好奇與異想的泉源，以及它在我們心中激起的感激與讚嘆就在那裡，或許就像一個陌生人，等著你去親近從它之內升起的臨在。而身處在這片臨在升起之地的你，不妨聽從沃克特所說的：「坐下吧。盡情享受你的生命。」

將覺察之輪應用到日常生活中的關鍵，在於增加與可能性平原的接觸。那片潛能之海，自從你受孕的瞬間，就一直與你同在。若是從物理學的角度來看，某些人甚至會說，這個量子真空、潛能之海、你的可能性平原，甚至早在你受孕之前就已經存在了。可能性平原是你與生俱來的權利，也是終其一生、永遠與你相伴的權利。

你不需要創造出可能性平原；你只需要學會進入它，活出一個發自可能性平原的生命。

生活在覺察與臨在中所帶來的挑戰與機會

今天一早，我去看我的牙周病醫師，接受一項需要手術的重大治療。我心想，這是一個好機會，去檢驗自己能否確實地實踐覺察之輪。將我們一路以來所討論過的種種內容回顧了一番後，我決定在醫師準備動手替我麻醉時，開始練習覺察之輪。第一劑麻醉藥下針時，我在腦海中想像著輪心和輪框。我想像，無論什麼樣的疼痛浮現在我的覺察中，它都是輪框上各種可能性之中的一點。如果我能駕馭輪心，運用可能性平原這個聖殿作為我內在平靜的泉源，也許我就能以寬闊的狀態去經歷刺痛感的尖峰點，就像我們在第一部裡提到的比喻，現在要接收這匙鹽巴的，是一個裝滿了清水的巨大容器——潛能之海。而如果這個方法不管用的話，那我的容器就會像是一個濃縮咖啡杯，我會被推上疼痛的尖峰點，杯裡的水將會鹹到難以下嚥，而我則會迷失在代表口腔感覺的輪框點上。我準備好讓它見真章了。

我沒有對牙醫說任何話，此刻我的嘴巴裡架滿了器材，我對他豎起大拇指，表示我已經準備好，他可以動工了。接著，我開始運用我的心靈之眼，描繪出各種可能與輪心相連的輪框點。這就是用圖像來譬喻一個概念的好用之處。其中一個可能會出現的輪框點，是口腔裡尖銳的感官感覺，而我歡迎它。我能夠抱著一種開放的、「放馬過來」的姿態，在任何事物浮現時，都試著不將它推開，也不緊抓著它不放。我能夠站在可能性平原這個中立、遼闊的空間裡，歡迎一切。

我進入輪心，靜靜等待。在那個片刻，我的內在一片寧靜。遠遠地，我感覺到口腔裡有些擾動。我想到，如果在別的情況下，我也許會聚焦在針頭帶來的尖銳刺痛感，緊張到注意不到周圍任何其他狀況，因而被刺痛感淹沒。不過呢，今天的我，駕馭著輪心、安住在可能性平原中，帶著這樣的心態，我覺得自己頗能處之泰然。

隨著手術的進行，我一邊以非常緩慢的速度，演練著覺察之輪。時不時，牙醫師會跟我打個招呼，確認我不是昏了過去，因為他說我看起來太冷靜了。等到我回家以後，我更進一步地反思了我們在這趟旅程上一起探索過的種種概念與練習方法，此時的我，儘管一邊休息、一邊用手壓著冰敷袋，好讓它貼緊我酸痛的嘴巴，我仍舊能清楚地體會到，覺察之輪帶來的好處——當然它還是有些潛在的缺點。為你寫下這段話的現在，壓在臉頰上的冰敷袋確實讓打字變得有點困難，但是一切似乎都進行得十分順利。

在這個例子裡，我們看到覺察之輪帶來的益處是，它並不排除疼痛，而是將疼痛安置在整個情境脈絡中，支持我們找到減輕焦慮和恐懼的方法，獲得清晰和平靜的感受。我想起了那份收集了上萬人經驗的研究報告，還有無數個主動回報因為練習覺察之輪而減輕了身體疼痛的人們。我也想起，關於正念的科學研究同樣發現到，無論是主觀身體感覺或大腦中的疼痛訊號，都會因為正念練習而出現減輕的現象。我們一起探討過的許多研究也都指出了心智鍛鍊的其他好處，包括提升免疫系統、減少發炎現象、增加復原能力，還有最佳化端粒酶的表現，就像伊莉莎白·布雷克本與伊麗莎·艾波在她們的研究中提到的，端粒酶能修補和維護染色體末端，而這對細胞的健康至關重要。這是一則牙醫手術之後的好消息，也是一則對於整個人生而言的好消息。身兼科學家與靜心教練身分的喬·卡巴金（Jon Kabat-Zinn）甚至發現，在紫外線治療期間聆聽正念冥想的語音導引，能使牛皮癬痊癒的速度提高四倍。

這些證據都支持了這個概念：包含了集中的注意力、開放的覺察、善良的意圖這些元素，能夠幫助我們建立技巧、鍛鍊心智的練習，確確實實能夠促進身體的健康。絕非誇大，這些都是經過科學實證的現實。這豈不是太棒了嗎？

有那麼多心智、身體和關係各層面的益處，這種現象背後的一種可能性是，那些練習的核心都具備了使人接觸到可能性平原的機制。當伊麗莎．艾波和我，還有兩位實習生蘇珊．帕克（Suzanne Parker）與班．尼爾森（Ben Nelson），一起試著在某本科學教科書的某個章節裡，解釋臨在的科學時，我們發現，當我們嘗試說明「心智可以改變身體的分子，包括端粒酶的水準」這類科學已經證實的現象背後的機制時，提供3－P式的觀點、說明可能性平原的存在，確實有助於讀者的理解。

在這場手術之後，我希望，這些我們一起探索過的、我已經在做、你也可能會決定付諸實踐的練習，將能夠支持我們的身體，無論在生命中遇上什麼樣的挑戰，都能擁有更好的復原能力。這就是臨在的力量，以及發自可能性平原的生活方式所帶給你的允諾。進入輪心，學會如何讓生活從可能性平原出發，是一條幫助我們通往健康與韌性的康莊大道。

臨在地生活，不僅為我們帶來了增進幸福健康的機會，有時候也會帶來一些可能阻礙幸福健康的挑戰。在生命發展的過程中，機會來臨的階段，常常也是脆弱浮現的時刻。這類反觀自照型的練習，也潛在著負面的風險，它們不常被提及，不過我們還是可以透過這次牙醫治療的經驗，來反思這個面向。

包含覺察之輪，冥想練習的其中一個風險是「靈性逃避」（spiritual bypass），它意指一個將目標放在轉化自己、取得靈性成長，活出一個更有意義與連結的生命的人，卻逃避那些需要被看清、被理解、被療癒的痛苦，導致成長無法真正發生。

如果身體、情緒和社會層面的痛苦，都屬於輪框上的元素，那麼，當一個人試圖讓自己只生活在輪心，就像是給自己挖了一個逃生出口，用來逃避難以忍受的痛苦。這無可厚非，然而，若是真的想要療癒痛苦，我們需要的是走向痛苦，而非遠離它。

這情況就像是被狗咬：當牠的牙齒緊咬著你的手掌不放時，如果你試著把手抽開，牠會咬得更緊，而你會傷得更重。但是如果你把手往狗的喉嚨的方向推，牠就會鬆口；你的手將不至於傷得那麼嚴重，你的身體可以更容易地修復。

當我處在手術過程中時，我意識到，待在輪心的庇護裡是一項有力的資源，但也有可能演變成讓我失去力量的逃生出口。如果當時我面臨的，不僅僅是牙科手術的痛苦，還有來自過去，或來自當下互動所產生的情緒和關係面的傷痛呢？創傷、損失、背叛與虐待的經驗，都有可能化為高原，導致特定的尖峰點以混亂或僵化的方式出現在生活中，然而這些高原和尖峰點需要的是整合，而非逃避。學過這些練習方法的人之中，會不會有某些人選擇避開來自輪框的痛苦感受，一直停留在輪心裡呢？學會生活在可能性平原中，對某些人來說，會不會成為一種逃避的方法，而避開了整合痛苦的高原和尖峰點的機會？

我曾經治療過一位遭遇困境的冥想老師。當他來接受治療時，我建議他與我一起進行成人依附晤談，藉此了解早期家庭經驗對他的影響，而他的反應是：「我不搞這些已經過去的東西。」我進一步確認他的意思，他告訴我：「我是一個專門教靜心的老師。活在當下是最重要的事。過去只是一場幻覺。所有跟自我或記憶有關的思考，都是二元幻象的一部分。」我能夠理解，想要追求「非二元性」的動力，是一份對於這個世界相互連結的特性的崇敬。但是在我的觀念中，整合會需要我們活出現實，而那個現實是，我們擁有一個身體，並且這個身體有它的過往歷史，那些過往歷史形塑了這個當下具身大腦內的連結，就算它們來自過去。我們確實擁有一個我，確實擁有一個我們；我們確實有過去，也確實有未來——它們都可以一起生活在覺察之中，被臨在所擁抱。

我告訴這位第一次碰面的案主，如果只有當下存在，那麼，在這個當下，在他的大腦中，有許多「已經過去的當下」形成的神經元連結，正在形塑著他的心智和人際關係，如果他想要得到一個更自由的人生，就必須在這個當下，去弄懂、釐清那些「已經過去的當下的經驗」。

他同意嘗試後，我們進行了成人依附晤談。晤談過程中，他回想起一段非常痛苦的往事，那是同時包含了忽視與虐待的發展性創傷。他從來不曾將這些經驗透露給任何人知道，而他聚焦在當下、排除過去的生活方式，使得他從未真正去了解或弄懂那些經驗。在我們對話的過程中，他逐漸明白到，逃避回想與反思過去，不僅讓過去變成了一座牢籠，將他囚禁在當下，而這段過去也以各種方式，化成了驅使他成為一個冥想專家的動力。

一個對他說著「除了當下，什麼都別管」的高原，幫助這個人活到了今天。唯一一種被允許通過這個意識的過濾器、顯化成現實的尖峰點，是只跟此時此地有關的尖峰點，如此一來，他便能有效率地——至少以他的角度而言——將任何與那段痛苦過去相關的回憶，阻擋在他的覺察之外。這個高原也會阻止他去體驗任何可能使這些回憶感覺起來像真實事件的新問題。這種僵化的適應性高原可能導致一種心態，使得他認為就算背叛發生也無所謂，因為這是他「拒絕二元思考」的信念系統使他相信的事。出於這樣的觀念，他才會向我強調，人際關係跟過去都不重要。

對於這位案主來說，那些類似於進入輪心的冥想技巧，讓他可以和一切因受創的過去所形成的輪框點切斷連結。我們都能理解這種想要減輕痛苦、生存下去的渴望；一如我們都能理解，那種被狗咬住時，只想趕快把手抽開的本能衝動。

如果我們學會了與現實的痛苦解離，我們就能從一個充滿背叛、悲傷、痛苦和恐懼的童年中存活下來。然而，這樣的解離狀態——儘管是一種生存工具——若是不斷持續下去，我們將為此付出代價。切斷連結是一種無法單選的選項，倘若我們切斷了與痛苦的連結，也將無可避免地切斷了與活著的喜悅的連結。**解除**這種習得的適應性解離技巧，跟學習如何在生活中開放地擁抱如是的技巧，這兩者同樣重要。

以我這位案主的情況來看，他這幾年來的經歷，可謂是某種情緒逃避，是一種迴避全然地活著的生活方式。不去檢視情緒面的痛苦，這種生活方式的風險是，那些痛苦會反過來影響我們的生活，無論是白天清醒的時刻，或是夜晚入睡了以後。好好地花上足夠的時間和精神，去感受與沉思那些生命中的痛苦現實，我們才有機會真正弄明白所發生的事，並且找出那些痛苦和瘋狂背後的意義。當然，誰也無法改變過去。然而反思過去能夠帶來新的可能性，去釐清那些過往歷史如何形塑了我們的發展。一旦我們覺察到那些回憶與經驗，我們便連接上了一個遼闊敞開的覺知聖殿，以及來自可能性平原的各種嶄新可能性。這便是「保持臨在」、「允許整合發生」的真正意義——不是去迴避，而是歡迎所有的事物進入覺察之中。可能性平原賦予我們「放馬過來」的心智狀態，使我們開放地面對一切——無論是過去、現在或未來。

臨在的阻礙也有可能根源自一個人的過往歷史。艱難的早期生命經驗所遺留下來的無助與羞愧，可能會使一個人的內在處於驚恐之中，渴望得到一個能夠與痛苦切斷連結、類似於輪心的逃生出口。這一類的情緒挑戰，尤其容易發生在我們與依附對象之間，就像我們從這位靜心教練或是泰瑞莎的身上看到的那樣。我會說「類似於輪心」是因為，這種解離是在逃離接受性，而非沉浸於接受性之中。是的，藉由切斷與身體和情緒的連結，來麻痺身體或情感上的痛苦是有可能的，然而所謂的「駕馭輪心」並非是一種逃避，而是一種具有接受性的擁抱。你不是在避開鹽巴，而是在讓裝水的容器變大。

無論過去的創傷是什麼，沒有任何事物可以奪走你的可能性平原。而我們已經看到，對於許多帶有創傷性歷史的人而言，他們的挑戰在於，覺察之輪輪心所帶來的不確定感，有可能激發輪框上的驚嚇反應，使得他們不願意敞開覺察，去接收新的可能性。在這樣的情況下，他們的高原代表了一種心智狀態，其中攜帶著對可能性平原的恐懼反應。解離可能會強化不確定性導致的驚恐感，那是一種反射反應，使人在面對壓力或情緒挑戰時，自動進入心理支解狀態。令人遺憾的是，隨之而來的羞愧感，也會讓人打從心底感到挫敗，不再信任自己，對於自己將來可能成為的模樣，也不再抱持希望。羞愧感令我們責怪自己，而不是去承認那些被不可靠的依附對象加諸在我們身上的可怕現實，而一旦我們意識到，這些不過是羞愧感導致的錯誤信念，我們便可以開始踏上擁抱輪心、走進可能性平原的旅程了。在那裡，我們將會透過擴展的覺察，體驗到潛能之海，並且得到一組全新的、多樣的回應方式，幫助我們脫離過去的牢籠，擁抱自己是一個完整個體的事實。我們可以學會，當羞愧的高原和絕望的尖峰點出現時，該如何甩開它們的箝制。那些最初用來保護我們，內嵌在適應性的心智狀態（限制性的高原、意識的過濾器）中的信念，也在不經意間，變成了囚禁我們的牢籠。不過現在，我們可以潛到這些原本有用，但如今成為桎梏的高原下方，敞開地迎向可能性平原，獲取全新的存在方式，以轉化經驗的意義，以及我們所經驗到的自我。

雖然我讓自己避免了被牙醫的針頭帶來的疼痛淹沒，但是，即使現在手術已經結束，我也沒有迴避任何為了照顧身體而該做的煩人瑣事。儘管刺痛了我的皮膚，我還是乖乖將冰敷袋壓在臉上，以防止牙齦發炎。完整地經歷這個手術帶來的體驗，就是我對它保持臨在的方式，同時也是它邀請我深入探究的療癒過程。

人們有可能利用某種心智鍛鍊方法，甚至是某種生活方式來逃避情緒，而不是走向整合。臨在對過去的你而言是如何具有挑戰性，還是它至今依然是你生命中的挑戰？你也許會發現，這樣的反思能夠給你帶來一些幫助。那些支持你進入可能性平原的冥想、練習法或生活方式，我們絕不需要讓它們變成一種解離的形式。解離只不過是它們潛在的某種風險，是任何幫助人們進入可能性平原的方法的脆弱之處，是只有在我們試圖以活在純粹的接受性覺察中，來當成是一種逃避的時候，才會出現的歧路。

就算沒有創傷歷史，對某些人而言，當他練習的時候所追求的首要目標是強烈的整合感時，那麼即使是在普通的冥想練習中，待在輪心裡的那份安全感、可能性平原的無限浩瀚，也有可能會變得特別突出，到了會排除感覺、記憶與思考的程度。

有些人會說：「我超愛那裡的，我只想一直待在輪心不要出來！」針對這樣的情況，我想說的是，生活在可能性平原的臨在中，以覺察之輪的語彙來說的話，是開放地迎接來自輪框的一切，而非迴避與輪框接觸。在輪心中體驗到法喜充滿的感受是一件美妙絕倫的事沒錯，但是你不需要為此迴避任何東西。「放馬過來」就是整合——偶爾我們停駐在輪心裡歇息，另一些時候則在輪框上盡情探索；它們是兩回事，但兩者同樣重要。心智就是這樣整合起來的——將各種探索輪心或輪框的方式串連起來；將心智裡的平原、高原與尖峰點，這各種不同的機率位置串連起來。

無論有沒有創傷，若是只專注在輪心，反而有可能成為這項練習的缺點。有時，可能性平原帶來的平靜感是如此誘人，使它成為了冥想時的「目標」。這麼一來，練習覺察之輪便不再真的具有整合的效果，因為輪心的地位超過了輪框，因為人們覺得輪框「不像輪心那麼好」。然而，一個具有整合效果的途徑，會採取的是「都一樣好」的姿態；輪心跟輪框一樣好，它們只是有所不同，各自以其獨特的方式支持著我們。

覺察之輪這項練習的美妙之處在於，你可以藉此學會改變你的波動比率，讓你每一天經驗到的可能性平原比率上升。可能性平原具有的永恆特質，讓生命每時每刻的開展變化，都暈染上一種擴展的品質，豐富你的生命體驗，即使是在你的非練習時刻。

有時，確認自己將會著手處理任何殘留的歷史問題、任何由過去經歷形成的僵化或混亂的高原和尖峰點，會是一個有效的起步，打開通往可能性平原的道路。以3－P式的語彙來說，消融創傷，或是活出一個整合、臨在的生命，意味著有能力在意識的波動圈內，將可能性平原的知曉，與任何高原和尖峰點的所知連接起來。「放馬過來」的態度是，站在可能性平原這個遼闊的意識容器中，然後說：「我開放地迎接一切的發生——歡迎蒞臨！」這便是自在幸福人生的理念來源。

發自可能性平原的學習態度，即是一種讓萬事萬物都成為我們的導師的學習態度。

正如同魯米的詩作〈客棧〉（The Guest House）提醒我們的：生命就像是一間客棧，我們可以讓每一位到訪的賓客，都成為我們的嚮導，讓我們在生命中學到更多。

自由：轉化成無限可能

讓生活發自可能性平原的意涵是，去承認我們擁有許多高原與尖峰點，它們構成了自我狀態的一部分，定義著我們，有時候或許也侷限著我們——也就是說，它們有可能**限制了我們的潛能**。然而即使如此，透過親近可能性平原，我們依然保有成長的可能性，因為可能性平原是讓新的結構布局得以浮現的來源。

高原和尖峰點形塑著浮現的機率值，因而塑造出特有的人格傾向。而這些人格傾向則形塑著我們的思考、感受和行為模式。研究者們也許會將這些傾向特徵稱作是人格；我們也可以說，這些特質呈現出我們是誰。人格傾向會以遞迴的方式不斷重複增強我們對自我的定義，而從可能性平原出發的生活，則可以把我們從這種持久不變的模式中解放出來。我們並不會因此失去人格，而是會拓展它所能夠觸及的範圍和向度。這種自由並非只是一種理想，它是一種令人感到清新的、充滿生命力的生活方式。

我們這樣來看。如果感覺、想法和行為都是特定的機率值，它們創造出我們在這個世界上的自我感，那麼，當生活發自可能性平原時，我們不僅擁有了覺察的自由，還擁有了創作自我感的自由。一旦我們可以自由地進入可能性平原，新的高原和尖峰點的組合就有可能浮現。我們不再被那些行之有年的、過往的高原和尖峰點所定義，可能性平原的臨在，使得新的、位於平原上方的機率模式得以出現，為我們的思考、感受和行為方式注入鮮活的新生命。進入可能性平原，製造出新的高原和尖峰點，使我們的人格得到自由。

就像我們從第三部的介紹中所看到的，覺察之輪這套概念與實踐法，鬆綁了那些最初看起來不可能被改變的慣性模式。人格特質可以被視為是神經系統的特定氣質，包含了以下幾個傾向：盡責、親和、願意開放地去體驗高強度的神經層面或情緒層面的反應，以及樂意將觸角往外延伸，去接觸外在的世界。許多研究已經詳細地探討過這些所謂的「五大人格特質」，並且發現，只要刻意付出努力，去採取一些具有轉化性質的行動（例如心理治療），這些人格特質是可以隨著時間慢慢改變的。科學證實人格特質可以改變，而看待這個現象的其中一個角度是，這些所謂的人格特質其實就是位於平原上方的機率模式，經過不斷地強化，變成了呈現在一個人生活中的特質。人格並非固定不變的。舉例而言，前述的研究就顯示出了，一個人能不能具有開放性或善盡責任的傾向，是可以透過努力來培養的。但是要怎麼達成呢？就是要透過改變高原和尖峰點，甚至接通可能性平原，我們才有可能產生新的模式組合。當然，這些轉變也會影響到我們的大腦與人際關係。

當通往可能性的大門被打開，發生在我們身上的轉化，將帶我們遠離根深柢固的人格傾向。

我們可以將「人格」看成是我們與生俱來的氣質跟生命經驗互動的結果，這份互動隨著年歲，逐漸形塑出我是誰。有時候，我們以為自己氣質裡某些無法改變的特徵，其實是習得的人格傾向，它常常是受遺傳因素影響的神經模式，與由生命經歷鑄造出的神經連結的混合體。由於我們的大腦終身保有神經可塑性，它能夠持續地改變其結構，而隨著大腦結構的改變，我們行為、感受和思考的傾向也會改變——也就是說，我們的人格，以及我們所經驗到的我是誰也會改變。

以3－P式觀點來看的話，人格模式這種持久的特質，是由基因和生命經驗的交織互動，顯化而成的特定高原，以及從這些高原上升起，實現成特定思想、情感和行為輸出的尖峰點。既然我們已經在這場旅程上一起走了這麼遠，現在，你能否看出，要讓自己舊有的人格傾向鬆動、解放自己，要做的也許只是讓新的機率點有機會在生命中浮現？進入可能性平原，你就能接觸到那些新的可能性。歸根結柢，讓生活發自可能性平原，即是一條通往自由的道路，支持你真正活出你是誰。

當你練習覺察之輪時，你會接觸到可能性平原，那裡提供了讓高原出現的不同方式，甚至存在著可能會直接從平原升起的尖峰點。這就是學會發自可能性平原的生活所能夠獲得的力量——你將會有能力抱持著改變的意圖，去釋放那些根深柢固的人格模式。帶著意圖、付諸實踐、開放地朝向自由，正是透過這樣的方式，我們得以讓生命中那些難纏的限制性高原得到轉化。

真正的挑戰在這裡：運用你的心智，去改變大腦和人際關係裡的模式。這才是真正的祕方。即便源自於內在心智或關係心智的癖性，總傾向於把你推入舊模式中，但你不是大腦或人際關係的囚徒。迷失在熟悉的境遇裡，是我們每個人都有過的脆弱時刻，然而運用你的心智與覺察力，將會帶領你走向自由，擺脫這些頑固的模式。耐心與堅持將會是這條路上的好旅伴，陪你攜手邁向發自可能性平原的自由人生。

超越方法的臨在

我想，追求靈性，或者試圖變得覺知，其中一種最可怕的危險是，認定只有某一種特定的方法最為優越，只有它能幫助你達成——如此一來，方法便成為了目的，而不是手段。臨在在這裡，我想是這樣的，一天之中，你有一萬次的機會，可以提醒自己，稍微放慢腳步，用一種品嘗的心情，去瞥見一眼身在此處這個奇蹟。我想，即使經過了經年累月的刻苦修行，最終的考驗仍是在於，我們能否將所有那些不在修行的片刻，都投入在臨在中。這是我心目中的那個臨在吧。

——約翰·歐唐納修

「喚醒心智工作坊」，由約翰·歐唐納修、丹尼爾·席格共同帶領

伯克夏郡，麻薩諸塞州，二〇〇六年

不管是現代的方法或古老的方法，那些真的有助於我們變得覺察的方法之間，共有的一個特點是：把心智從阻礙臨在的意識過濾器中解放出來。

覺察之輪，是我們透過這趟旅程，一起特意去探索的方法。創作出這項練習，

是為了整合意識，因為它幫助我們將覺察到的所知，與覺察本身的知曉區隔開來，接著再透過系統性的方式，移動由焦點化注意力構成的輻條，將所知與知曉串連起來。假如覺察之輪這個概念和練習法對你而言有用，那太棒了。如果這項練習對你來說太難，甚至是不合你的口味，那麼至少希望用來解釋覺察之輪潛在機制的那組概念對你有所幫助。概念本身就能使一個人的心智得到伸展。透過這些以各種方式將整合融入你的生活的體驗與概念，或許你也能逐漸培養出一個更成熟的心智。

既然整合可能是健康與幸福的根基，那麼，整合你的生命——無論用什麼方法，只要你認為適合自己——便是一條積極正面的前進路線。

當機率點停在可能性平原時，我們經驗到臨在——我們這個對於覺察機制的論點，也許和約翰．歐唐納修的想法不謀而合。我多麼希望約翰還在世，讓我可以與他分享這個心智的量子觀點，讓他知道，他眼中的臨在、他所說的「瞥見一眼身在此處的奇蹟」，背後或許有一個可以稱作「可能性平原」的機制。可惜，他已經不在了——或者說，他的身體不在了——就在我完成這套理論的前一年。若是按照麥可．葛拉齊亞諾（在第二部裡曾經提過）的觀點來看的話，約翰的心智還活在所有熟悉他的人的心智中，所以，活在我心智中的約翰的心智（說不定他也存在於你的心智之中，如果你曾經讀過他的作品的話），在聽到我這套理論時，說不定會興奮又同意地大笑，歡快地與我一起分享，這個也許能夠跨越靈性與科學、消融兩者邊界的觀點，並且交換分別來自這兩個領域中的洞見。

覺察地臨在，是喚醒我們的心智，使生命獲得自由的基石。

覺察之輪不過是幫助你進入可能性平原的諸多方法之一。基督教傳統中的歸心祈禱、各種版本的正念冥想、瑜珈、太極、氣功、同理心練習法，還有各式各樣其他的心智鍛鍊法，都有可能支持你接觸到這個多樣性的產地、探測到這片潛能之海。覺察之輪只是其中一種支持你直接觸及可能性平原的方法。具備這種覺察狀態之後，我們便能培育出發自可能性平原的生命特質。

擁有一套可以專注、有紀律地持續練習的方法，是十分具有啟發性，甚至讓人獲得自由的——即便那不是一套傳統的、嚴謹的正式「修行」法門。一套能夠經常練習、滋養你「在這裡」的能力的冥想方法，能夠開啟你的生命，從可能性平原體驗到覺察地臨在。對某些詩人來說，像是我的摯友約翰·歐唐納修和黛安·艾克曼（Diane Ackerman），光是帶著清明的心智漫步在大自然中、凝神感受周遭的環境，就是一種修行了——就算它稱不上是一種「正式」的修行。對另外一些人來說，他們則偏好採取正式的冥想途徑，來鍛鍊集中的注意力、開放的覺察、善良的意圖這些特質，以達成臨在。

無論方法為何，發自可能性平原的生活這項機制，都有可能使你瞥見一眼身在此處的奇蹟、親炙臨在與覺察的力量，歡慶你所擁有的生命。就像黛安·艾克曼的學校禱告的結尾：「我會敬重所有的生命——無論它們棲息在哪裡、擁有什麼樣的形式——在地球、在我家或在每顆星星上的宅第裡。」*

一個整合的生命，它出現的起步，是意識的整合，無論你採取什麼方法或途徑，只要對你有用便行。以我們3-P式的觀點來看，這不意味著只生活在可能性平原中，而是在平原、高原和尖峰點之間進行區隔與串連。約翰把這種覺察的狀態、這種對「身在此處的奇蹟」的瞥見，稱之為**那個臨在**——而我們可以說，他心目中的「那個」臨在，和我們的**那個**可能性平原所想要表達的，其實共享著同樣的意涵。你的可能性平原和我的可能性平原，幾乎可說是一模一樣的。在「你的」平原上的無限，等於在「我的」平原上的無限。「無論棲息在哪裡、擁有什麼樣的形式」，你我的生命，都是彼此相連的。在高原和尖峰點中，我們發現彼此相異的特質，也互相分享這些相異特質形成的獨特身分認同。同時，我們也在共有的可能性平原上，找到你我的共通之處，畢竟，無限就是無限：量子真空、潛能之海，是浩瀚可能性的數學空間，是多樣性的產地，是一切可能性得以浮現的泉源。

* Diane Ackerman, *I Praise My Destroyer* (New York: Vintage, 1998), 3.

正念覺察與整合

我們不斷地提到，無論新舊，各式各樣的方法在做的事，或許都是在設法駕馭進入可能性平原這個基本機制。

從研究的角度來看，無論這些方法有多麼不同，它們的共通點在於，它們最終都涉及到對意圖與注意力本身的關注，以及敞開心智去覺察到覺察本身——也就是去監督覺察的內容與經驗本身。

我們已經知道，受到科學證據支持，確實有助於促進健康幸福的心智鍛鍊方法，通常具備這三大支柱：集中的注意力、開放的覺察與善良的意圖。雖然不同於許多其他的方法，覺察之輪並非起源於傳統的途徑，它的誕生是基於科學的概念以及臨床收集到的經驗，不過，它確實具備了心智鍛鍊所需要的每一項重要元素。

我們透過本書提出的概念是，心智在某個面向上，是一種自我組織的突現歷程，它調節著我們身體內部以及關係之中的能量和資訊流。「之內」與「之間」即是心智的這個面向所在之處。作為一種調節歷程，心智的這個面向，包含了兩個基本功能：監督和修改。當我們能夠鞏固監督能力、學會修改的技巧以達成整合時，心智便得到增強。包含覺察之輪在內的心智鍛鍊方法，都是透過打造監督和修改的能力，來強化我們的心智。

在一項能夠促使精神層面整合的正念覺察練習中，藉由練習反覆地將分心的注意力重新聚焦，我們監督能量和資訊流的能力會因此逐漸提升。這便是集中注意力的鍛鍊。當經驗到開放的覺察時，我們鍛鍊了區分所知與知曉（覺察的經驗本身）的能力，心智因此得到進一步的增強。我們便是這樣透過修改的歷程，逐步走向整合。至於抱持善良意圖的練習，則使我們朝整合的方向再推進一步，因為它擴大了我們的關懷和愛心，使我們以一種擴展而非受損的方式去經驗到，真正的「自我」其實是什麼，或至少，它可能成為的模樣。奈歐蜜・席哈布・奈（Naomi Shihab Nye）曾經談到，善意是生命中「最深刻的事」，一旦我們意識到，世人生命中普遍存在的悲傷時，「善意便成為了唯一合理的事」，而它會「像一位摯友，如影隨形地陪伴著你」。*

在人際關係中，若是擁有穩定的注意力，我們便能夠專注於來自他人的能量和資訊流，藉此更深入地與對方連結。而當我們可以更開放地接收他人的輸出，便更能夠在這份連結中，與對方產生共鳴、滋養出**感覺到被感覺**（***feeling felt***）的經驗。於是，我們便在這份連結中，加入了對我們彼此——棲息在其他身體中的自我，

* Naomi Shihab Nye, *On Kindness, in Words Under the Words: Selected Poems* (Portland, Oregon: Far Corner Books, 1995).

以及從我們自己這具身軀中散發出來的自我——福祉的一份關懷，我們也將因此看見，擴展慈悲與關愛的範圍，是如何大大地增進了我們人際關係中的整合。我們互相區隔與串連，跨越了原先受限的自我感，成為一個更加整合的自我，一個「我」加上了「我們」的「我我們」。

不妨試試將它運用在你的日常生活中——當你在人際交流中與人連結時，感受你的輪心，讓自己沉入可能性平原——拋開期待和批判形成的僵硬高原和尖峰點，去感受那份差異，去窺看一眼身在此處的奇蹟，去體驗，一個開放、覺察的心智的臨在。

臨在不只能夠為關係創造出一份善良慈悲的連結、在我們的精神生活中創造出幸福的感受，它也能夠為我們具身形式的生命——我們皮囊中的肉身，包括大腦——帶來健康。

臨在賦予心智自由，也使我們的**關係**和**具身大腦**獲得健康。

在可能性平原中彼此串連

隨著這趟旅程越走越深，我內在深處的某個感受，也逐漸變得越來越強烈。時下社會對於自我的定義，僅限於以皮膚為邊界，甚至僅以頭顱之內的大腦為邊界；

這樣的劃分方式，導致了人們的孤立與不適感。**自我**一詞理所當然地被分派給了身體，然而，在我們這一趟探索覺察與覺察之輪的旅程中，或許你也已經體驗到，一種新的身分認同逐漸浮現。起初，我以為這或許就是所謂「我們」的身分認同，一種歸屬於一個更大群體中的感受。不過後來，在一場我命名為「從我到我們」的演講上，我遇見了一位向我表達苦惱的學生，才開始意識到，我真正想要傳達的也許不只這些。她說得沒錯——我們沒有必要為了歸屬於一個「我們」而丟失掉「我」。當然，我們需要照顧這具身體、了解身體獨有的經歷、好好睡覺、進食、運動，好好享受各種身體層面的體驗。這份具身化的現實，就是我是誰之中的「我」。歸屬於群體之中，並不代表要讓這個區隔的我消失、失去整合。在我與這名學生的關係中，在我們的交流與她的擔憂之中，藉由我們串連起的連結，浮現出了一個整合的概念，自我可以是我與我們的結合，是複數型態、動詞一般的整體性感受，是一個整合的自我，是「**我我們**」。「我是誰」是一個複數，既是我，也是我們。而「我們是誰」則是一種持續性地湧現——是一個動詞，不是名詞。這種複數型態、動詞性質的自我經驗，可以視為是一種越來越融入我我們的整合之道。

差不多同一個時間，另外一名學生也來向我表達了她的困惑。她聽我某一套錄音課程已經一段時間，但是從來沒有看過我名字的正確拼法。她來自中西部的拉科塔（Lakota）部落，她說，她以為我的名字是Dan Siegel（丹·席格）。沒錯啊，那是我的名字，我說。不是，她重複道，我以為你的名字是Dan Siegel（丹．席格），我聽到她這麼說。於是我再一次客氣地回答她，這確實是我的本名沒錯。接著她禮貌地將她以為的名字拼了出來：D-A-N-C-E…E-A-G-L-E（跳舞的……老鷹／發音似：丹斯．伊格）。原來如此！而且她告訴我，她聽的那套課程裡，我提到過，我曾經放棄醫學院，考慮成為一名舞者。這時我已經能夠想像，她的心智是如何同時受到她的文化背景還有我的個人故事所觸發，才會用這麼有創意的方式聽見我的名字。跳舞老鷹現在已經變成家人對我的暱稱了。我希望，隨著我的內在心智裡，許多由上而下的高原過濾器，逐步地從那些固定不變的名稱和名詞中鬆動與釋放，而自由開放的、由下而上的潛能，則隨著集體的、相互交織的關係場域逐一開展成為現實，我的「我是誰」的定義，也能夠隨之不斷地敞開與進化。

對你述說著這一切的當下，我的身體滿是興奮與能量。在我的腦海中，這一幅願景的圖像是，我們的具身大腦變得更加整合，我們的關係變得更有連結和接受性，我們的心智變得更加清醒與覺察，因為我們的生活都是發自於臨在的開闊空間。我們沒有必要讓高原和尖峰點的僵化模式，彷彿字典中的名詞一般，成為一種由上而下的定義，昭示著我們是誰或我們認為自己應該是誰。當我們彼此攜手，「我我們」可以讓我們的生活擁有更多支援、更加豐富、更加有趣，而這絕不是一個孤立的自我可以獨力完成的。像我以前就從來沒有想過，原來跳舞的老鷹可以是一個身分的標籤，幫助我標示出喜悅的那一面。

發自可能性平原的生活，開放了我們得到一個新名字的自由。在孤立狀態中，我們的自我過濾器，會試著投射出一種身分，認為它可以預測我們與我們的環境**應該**如何。這些過濾器是來自高原的重複性模式，而對於某些人來說，從這樣的高原上升起的尖峰點，有可能會強化分離的自我感，或許自我的內在有所連結，但是在關係中，與他人之間的連結卻是有所空缺。當我們放開自己，讓生活更加發自可能性平原，我們的生活將不再被過去經驗所形成的投射性預期所囚禁，也將更加覺醒地感受到，完整地活在當下的壯麗，我們在自己內在以及與他人之間，將擁有全新的連結方式，不再奮力地想要掌控。

這是臨在應允我們的，驚奇迷人、充滿樂趣的生命旅程。

我們形塑彼此，因為我們就是彼此。這正是「我我們」的真義。我們彼此認可那些我們所享受的高原和尖峰點所形成的獨特性，同時也擁抱可能性平原變動不羈的不確定性。串連起各有區隔、可以識別的高原和尖峰點，與可能性平原遼闊的潛能所帶來的自由，在臨在的生命所具有的整合性之中，我們的生命從新與舊的平衡之中浮現。

沉入內在心智的可能性平原中時，我們會以開放、具有接受性的狀態迎接內在升起的一切。若是將這種接受性與互動狀態帶入我們的人際關係中，所創造出來的關係場域，會自然地帶有一種自發性，以及「贊同」的姿態，邀請關係中的每一個人單純地成為自己，並且互相尊重。

或許你也感受得到，從那份交會融合之中，所散發出來的能量與和諧感。而經常伴隨著這份感受一起出現的，是深刻的喜悅、歸屬和歡笑。

發自可能性平原的歡笑、人生與死亡

幽默是一件嚴肅的大事。

有一次，我和我的好同事，同時也是好朋友的傑克．康菲爾德一起散步去晚餐。那是我們一起帶領的一場兩天工作坊的第一天晚上，我們共同的出版商東妮．柏本克（Toni Burbank）正要帶我們一起去吃飯。走在舊金山的大街上，前往餐廳的途中，走在我和傑克中間的東妮突然說道：「噢，我想我弄明白你們兩個人的差別在哪裡了。」我們的腳步沒有停下，東妮先是瞄了我一眼，再瞥了一眼傑克，然後說：「你，」她指向傑克，「你比較會搞笑。」

唉呀。

東妮說得沒錯。無論說笑話的技巧是如何流傳到一個人身上的，是基因遺傳、後天學習還是某種這兩者的組合，在我身上可是完全搜不出半點搞笑的能耐。這是我這顆腦袋瓜的特色，每一次我試著對孩子搞笑，甚至是聊起某個好笑的故事時，我的孩子們（當他們還更小的時候）總是很樂意以他們的反應來提醒我，我掌握不到笑點和逗人發笑的時機這件事。「**真的**好好笑哦」，我常常聽到這種挖苦的回應，而他們挖苦我的理由非常充分。另一方面，傑克可是一位十足的搞笑大師。就算在不同的場景裡，在我們共同帶領的課堂上，聽到他說起同一個我聽了無數遍的笑話時，我還是忍不住捧腹大笑。為什麼？我想，那是因為傑克激發了我們發自輪心的笑聲。

發自輪心的歡笑，可以是一個準備階段，引領你進入可能性平原，然後從那裡與他人相會。故事或笑話，使你們與某些共通的、預期的高原和某些特定的尖峰點產生共鳴，接著，在無懈可擊的時間點上，傑克會天外飛來一筆地，把你推到平原上方的位置，然後轟地一聲，你降落到可能性平原之中，和一些你從來也料想不到的東西對撞（就算這個笑話你已經聽過八百次）。一旦你進入平原之中，某種事物的新組合似乎開始從某個方向——笑話笑點或故事高潮中的某種高原和尖峰點——浮現，接著它陡然一變，突然間，你就和傑克，還有教室裡的其他人，以一種意想不到的方式連結在一起。就像是由上而下的期待與由下而上的驚喜這兩者的會合。那種感覺真是太棒了。

歡笑的感覺很好，它對你也十分有益。事實上，幽默感能促使我們學習新事物，它增強了神經可塑性，讓學習時間延長，因為大腦在這種敞開的狀態下，會長出新的連結，它建立起信任感，讓我們彼此連結在一起。大笑一場有益身心。

我並不知道為什麼自己不擅長說笑話。不過我喜歡大笑。幾年前父親過世，我低潮了一陣子，當時有位朋友便邀請我一起去參加即興表演課。那是開辦給素人參加的課程——也就是說，這純粹是為了好玩。即興表演時，我們需要採取的標準姿態是「是的，然後」，意思是說，當和我們一起演對手戲的夥伴想出了某些台詞，讓場景往我們不希望的方向發展時，我們不能對他們說：「不，可是……」

這種「**是的，然後**」的姿態，正是讓生活發自可能性平原的絕佳方式。

試想可能性平原上存在的所有潛在組合。我的即興表演老師提醒我們，不要事先計畫自己要如何回應對手，而是**保持臨在和連結**。剛開始，我發現這挺難做到的。我由上而下的預測和控制衝動，會提前想出各種各樣的劇情版本——有的好笑、有的嚴肅，不過都是預先計畫好的情節，妨礙了我的臨在。我滿腦子塞滿了故事點子的高原，還有高原上一組組設計好用來引發特定反應的尖峰點。舉例來說，假設場景設定是走進一個想像的房間中，在那裡接收對手的訊號和感受，讓劇情從這裡展開，那麼，我可能會帶著一大堆點子的高原，或是用來表達我想說的話（可能是嚴肅的、奇怪的或逗趣的）的尖峰點，去和我的對手對戲。待在這些平原上方的位置，讓我無法保持臨在。連戲都還沒開始演，我就已經迷失在我的輪框上了。待在輪心之中，你才能接觸到平原上所有的多樣性。當時我的老師告訴我，我「想太多了」，應該專注在當下、專心在我的對手身上就好，於是，我運用了覺察之輪的意象，以及我對輪心的熟悉感，重新定位我的方向，進入臨在。這個轉換讓連結的力量開始顯現。氣氛變得認真而且流動，有時候滑稽有時候搞笑，不過一直是彼此連結而且真實的。

即興的過程中，有時候會冒出一些讓人笑得東倒西歪的情節，這時候要忍住不出戲是很困難的。幽默感在我們的3-P圖表上，似乎有一條非常奔放的移動路線，觸及著我們的身體、心智和關係。從可能性平原發出來的笑聲，使我們擁抱生命的自發性，乘著高原和尖峰點組成的期待波浪上下起伏，並且在每一次波浪轉向時，感受到驚喜、震撼、擾動，接著再藉由可能性平原賦予我們的自由，釋放那股驚奇的能量。可能性平原，也許是歡笑真正的來源。歡笑將我們從令我們傾向於產生特定期待和想法的機率牢籠中解放出來。歡笑透露了，從可能性平原升起的自由。

幽默真的是一件嚴肅的大事。

父親接近臨終前的某一天，那時，他已經臥床十八個月了，身體十分虛弱，他問我，他是不是快要死了。我檢查了他的生命跡象，在他的床沿坐下，湊近他的身邊，給了他肯定的回覆。我牽起他的手，我們展開了一場令我永生難忘的談話。

「那我該怎麼做？」他問。我告訴他，如果臨走之前，他對任何人還有任何想說的話，現在會是個好時機。

「我死了之後，會去哪裡？」他問我。

父親是一個意志非常堅強的人。他聲稱自己不相信靈性。他接受的是工程師的訓練，尊崇唯物主義、以科學為基礎的現實觀——這些都是他對自己的形容，不是我個人的看法。此外，如果他的家人想要向他提出與他不同的（我的用語）、不正確的（他的用語）看法，他會產生非常強烈的負面反應。

因此，我想你應該不難想像，在他對我提出那個存在性的疑問的當下，我的心裡有多麼緊張，而且那很有可能是我們最後一次相處的機會。所以我回答他，我當然無法確定人死了以後會怎麼樣。接著他又問我，那你覺得，人死後會發生什麼事？於是我把我自己的想法告訴了他。

我說，當精神科醫師當了四分之一個世紀，我從來沒有遇過任何一個病人在接受治療的時候跟我說，他們很擔心**受孕前**的自己在哪裡。

父親的臉上露出了感興趣的表情，於是我接著往下說。

我說，如果你去想像，世界上原本有數百萬兆個精子與數十億個卵子，不過到最後，在那個浩瀚無窮的可能性組合中，只有一個精子和一個卵子結合起來創造了你，那麼，你就是一個從潛能之海、從可能性平原之中顯化成真的確定性。

他聽得興味盎然。

接著你擁有了這具身體，在這具身體中活了將近一個世紀，它是一個從一片無形無相的海洋、一切可能性的源頭中浮現的實體。這就是你的生命；活在這具身體裡，就是你得到的一個機會。當你死後，你不過是重新回到了你最初的起源——可能性平原。

他看著我，臉上浮現了一抹寧靜，那是已經好久、好久都沒有在他臉上出現過的神情。說不定，那其實是我第一次看到他有這種表情。接著他開口：「這番話讓我感覺很平靜。謝謝你。」接下來的時間，他躺在床上休息，我們握著彼此的手，閒話家常。那是我最後一次見到父親，也是我們彼此最後一次的談話。

發自可能性平原的生命，是一支受到神聖的靈感所啟發的舞蹈，它釋放我們，讓我們懷著感激，歡慶這份身在此處的奇蹟。是的，我們誕生在一具肉身裡，如果幸運的話，我們這支在地球上的舞蹈，可以跳個一百年左右。同時間，我們也擁有一個心智，它的某部分受到時間箭頭的限制，生活在牛頓物理學所描述的現實裡。這是一個我那位身為機械工程師的父親樂意擁抱的簡單事實。此外，我們的心智還有另一個部分是不受時間箭頭限制的，因為它活在可能性平原的永恆自由之中。

在我父親生命的最後幾個小時，能夠看見他臉上平靜的表情，對我而言是一份禮物，至今仍能使我的臉上泛起微笑，甚至能夠令從我存在的每個面向，湧出喜悅的笑聲。可能性平原為我們接通自發的喜悅，擁抱看似互不相容的現實，時間與永恆、身體界線與無限、有形與無形。若是少了死亡這個現實，我們或許無法經驗生命的喜悅。我知道這一切也許聽起來並不好笑，不過它是一個有趣的現實，對於我們的精神生活至關重要。

何不放聲大笑呢？

有一次，我和黛安・艾克曼、喬・卡巴金，還有親愛的約翰・歐唐納修一起合開了一個名稱叫做「心智與移動」（Mind and Moment）的工作坊。在那一次的聚會上，沒有人知道，約翰的身體很快地就要吐出它最後一口氣息。在三天的工作坊即將進入尾聲時，一位學員激動地要求我們解釋，這個世界充滿了傷痛與受苦，為什麼我們還要教她如何變得更開放、更有共情力。我們沉浸在她的質問中，而我提供給她我的想法：我曾經參與一場會議，在那場會議上，有一位參加者向尊者達賴喇嘛提問，他說，這個世界動亂不堪，為什麼尊者還能夠如此充滿歡笑與喜悅？當時，尊者給出了一個精闢且透澈的答覆。尊者答道，並不是「**雖然**」這個世界充滿了苦難，他還是設法在每個日子裡找到歡笑和喜悅，而是「**正因為**」這個世界的苦難，他更要讓生活被歡笑和喜悅填滿。如果我們不從內在培養出喜悅與歡笑的能力，那麼世界的苦難就會勝利。

在全然地覺知到各式各樣痛苦與危險的存在，同時也覺知到服務這個寶貴星球的各種可能性存在的情況下，在生活中找到喜悅與歡笑，不僅是我們的榮幸，也是我們的一份責任。

當生命的挑戰來臨時，如果我們不在自己所面對的遭遇中找出一絲幽默，我們會從裡裡外外，徹底被淹沒。倘若我們能夠讓喜悅與歡笑、感激和愛從可能性平原中升起，那麼，這就是一條讓「我我們」可以支持彼此、一起耕耘生命的道路。讓我們一起攜手找到那片可能性平原，讓我我們從集體心智的臨在中，發出喜悅的歡笑與愛。

發自可能性平原的領導與關愛

發自可能性平原的生活，啟發我們每一個人，都成為生命中的領導者。心智與生命研究院（該機構支持針對冥想的科學研究）前主席、量子物理學家亞瑟・扎炯克，他和其他幾位學者一起提出了一個我很喜歡的詞：**滲透式領導**（*pervasive leadership*）。我曾經把覺察之輪介紹給亞瑟認識，他也和我一起分享了關於心智的3-P理論架構帶給我們的興奮感。同時，亞瑟也向我們分享了這個領導和愛的有力觀點。這個基本概念是，我們如何去找到指引自己內在生命的方法，會給我們自己帶來力量，有勇氣去承擔為世界作出改變的責任。由內而外，我們可以讓生命的旅程朝向更整合的方向發展，如果我們每一個人都把握這份機會、承擔起這個責任，去活出一個更正直、更慈悲的生命，那麼它將滲透到我們的整個世界之中。

試著去想像一個覺察的、發自可能性平原的生命，我們一定都能感受到，每個人都可以學會進入他們的輪心，找出屬於他的潛能，去擁有一個發自可能性平原、臨在的生命。

人類集體社會，面臨著非常多的挑戰。其中一項挑戰是，我們傳承了區分「內團體」與「外團體」的生存模式，尤其是在面臨威脅時，我們會忽視那些被判定為外團體的成員。大腦研究呈現出，在這樣的情況下，我們會如何關閉同理心的迴路，限制我們使用第七感的感知技巧，使我們難以產生洞察力和共情力，並且不再尊重個體間的差異特質，也不再以善良的意圖和關愛去和彼此連結。我們很可能會因此失去整合的能力。雖然人類族群具有這種特性，傾向於將付出關心的範圍侷限在認定為「同類」的圈子裡，但好消息是，研究顯示，正念和培養慈悲心的練習，可以使我們擴大關心的範圍，並減少區分人我的隱性偏見。這是如何發生的呢？若是我們讓自己進入可能性平原，就能夠穿越那些使我們區分出內團體外團體、忘記了對方也是人的偏見所形成的高原，進而觸碰到埋藏在高原下方，人與人之間的連結。臨在地活著，保持正念覺察，使我們擺脫這種忽視「非同類」的古老模式，有能力去擁抱一個更大的現實，一個由這個星球上一切有情眾生相互連結交織而成的現實。

當學校、社會，甚至連科學界都告訴我們，我們是彼此分離的個體時，我們會遇上另一個阻礙健康幸福的挑戰，因為我們相信了這些資訊模式，並將它們嵌入了與身分認同有關的持久性高原與尖峰點裡。而我們已經知道，心智牽涉的範圍其實比大腦更廣泛，自我的範圍大於身體——我們的身分認同同時具有內在與關係這兩種面向，在逐漸對這些特質變得越來越覺察的過程中，我們也會得到越來越多自由與清晰。

這種更寬廣的、關於「我是誰」的觀點，有時候不大容易讓人明白——不過它有可能是一件攸關生死的大事。最近我到一所高中演講，近期在那所高中裡，連續發生了好幾起自殺案件，重創了整個校園內的氛圍，在演講時，我試著去談到，分離的自我感，這種侷限的觀點，如何使得青少年和成人的內心產生絕望與無助的感受。當我們能夠去擁抱，我們的關係性本質這個更深層面的現實，意義與連結便會開始浮現。生活在孤立中，有可能導致威脅生命的痛苦。這些是我對當時一起坐在演講廳裡聆聽演講的學生、家長和教職人員所說的話。

想像我們就好像是一根蠟燭。如果我們以為，我們就只是一團蠟做成的，那我們永遠也不會發出光芒——永遠不會點燃。這就像是，當我們以為自我就等同於身體，而心智只不過是大腦的一個特徵。相反地，我們每個人其實都能攜帶著一朵火焰——甚至將光芒分享給別人。但是，假如你的家庭和社會都告訴你，你必須成為所有的蠟燭中最耀眼、最獨一無二的蠟燭，那麼，這時候其他閃閃發光的蠟燭都會變成你的威脅。在別人的光芒面前，你也許會開始感覺自己不夠明亮，你甚至可能會有股衝動，想要熄滅別的蠟燭，這樣你才能成為最亮眼的那個。

現在我們來想像另一種世界。如果我們是誰，不只是那一團蠟，同時也包含了火焰與光芒呢？當我們看到沒有點燃的蠟燭時，我們可以靠過去，幫助他燃起火焰——我們分享自己的光芒。你看，當我們這麼做的時候，並不會損失任何能量。但是這對世界來說有什麼不同呢？這讓它成為了一個更加光明的世界。

當我們練習去整合我們的意識、駕馭輪心，並且深入可能性平原，我們將會更深刻地覺察到，我們相互連結的那個身分認同。是的，我們擁有一個「我」的身分認同，是構成蠟燭的那一團蠟，但是，我們絕不僅止於那一團蠟、絕不僅只是這具只能存活大約一個世紀的肉體。我們同時也是這個由我我們所共享的世界裡，可以一起發出的火焰與光芒。

謝辭

謹以這句簡短的話語，獻給所有參與了這趟旅程、促成本書誕生的人：我的心中充滿了對你們的感激之情，千言萬語，難以言盡。

在成書的不同階段，曾經閱讀過手稿，和我討論過與本書基本架構相關概念的許多人，都給了我不少有用的建議，指引我去發現可行之處，或是需要更擴展或澄清之處，這一切均成就了這本書今天的模樣。這些人包括了：愛德·貝肯（Ed Bacon）、路·科佐利諾（Lou Cozolino）、理查·戴維森、麗莎·艾波、邦妮·高德斯坦（Bonnie Goldstein）、戴科·凱爾特納（Dacher Keltner）、傑克·康菲爾德、瑪莉亞·勒蘿斯（Maria LeRose）、海倫·梁（Helen Liang）、珍妮·洛蘭特（Jenny Lorant）、薇諾妮卡·瑪嘉（Veronica Magar）、迪娜·瑪格琳（Deena Margolin）、莎莉·瑪斯蘭斯基（Sally Maslansky）、戴博拉·皮爾斯-麥考爾（Deborah Pearce-McCall）、瑪德琳·威爾區·席格、愛麗·懷斯鮑姆（Elli Weisbaum）、凱洛琳·威爾區、伊麗舍娃·韋克斯勒（Elisheva Wexler）、巴納比·威利特（Barnaby Willett），與蘇珊娜·楊（Suzanne Young）。謝謝各位願意花時間與我討論，並且提供我寶貴的意見。

在第七感研究中心裡，我們一群人經常圍繞著一張圓桌開會，這張圓桌也是覺察之輪最初的靈感來源。珍·戴莉（Jane Daily）、萊恩·麥基坦（Ryan McKeithan）、安德魯·蕭曼（Andrew Schulman）、普麗希拉·維佳（Priscilla Vega），還有我們的首席執行官凱洛琳·威爾區，很幸運能夠與你們共享一起圍在這張圓桌旁的時光。人際神經生物學與第七感這項途徑的願景，是希望促成一個更善良、更有洞察力、共情力與慈悲心的世界，而在推動這項使命的路途上，擁有你們與我一起同行，是我最大的榮幸。和你們一起攜手合作，將這些理念推廣到世界上，使人們擁有一套務實的應用方法，去整合生活內在與關係的層面，對我而言，是一份禮物，我無比感激。

多年來，我有幸在臨床實務上治療過的個人、伴侶、家庭，還有各種線上線下課程、工作坊裡的學員和參與者，所有這些參與使用過覺察之輪的人們，對於覺察之輪的誕生與發展，具有莫大的貢獻。感謝每一位鼓起勇氣嘗試新方法，願意將這套整合意識的工具應用在日常生活中，並給予我回饋、幫助我改進它的人們。

在與企鵝藍燈書屋（Penguin Random House）旗下的 TarcherPerigee 部門合作的過程中，和一個既專業又有效率的團隊合作，是一件令人愉快之事，這些夥伴包括了海瑟·布倫南（Heather Brennan）與文案編輯基姆·薩里吉（Kym Surridge）。打從《不是孩子不乖，是父母不懂》（*Parenting from the Inside Out*）

與《青春，一場腦內旋風》（*Brainstorm*）這幾本書以來，與我的出版商和編輯莎拉．卡德（Sara Carder）之間的密切合作，一直都帶給我喜悅。謝謝妳銳利的眼光、明快的幽默感，以及在我們討論這本書的結構與用字，將它編輯成最終版本的過程中，所貢獻的讀者觀點。

要用文字去描述出主觀的意識經驗，本身就是一件很有挑戰性的事。在創作出這本書的旅程上，我很榮幸能夠與一位優秀的藝術家合作，她同時也是一位正在鑽研科學與冥想的學生——我的女兒，瑪德琳．威爾區．席格——她極富創意的點子，以及對心智的深刻認識，讓這本書的插圖有效地幫助讀者以圖像的方式去理解覺察之輪的概念與實踐。瑪德琳協助我想通了許多極富挑戰性的概念，也在我探索如何更清楚地表達它們的過程中，提供了許多支持。此外，當出版商告訴我，我原本所想的書名也許不容易推廣時，也是她想出了「Aware」這個書名。這個書名與書裡的那些插圖，都是這本書所需要的，謝謝瑪德琳在這些書頁上，無可取代的臨在。

我的家人是我在寫作這本書的過程中，最重要的靈感與動力來源。身在紐約的瑪德琳，還有其他在洛杉磯的家人們，在我寫作的過程中，都幫助了我維持一個清晰的頭腦。很幸運的是，我們的兒子艾歷克斯，他的音樂生涯每天都啟發著我們，而他的道路至今都還能與他的父母有所交集。當我們都在城裡時，找到可以一起觀賞的電影，是我們都感到享受的事。我的母親蘇珊．席格（Susan Siegel）著迷於與心智有關的種種知識，並持續用各種問題挑戰著我，要我向她解釋每一件事情的意思。我的哥哥傑森（Jason），經常與我交流許多認真的反思，也常常告訴我各種幽默的軼事，讓我知道第七感在他忙碌的生活中扮演了什麼樣的角色。我的妻子與事業夥伴，凱洛琳．威爾區，她是一個洞察敏銳的讀者，也是一個細心的冥想和正念實踐者。那些與她一起進行的，關於如何運用臨在的力量與心智鍛鍊，使生命更幸福健康的討論，都為我們的交流注入了更多熱情、專注與樂趣。謝謝妳，凱洛琳，妳的臨在無比重要又具有支持性，幫助我在我們共同享有的私人生活與職業生涯中，釐清優先順序、找到了自己的步伐。

參考文獻與推薦書目

與本書相關的科學文獻、參考書目，可以在我的網站上找到：DrDanSiegel.com/resources/ aware-references。

文獻和書單我已經按照主題加以分類，你可以依據個人的興趣，去搜尋更進一步的資訊。像是有關端粒、慈悲心，或是更廣泛的主題，例如神經功能與結構，或是冥想對心理歷程、人際關係、大腦的影響等等。如果本書內文中使用了特定的引文，會在該頁的注腳中注明該段引文的確切來源。

前面曾經談到，這本書的用意，並非在於對各類科學研究進行一個全面性的回顧，而是希望它是一本實用指南，用來介紹以科學為靈感、幫助人發展覺察力的工具，尤其聚焦在覺察之輪這項特定的方法上。而我所列出的參考書目，只是一個起點，支持你走向更深更豐富的科學研究領域，而非一份已窮盡所有實徵研究結果的清單。此外，你並不需要熟悉所有相關的背景科學知識，也能夠充分利用本書所談及的內容以及覺察之輪練習所帶來的效用。本書是一本指南，旨在向你介紹一個在概念上已經完備、足以自立的實踐方法。提供這份參考資料，只是希望提供一份具有啟發性的樣本，幫助你看見，我們一起走過的這趟旅程背後，支撐著我們的跨領域科學基礎。

對於心智的發展歷程、它與我們的具身大腦和人際關係之間的關係，若是想要更全面地了解這方面的背景知識，請參考我的第一本著作《人際關係與大腦的奧秘》，它是一本教科書，目前已經增補至第三版，書中提供了上千條參考文獻，內容牽涉到各種心理歷程，例如注意力與記憶等等。那本著作約略地描繪出了人際神經生物學這個領域的輪廓，而該領域廣泛地將許多不同學門連結在同一個架構之中，提供給人們一個管道，使人們可以更專注地去認識心智的本質，以及與心理健康相關的主題。作為諾頓專業系列叢書（Norton Professional Series）人際神經生物學主題書系的創始編輯，我力邀了多位作者參與，目前已經在這個令人興奮的領域上推出了超過六十五本教科書，提供給想要深入這個領域的讀者們。如果你有興趣去探索我所提到的任何一本書，或是你在我的網站上找到的豐富資源，請好好享受，也別忘了在閱讀的過程中，將這些參考文獻中的科學知識，與你練習覺察之輪得到的親身體驗，彼此交互區隔與串連，以整合你的經驗！

盡情享用吧！

丹

人生顧問 473

覺察：通往身心靈整合的科學冥想練習

Aware: The Science and Practice of Presence--The Groundbreaking Meditation Practice

作者　丹尼爾・席格（Daniel J. Siegel）
譯者　王詩琪
資深編輯　張擎
責任企畫　郭靜羽
封面設計　謝佳穎
內頁設計　LittleWork 編輯設計室
人文線主編　王育涵
總編輯　胡金倫
董事長　趙政岷
出版者　時報文化出版企業股份有限公司
108019 臺北市和平西路三段 240 號 7 樓
發行專線｜ 02-2306-6842
讀者服務專線｜ 0800-231-705 ｜ 02-2304-7103
讀者服務傳真｜ 02-2302-7844
郵撥｜ 1934-4724 時報文化出版公司
信箱｜ 10899 臺北華江橋郵局第 99 信箱
時報悅讀網　www.readingtimes.com.tw
人文科學線臉書　https://www.facebook.com/humanities.science/
法律顧問　理律法律事務所｜陳長文律師、李念祖律師
印刷　家佑印刷有限公司
初版一刷　2023 年 3 月 3 日
定價　新臺幣 620 元

時報文化出版公司成立於一九七五年，並於一九九九年股票上櫃公開發行，於二〇〇八年脫離中時集團非屬旺中，以「尊重智慧與創意的文化事業」為信念。

ISBN 978-626-353-437-7 ｜ Printed in Taiwan

覺察：通往身心靈整合的科學冥想練習 / 丹尼爾 . 席格（Daniel J. Siegel）著；王詩琪譯 .
– 初版 . -- 臺北市：時報文化出版企業股份有限公司 , 2023.03
面；14.8×21 公分 . --（人生顧問；473）
譯自：Aware : the science and practice of presence--the groundbreaking meditation practice
ISBN 978-626-353-437-7（平裝）
1. 自我實現 2. 靈修 ｜ 175.9 ｜ 112000092